에듀윌과 함께 시작하면,
당신도 합격할 수 있습니다!

오랜 직장 생활을 마감하며 찾아온 앞날에 대한 막연한 두려움
에듀윌만 믿고 공부해 합격의 길에 올라선 50대 은퇴자

출산한지 얼마 안돼 독박 육아를 하며 시작한 도전!
새벽 2~3시까지 공부해 8개월 만에 동차 합격한 아기엄마

만년 가구기사 보조로 5년 넘게 일하다, 달리는 차 안에서도
포기하지 않고 공부해 이제는 새로운 일을 찾게 된 합격생

누구나 합격할 수 있습니다.
시작하겠다는 '다짐' 하나면 충분합니다.

마지막 페이지를 덮으면,

**에듀윌과 함께
공인중개사 합격이 시작됩니다.**

공인중개사 1위

15년간 베스트셀러 1위
에듀윌 공인중개사 교재

탄탄한 이론 학습! 기초입문서/기본서/핵심요약집

기초입문서(2종)

기본서(6종)

1차 핵심요약집+기출팩(1종)

출제경향 파악, 실전 엿보기! 단원별/회차별 기출문제집

단원별 기출문제집(6종)

회차별 기출문제집(2종)

다양한 문제로 합격점수 완성! 기출응용 예상문제집/실전모의고사

기출응용 예상문제집(6종)

실전모의고사(2종)

* 2023 대한민국 브랜드만족도 공인중개사 교육 1위 (한경비즈니스)
* YES24 수험서 자격증 공인중개사 베스트셀러 1위 (2011년 12월, 2012년 1월, 12월, 2013년 1월~5월, 8월~12월, 2014년 1월~5월, 7월~8월, 12월, 2015년 2월~4월, 2016년 2월, 4월, 6월, 12월, 2017년 1월~12월, 2018년 1월~12월, 2019년 1월~12월, 2020년 1월~12월, 2021년 1월~12월, 2022년 1월~12월, 2023년 1월~12월, 2024년 1월~12월, 2025년 1월~6월 월별 베스트, 매월 1위 교재는 다름)
* YES24 국내도서 해당분야 월별, 주별 베스트 기준

에듀윌 공인중개사

합격을 위한 비법 대공개! 합격서&부교재

    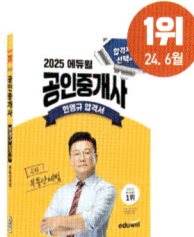

이영방 합격서 부동산학개론 | 심정욱 합격서 민법 및 민사특별법 | 임선정 합격서 공인중개사법령 및 중개실무 | 김민석 합격서 부동산공시법 | 한영규 합격서 부동산세법

오시훈 합격서 부동산공법 | 신대운 합격서 쉬운민법 | 심정욱 핵심체크 OX 민법 및 민사특별법 | 오시훈 키워드 암기장 부동산공법

핵심 테마를 빠르게 공략하는 단기서

이영방 합격패스 계산문제 부동산학개론 | 심정욱 합격패스 암기노트 민법 및 민사특별법 | 임선정 그림 암기법 공인중개사법령 및 중개실무 | 김민석 테마별 한쪽정리 부동산공시법 | 오시훈 테마별 비교정리 부동산공법

시험 전, 이론&문제 한 권으로 완벽 정리! 필살키

이영방 필살키 | 심정욱 필살키 | 임선정 필살키 | 오시훈 필살키 | 김민석 필살키 | 한영규 필살키 | 신대운 필살키

더 많은 공인중개사 교재

eduwill

* 해당 교재의 이미지는 변경될 수 있습니다.

공인중개사, 에듀윌을 선택해야 하는 이유

9년간 아무도 깨지 못한 기록
합격자 수 1위

합격을 위한 최강 라인업
1타 교수진

공인중개사

합격만 해도 연 최대 300만원 지급
성공 DREAM 지원금

업계 최대 규모의 전국구 네트워크
동문회

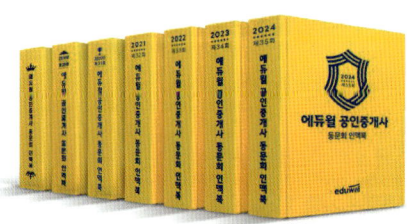

* 2023 대한민국 브랜드만족도 공인중개사 교육 1위 (한경비즈니스)
* KRI 한국기록원 2016, 2017, 2019년 공인중개사 최다 합격자 배출 공식 인증 (2025년 현재까지 업계 최고 기록) * 에듀윌 공인중개사 과목별 온라인 주간반 강사별 수강점유율 기준 (2024년 11월)
* 성공 DREAM 지원금 신청은 에듀윌 공인중개사 VVIP 프리미엄 성공패스 수강 후 2027년까지 공인중개사 최종 합격자에 한해 가능합니다. (상세 내용 홈페이지 유의사항 확인 필수)

에듀윌 공인중개사

1위 에듀윌만의
체계적인 합격 커리큘럼

합격자 수가 선택의 기준, 완벽한 합격 노하우
온라인 강의

① 전 과목 최신 교재 제공
② 업계 최강 교수진의 전 강의 수강 가능
③ 합격에 최적화 된 1:1 맞춤 학습 서비스

쉽고 빠른 합격의 첫걸음 합격필독서 무료 신청

최고의 학습 환경과 빈틈 없는 학습 관리
직영학원

① 현장 강의와 온라인 강의를 한번에
② 시험일까지 온라인 강의 무제한 수강
③ 강의실, 자습실 등 프리미엄 호텔급 학원 시설

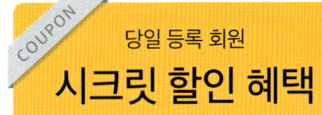

COUPON 당일 등록 회원 시크릿 할인 혜택

설명회 참석 당일 등록 시 특별 수강 할인권 제공

친구 추천 이벤트

"친구 추천하고 한 달 만에
920만원 받았어요"

친구 1명 추천할 때마다 현금 10만원 제공
추천 참여 횟수 무제한 반복 가능

친구 추천 이벤트 바로가기

※ *a*o*h**** 회원의 2021년 2월 실제 리워드 금액 기준
※ 해당 이벤트는 예고 없이 변경되거나 종료될 수 있습니다.

자세한 내용이 궁금하다면 1600-6700
* 2023 대한민국 브랜드만족도 공인중개사 교육 1위 (한경비즈니스)

공인중개사 1위

합격자 수 1위 에듀윌
7만 건이 넘는 후기

고O희 합격생

부알못, 육아맘도 딱 1년 만에 합격했어요.

저는 부동산에 관심이 전혀 없는 '부알못'이었는데, 부동산에 관심이 많은 남편의 권유로 공부를 시작했습니다. 남편 지인들이 에듀윌을 통해 많이 합격했고, '합격자 수 1위'라는 광고가 좋아 에듀윌을 선택하게 되었습니다. 교수님들이 커리큘럼대로만 하면 된다고 해서 믿고 따라갔는데 정말 반복 학습이 되더라고요. 아이 둘을 키우다 보니 낮에는 시간을 낼 수 없어서 밤에만 공부하는 게 쉽지 않아 포기하고 싶을 때도 있었지만 '에듀윌 지식인'을 통해 합격하신 선배님들과 함께 공부하는 동기들의 위로가 큰 힘이 되었습니다.

이O용 합격생

군복무 중에 에듀윌 커리큘럼만 믿고 공부해 합격

에듀윌이 합격자가 많기도 하고, 교수님이 많아 제가 원하는 강의를 고를 수 있는 점이 좋았습니다. 또, 커리큘럼이 잘 짜여 있어서 잘 따라만 가면 공부를 잘 할 수 있을 것 같아 에듀윌을 선택했습니다. 에듀윌의 커리큘럼대로 꾸준히 따라갔던 게 저만의 합격 비결인 것 같습니다.

안O원 합격생

5개월 만에 동차 합격, 낸 돈 그대로 돌려받았죠!

저는 야쿠르트 프레시매니저를 하다 60세에 도전하여 합격했습니다. 심화 과정부터 시작하다 보니 기본이 부족했는데, 교수님들이 하라는 대로 기본 과정과 책을 더 보면서 정리하며 따라갔던 게 주효했던 것 같습니다. 합격 후 100만 원 가까이 되는 큰 돈을 환급받아 남편이 주택관리사 공부를 한다고 해서 뒷받침해 줄 생각입니다. 저는 소공(소속 공인중개사)으로 활동을 하고 싶은 포부가 있어 최대 규모의 에듀윌 동문회 활동도 기대가 됩니다.

다음 합격의 주인공은 당신입니다!

더 많은
합격 비법

---

* 본 합격수기는 실제 수강생의 솔직한 의견을 포함하고 있습니다. (이벤트 혜택을 제공받았음)
* 에듀윌 홈페이지 게시 건수 기준 (2025년 6월 기준)
* 2023 대한민국 브랜드만족도 공인중개사 교육 1위 (한경비즈니스)

에듀윌이 너를 지지할게

ENERGY

시작하는 방법은
말을 멈추고
즉시 행동하는 것이다.

– 월트 디즈니(Walt Disney)

합격할 때까지 책임지는 **개정법령 원스톱 서비스!**

법령 개정이 잦은 공인중개사 시험. 일일이 찾아보지 마세요!
에듀윌에서는 필요한 개정법령만을 빠르게! 한번에! 제공해 드립니다.

에듀윌 도서몰 접속 (book.eduwill.net) ▶ 우측 정오표 아이콘 클릭 ▶ 카테고리 공인중개사 설정 후 교재 검색

개정법령 확인하기

2025
에듀윌 공인중개사
이영방
필살키
최종이론 & 마무리100선
부동산학개론

합격의
문을 여는
마지막
열쇠

마지막까지 포기하지 않고
합격의 길로 이끌어드리겠습니다.

약력
- 現 에듀윌 부동산학개론 전임 교수
- 前 숭실사이버대 부동산학과 외래 교수
- 前 EBS 명품 부동산학개론 강사
- 前 부동산TV, 방송대학TV, 경인방송 강사
- 前 전국 부동산중개업협회 사전교육 강사
- 前 한국토지주택공사 직무교육 강사

저서
에듀윌 공인중개사 부동산학개론 기초입문서, 기본서, 합격서, 단원별/회차별 기출문제집, 핵심요약집, 기출응용 예상문제집, 실전모의고사, 필살키, 합격패스 계산문제 등 집필

이영방T 인스타그램
(@yeongbanglee)

이 책은 36회 공인중개사 시험을 준비하시는 분들이 부동산학개론 과목에서 반드시 정리하셔야 하는 중요한 내용을 최종 정리하시는데 도움을 드릴 수 있도록 만든 특강교재입니다.

그 동안 공부하셨던 시험에 나올 수 있는 중요한 내용을 시험 직전에 이론과 문제를 통해 최종정리를 하신다면 36회 시험에 보다 만전을 기할 수 있을 것입니다.

본 교재는 크게 두 부분으로 구성되어 있습니다.
1. 최종이론: 100선 문제에서 다루는 중요한 이론을 압축하여 일목요연하게 정리하였습니다.
2. 마무리 100선: 기출문제를 분석하여 36회 시험에서 출제될 수 있는 중요한 문제(계산문제 20선 포함)를 엄선하여 정답과 함께 간단한 해설을 달았습니다.

이 책이 36회 공인중개사 시험을 준비하시는 분들의 합격에 조금이나마 도움이 되신다면 더할 나위 없이 큰 기쁨일 것입니다. 이 책으로 마무리정리를 하시는 분들의 합격을 간절히 기원합니다.

이 영 방

필살키 구성 및 특장점

더 간결하게 핵심만 모은 **최종이론**

필수이론만
POINT 단위로 정리

연계학습
이론 관련 마무리 100선
문제를 바로 확인

핵심 키워드에 밑줄을
표시하여 빠른 회독 가능

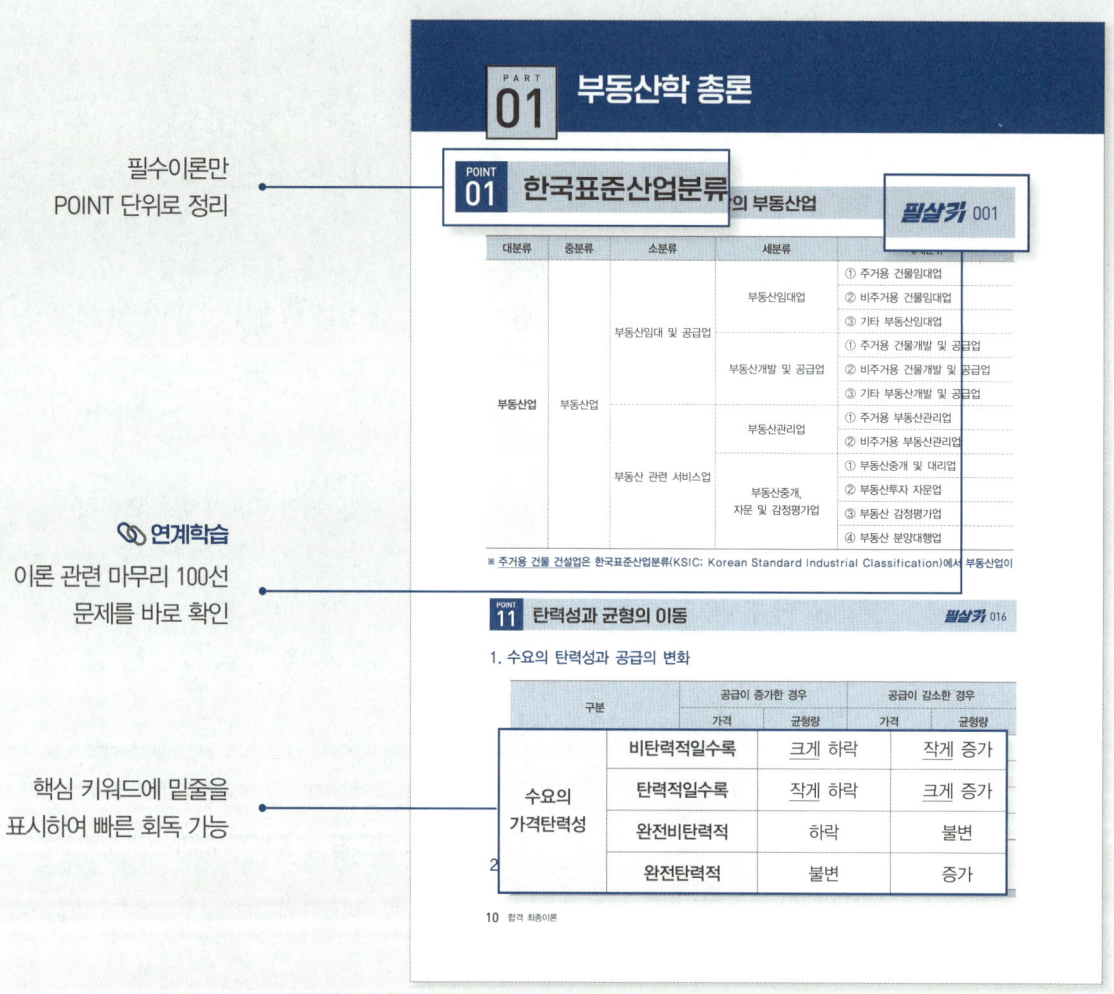

✓ 필살키만의 3가지 특장점

필 수이론만 담았다!

복잡한 머릿속을 단기간에 정리할 수 있도록 방대한 이론을 요약하고 또 요약했습니다.

살 을 덧붙이는 연계학습 구성!

필살키 문제에 [2025 에듀윌 이영방 합격서]의 페이지를 표기하여 더 상세한 이론을 신속히 확인할 수 있습니다.

키 (기)적의 마무리 100선!

올해 가장 출제가 유력해 보이는 문제만을 수록하여 합격을 위한 마지막 마무리를 할 수 있습니다.

꼭 필요한 문제만 담은 **마무리 100선**

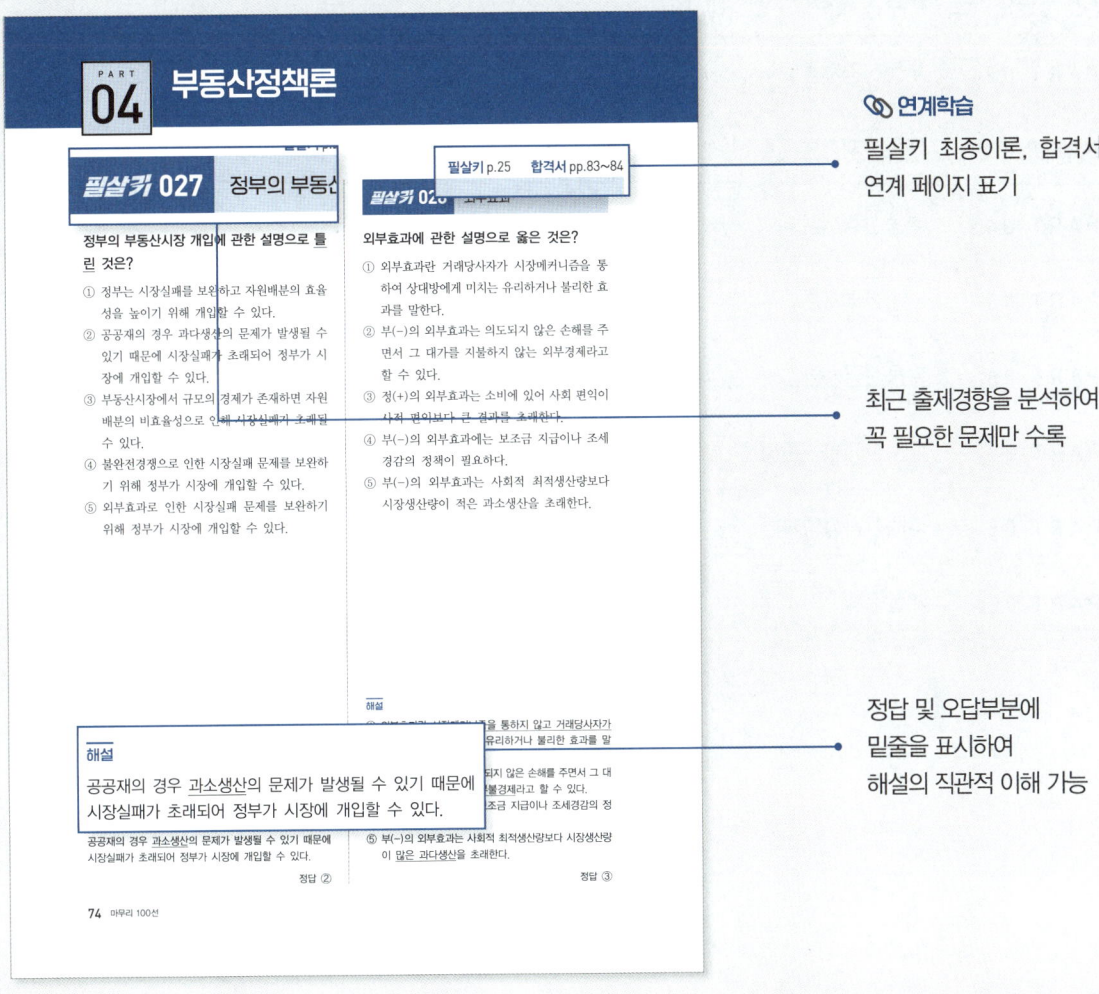

연계학습
필살키 최종이론, 합격서 연계 페이지 표기

최근 출제경향을 분석하여 꼭 필요한 문제만 수록

정답 및 오답부분에 밑줄을 표시하여 해설의 직관적 이해 가능

✓ 합격자들의 3가지 필살키 활용 TIP

TIP 1 단권화
필살키 교재를 최종 요약집으로 만들고 다회독하였어요!
합격자 장**

TIP 2 다회독
마무리 100선을 3번 이상 반복 학습한 것이 제 합격의 비결입니다!
합격자 나**

TIP 3 정답 키워드 찾기
정답 및 오답 키워드를 찾는 연습을 반복했더니 답이 보이기 시작했어요~
합격자 김**

필살키 차례

		합격 최종이론	마무리 100선
PART 01	부동산학 총론	10	60
PART 02	부동산경제론	15	64
PART 03	부동산시장론	19	69
PART 04	부동산정책론	25	74
PART 05	부동산투자론	30	80
PART 06	부동산금융론	36	86
PART 07	부동산개발·관리론	41	92
PART 08	부동산감정평가론	47	102
PART 09	계산문제	-	108

필살키 200% 활용법!

에듀윌 공인중개사 홈페이지(land.eduwill.net)에서 필살키를 교재로 활용하는 강의를 함께 수강해보세요!

합격
최종이론

PART 01 부동산학 총론

POINT 01 한국표준산업분류(제11차)상의 부동산업

필살키 001

대분류	중분류	소분류	세분류	세세분류
부동산업	부동산업	부동산임대 및 공급업	부동산임대업	① 주거용 건물임대업
				② 비주거용 건물임대업
				③ 기타 부동산임대업
			부동산개발 및 공급업	① 주거용 건물개발 및 공급업
				② 비주거용 건물개발 및 공급업
				③ 기타 부동산개발 및 공급업
		부동산 관련 서비스업	부동산관리업	① 주거용 부동산관리업
				② 비주거용 부동산관리업
			부동산중개, 자문 및 감정평가업	① 부동산중개 및 대리업
				② 부동산투자 자문업
				③ 부동산 감정평가업
				④ 부동산 분양대행업

※ 주거용 건물 건설업은 한국표준산업분류(KSIC; Korean Standard Industrial Classification)에서 부동산업이 아닌 건설업에 해당함에 주의!

POINT 02 부동산의 개념 – 법·제도적 개념

협의의 부동산 (민법상 부동산)	토지 및 그 정착물(민법 제99조 제1항)	
광의의 부동산	협의의 부동산 + 준(의제)부동산	
토지	의의	인위적으로 구획된 일정 범위의 지면에 정당한 이익이 있는 범위 내에서 상하(공중과 지하)를 포함
	범위	① 토지소유자는 법률의 범위 내에서 토지를 사용·수익·처분할 권리가 있음 ② 토지의 소유권은 정당한 이익 있는 범위 내에서 토지의 상하에 미친다(민법 제212조). ③ 지하에 매장된 미채굴의 광물은 광업권과 조광권의 객체로서 토지소유권이 미치지 않음
토지정착물	독립정착물	건물, 명인방법에 의한 수목 또는 수목의 집단, 등기완료된 수목의 집단(입목), 농작물
	종속정착물	돌담, 교량, 축대, 도로, 제방, 매년 경작을 요하지 않는 나무나 다년생식물 등

➕ PLUS 준(의제)부동산

의의	「민법」상의 부동산은 아니지만, 등기·등록 등의 공시방법을 갖춤으로써 부동산에 준하여 취급되는 특정의 동산이나 동산과 일체로 된 부동산의 집단을 말한다. 부동산의 집단으로 공장재단, 광업재단, 어업권, 선박, 항공기, 자동차, 건설기계(중기) 등이 있다.	
종류	공장재단 (工場財團)	공장에 속한 일정한 기업용 재산으로 구성되는 일단(一團)의 기업재산으로 「공장 및 광업재단 저당법」에 따라 소유권과 저당권의 목적이 되는 것을 말한다.
	광업재단 (鑛業財團)	광업권과 광업권에 기하여 광물을 채굴·취득하기 위한 각종 설비 및 이에 부속하는 사업의 설비로 구성되는 일단의 기업재산으로 「공장 및 광업재단 저당법」에 따라 소유권과 저당권의 목적이 되는 것을 말한다.
	어업권 (漁業權)	면허를 받아 어업을 경영할 수 있는 권리를 말한다.

POINT 03 토지의 분류 및 용어

필살기 003~004

택지(宅地)	건축물을 건축할 수 있는 토지로서 주거용·상업용·공업용으로 이용 중이거나 이용 가능한 토지
대지(垈地)	건물을 건축할 수 있는 모든 토지 ⇨ 「건축법」상의 용어
부지(敷地)	건물·철도·도로·하천 등의 바닥토지 ⇨ 건축용지 외에 하천부지, 철도용 부지, 수도용 부지 등으로 사용되는 포괄적인 용어
후보지(候補地)	용도적 지역 중 임지지역, 농지지역, 택지지역 상호 간에 다른 지역으로 전환되고 있는 지역의 토지. 가망지(可望地), 예정지(豫定地)라고도 함
이행지(移行地)	용도적 지역의 분류 중 세분된 지역 내에서 용도에 따라 전환되는 토지
필지(筆地)	① 하나의 지번이 붙는 토지의 등기·등록 단위 ② 토지소유자의 권리를 구분하기 위한 표시 ⇨ 「공간정보의 구축 및 관리 등에 관한 법률」(또는 부동산등기법)상의 용어 ⇨ **권리를 구분하기 위한 법적 개념**
획지(劃地)	① 인위적·자연적·행정적 조건에 의해 다른 토지와 구별되는 가격수준이 비슷한 일단의 토지 ② 부동산활동 또는 부동산현상의 단위면적이 되는 일획의 토지 ⇨ **가격수준을 구분하기 위한 경제적 개념**
나지(裸地)	토지에 건물이나 그 밖의 정착물이 없고 지상권 등 토지의 사용·수익을 제한하는 사법상의 권리가 설정되어 있지 아니한 토지
건부지(建敷地)	건물이 들어서 있는 부지로서 건물 및 그 부지가 동일소유자에 속하고, 해당 소유자에 의하여 사용되며, 그 부지의 사용·수익을 제약하는 권리 등이 부착되어 있지 않은 택지
공지(空地)	① 필지 중 건물공간을 제외하고 남은 토지 ② 「건축법」에 의한 건폐율 등의 제한으로 인해 한 필지 내에 건물을 꽉 메워서 건축하지 않고 남겨둔 토지
공한지(空閑地)	도시 토지로서 지가상승만을 기대하고 장기간 방치한 토지
소지(素地)	대지 등으로 개발되기 이전의 자연적인 그대로의 토지
선하지(線下地)	고압선 아래의 토지
포락지(浦落地)	지적공부에 등록된 토지가 물에 침식되어 수면 밑으로 잠긴 토지
법지(法地)	법으로만 소유할 뿐 활용실익이 없는 토지로 택지의 유효지표면 경계와 인접지 또는 도로면과 경사된 토지
빈지(濱地)	① 일반적으로 소유권이 인정되지 않는 바다와 육지 사이의 해변 토지를 말하며, 「공유수면 관리 및 매립에 관한 법률」에서는 '바닷가'라 부름 ② 해안선으로부터 지적공부에 등록된 지역까지의 사이의 토지
일단지(一團地)	용도상 불가분의 관계에 있는 두 필지 이상의 일단의 토지 ⇨ 두 필지 이상을 합병한 토지를 말하는 것은 아님

POINT 04 주택의 분류 – 건축법 시행령

구분		분류 요건		
		주택 사용 층수	바닥면적 합계	세대수
단독주택	단독주택	–	–	–
	다중주택	3개 층 이하	660m^2 이하	–
	다가구주택	3개 층 이하	660m^2 이하	19세대 이하
	공관	–	–	–
공동주택	아파트	5개 층 이상	–	–
	다세대주택	4개 층 이하	660m^2 이하	–
	연립주택	4개 층 이하	660m^2 초과	–
	기숙사	–	–	–

+PLUS 주택의 의의

1. 단독주택: 1세대가 하나의 건축물 안에서 독립된 주거생활을 할 수 있는 구조로 된 주택을 말한다.
2. 공동주택: 건축물의 벽·복도·계단이나 그 밖의 설비 등의 전부 또는 일부를 공동으로 사용하는 각 세대가 하나의 건축물 안에서 각각 독립된 주거생활을 할 수 있는 구조로 된 주택을 말한다.
3. 도시형 생활주택: 도시지역에 건설하는 300세대 미만의 국민주택규모에 해당하는 주택으로서 대통령령으로 정하는 주택을 말하며, 단지형 연립주택, 단지형 다세대주택, 아파트형 주택 등이 있다.

POINT 05 부동산(토지)의 특성

필살키 006~007

공급	물리적 공급 ⇨ 불가		부증성
	경제적 공급 ⇨ 가능		용도의 다양성
대체	물리적 대체 ⇨ 불가		개별성
	경제적 대체 ⇨ 가능		인접성, 용도의 다양성
감가	물리적 감가 ⇨ 불가		영속성
	기능적 감가 ⇨ 가능		개별성
	경제적 감가 ⇨ 가능		부동성, 인접성
분석	지역분석		부동성, 인접성
	개별분석		개별성
	외부효과		부동성, 인접성
지대	위치지대		부동성
	경제지대		부증성
입지	입지론의 근거		부동성
	적지론의 근거		용도의 다양성
임장활동, 중개활동, 정보활동, 입지선정활동			부동성
부동산현상과 활동, 부동산시장의 국지화			부동성
원가법 적용 불가			부증성, 영속성
토지에 감가상각 적용 배제, 소모를 전제하는 재생산이론 적용 불가			영속성
토지의 수익이 영속적 ⇨ 직접환원법 적용			영속성
임대차시장, 소득이득과 자본이득 향유			영속성
일물일가의 법칙 적용 불가, 표준지선정의 어려움			개별성
가격다원설(가치의 다원적 개념)			용도의 다양성
최유효이용의 근거			부증성, 용도의 다양성

※ 토지의 소유권은 정당한 이익이 있는 범위 내에서 토지의 상하에 미친다.
※ 한계심도의 범위는 법률(지방자치단체의 조례)로 정하고 있으나, 한계고도의 범위는 법률로 정하고 있지 않다.

PART 02 부동산경제론

POINT 06 유량(flow)개념과 저량(stock)개념

필살키 008, 011

유량 (流量, flow)	일정기간에 걸쳐서 측정하는 변수 ⇨ 신규, 분양 예 소득, 수입, 수익, 급여, 월급, 임금, 가계소비, 생산량, 거래량, 신규주택 공급량, 국민총생산(GNP), 국내총생산(GDP)
저량 (貯量, stock)	일정시점에 측정하는 변수 ⇨ 기존, 중고 예 인구, 자산, 자본, 부채, 통화량, 가치, 가격, 재고량, 재산, 국부(國富)

POINT 07 수요와 공급의 증가요인

필살키 009~011

1. 수요의 증가요인(수요곡선 우측이동 요인)

① 정상재의 경우 소득의 증가
② 열등재의 경우 소득의 감소
③ 대체주택 가격의 상승
④ 보완재 가격의 하락
⑤ 수요자의 가격상승 예상
⑥ 대출금리의 하락
⑦ 해당 주택에 대한 선호도 증가
⑧ 인구의 증가
⑨ 금융규제(LTV, DTI) 완화

2. 공급의 증가요인(공급곡선 우측이동 요인)

① 생산기술의 발전
② 건축자재 가격의 하락, 임금과 택지 가격의 하락
③ 대체재 가격의 하락 ⇨ 수요와 반대
④ 보완재 가격의 상승 ⇨ 수요와 반대
⑤ 대출금리의 하락
⑥ 공급자에 대한 보조금 지급

POINT 08 시장균형의 변동

필살키 012~013

구분			가격(임대료)	균형량
수요의 변화		수요만 증가	상승	증가
		수요만 감소	하락	감소
공급의 변화		공급만 증가	하락	증가
		공급만 감소	상승	감소
동시에 변할 경우	변화크기가 서로 다른 경우 ⇨ 수요와 공급 중 큰 것만 고려할 것	수요증가 > 공급증가	상승	증가
		수요증가 < 공급감소	상승	감소
	변화크기가 서로 동일할 경우 ⇨ 가격과 균형량 중 하나는 **불변**	수요증가 = 공급증가	불변	증가
		수요증가 = 공급감소	상승	불변
	변화크기가 주어지지 않을 경우 ⇨ 가격과 균형량 중 하나는 <u>알 수 없음</u>	수요증가, 공급증가	알 수 없음	증가
		수요증가, 공급감소	상승	알 수 없음

POINT 09 탄력성 결정요인

필살키 014

1. 수요의 가격탄력성 결정요인

① 대체재의 유무와 다소: 대체재가 많을수록 크다.
② 기간의 장단: 단기에는 비탄력적, 장기에는 탄력적이 된다.
③ 재화의 분류범위: 부동산을 지역별·용도별로 세분하면 탄력성은 커진다. 주거용 부동산이 다른 부동산에 비해 보다 더 탄력적이다.
④ 재화의 용도: 부동산에 대한 종류별로 용도가 다양할수록, 용도전환이 쉬울수록 탄력성은 커진다.
⑤ 재화의 성격: 필수재는 비탄력적, 사치재는 탄력적이다.
⑥ 소비에서 차지하는 비중: 소비에서 차지하는 비중이 클수록 탄력성은 커진다.

구분	비탄력적	탄력적
대체재의 유무와 다소	적을수록	많을수록
측정기간	단기	장기
재화의 분류범위	세분화되지 않을수록	세분화될수록
재화의 용도	다양하지 않을수록	다양할수록
재화의 성격	필수재	사치재
소비에서 차지하는 비중	작을수록	클수록

2. 공급의 가격탄력성 결정요인

구분	비탄력적	탄력적
생산비 증감 유무	많이 들수록	적게 들수록
측정기간	단기	장기
생산에 소요되는 기간	길수록	짧을수록
용도전환의 용이성	어려울수록	용이할수록
공적 규제	강화될수록	완화될수록

POINT 10 탄력성과 재화 간의 관계

1. 소득탄력성과 재화 간의 관계

① 소득탄력성 > 0: 소득의 증가에 따라 수요량은 증가하고, 소득의 감소에 따라 수요량도 감소하는 재화 ⇨ **정상재**

② 소득탄력성 < 0: 소득의 증가에 따라 수요량은 감소하고, 소득의 감소에 따라 수요량은 증가하는 재화 ⇨ **열등재**

2. 교차탄력성과 재화 간의 관계

① 교차탄력성 > 0: X재 가격이 상승함에 따라 Y재 수요량이 증가하고, X재 가격이 하락함에 따라 Y재 수요량이 감소하는 두 재화 ⇨ **두 재화는 대체재**

② 교차탄력성 < 0: X재 가격이 상승함에 따라 Y재 수요량이 감소하고, X재 가격이 하락함에 따라 Y재 수요량이 증가하는 두 재화 ⇨ **두 재화는 보완재**

POINT 11 탄력성과 균형의 이동　　필살키 016

1. 수요의 탄력성과 공급의 변화

구분		공급이 증가한 경우		공급이 감소한 경우	
		가격	균형량	가격	균형량
수요의 가격탄력성	비탄력적일수록	크게 하락	작게 증가	크게 상승	작게 감소
	탄력적일수록	작게 하락	크게 증가	작게 상승	크게 감소
	완전비탄력적	하락	불변	상승	불변
	완전탄력적	불변	증가	불변	감소

2. 공급의 탄력성과 수요의 변화

구분		수요가 증가한 경우		수요가 감소한 경우	
		가격	균형량	가격	균형량
공급의 가격탄력성	비탄력적일수록	크게 상승	작게 증가	크게 하락	작게 감소
	탄력적일수록	작게 상승	크게 증가	작게 하락	크게 감소
	완전비탄력적	상승	불변	하락	불변
	완전탄력적	불변	증가	불변	감소

POINT 12 부동산경기의 특징　　필살키 017

① 부동산경기는 지역별로 다르게 변동할 수 있으며 같은 지역에서도 부분시장(sub-market)에 따라 다른 변동양상을 보일 수 있다.
② 부동산경기는 부동산의 특성에 의해 일반경기보다 주기가 더 길 수 있다.
③ 부동산경기는 일반경기에 비해 주기의 순환국면이 명백하지 않고 일정치 않으며, 진폭은 더 크고, 불규칙적으로 순환한다.
④ 하향국면은 매수자가 중시되고, 과거의 거래사례가격은 새로운 거래가격의 상한이 되는 경향이 있다.
⑤ 상향시장에서 직전 국면의 거래사례가격은 현재 시점에서 새로운 거래가격의 하한이 되는 경향이 있다.

PART 03 부동산시장론

POINT 13 부동산시장의 특성과 기능

필살키 018

특성	① 시장의 국지성(지역성) ⇨ 부동성 ② 거래의 비공개성(은밀성) ⇨ 개별성 ③ 부동산상품의 비표준화성 ⇨ 개별성 ④ 시장의 비조직성(집중통제의 곤란) ⇨ 개별성 ⑤ 수급조절의 곤란성 ⇨ 부증성 ⑥ 매매기간의 장기성 ⑦ 법적제한 과다 ⑧ 진입장벽의 존재 ⑨ 자금의 유용성
기능	① 자원배분기능 ② 교환기능 ③ 가격의 형성기능 ④ 정보제공의 기능 ⑤ 양과 질의 조정기능

POINT 14 주택시장의 여과과정

필살키 019~020

1. 종류

하향여과 (filtering-down)	고소득(상위)계층이 사용하던 주택이 저소득(하위)계층의 사용으로 전환되는 현상
상향여과 (filtering-up)	저소득(하위)계층이 사용하던 주택이 수선되거나 재개발되어 고소득(상위)계층의 사용으로 전환되는 현상

2. 저가주택과 고가주택시장의 장·단기 효과

저가주택 시장	단기	저가주택의 수요 증가 ⇨ 저가주택의 임대료(가격) 상승
	장기	저가주택의 임대료 상승 ⇨ 신규 저가주택 건축 금지 ⇨ 하향여과 발생 ⇨ 임대료 하락 ※ 저가주택 임대료 ⇨ 불변, 주택량 ⇨ 증가(∵ 하향여과)
고가주택 시장	단기	하향여과 발생 ⇨ 고가주택의 부족 ⇨ 고가주택의 임대료 상승
	장기	고가주택 임대료 상승 ⇨ 신규공급자 시장 신입 ⇨ 공급 증가 ⇨ 임대료 하락

3. 여과과정과 주거분리

① 고소득층 주거지역
- ㉠ (개량 후)가치 상승분 > 개량(보수)비용 ⇨ 주거분리 ⇐ **정(+)의 외부효과**
- ㉡ (개량 후)가치 상승분 < 개량(보수)비용 ⇨ 하향여과 ⇐ **침입** ⇨ **계승(천이)**

② 저소득층 주거지역
- ㉠ (개량 후)가치 상승분 > 개량(보수)비용 ⇨ 상향여과 ⇐ **재개발**
- ㉡ (개량 후)가치 상승분 < 개량(보수)비용 ⇨ 주거분리 ⇐ **부(−)의 외부효과**

POINT 15 효율적 시장

필살카 021~022

1. 구분

구분	반영되는 정보			분석 방법	정상 이윤	초과이윤			정보 비용
	과거	현재	미래			과거	현재	미래	
약성 효율적 시장	○	×	×	기술적 분석	○	×	○	○	○
준강성 효율적 시장	○	○	×	기본적 분석	○	×	×	○	○
강성 효율적 시장	○	○	○	분석 불필요	○	×	×	×	×

2. 할당(적) 효율적 시장

① 완전경쟁시장은 (항상) 할당 효율적 시장이다.
　↳ 불완전경쟁시장(독점시장)도 할당 효율적 시장 가능
② 완전경쟁시장은 정보비용이 존재하지 않는다.
③ 할당 효율적 시장과 정보비용 존재 여부와는 관련이 없다.
④ 할당 효율적 시장에서는 투기가 발생하지 않는다.

POINT 16 지대이론

1. 차액지대설 – 리카도(D. Ricardo)

① 비옥도 차이 ⇨ 생산성 차이 ⇨ 지대 차이
② 토지의 수확체감현상
③ 한계지: 생산성이 가장 낮아 생산비와 곡물가격이 일치하는 토지 ⇨ 지대가 발생하지 않음
④ 지대는 해당 토지의 생산성과 한계지의 생산성과의 차이와 동일
⑤ 지대는 일종의 불로소득
⑥ 생산물가격이 지대를 결정

2. 절대지대설 – 마르크스(K. Marx)

① 지대는 토지소유자가 토지를 소유하고 있다는 독점적 지위 때문에 발생
② 토지의 비옥도나 생산력에 관계없이 지대가 발생 ⇨ 한계지에도 지대 발생
③ 지대가 생산물가격에 영향

3. 준지대설 – 마샬(A. Marshall)

① 토지 이외의 고정생산요소(기계, 기구)에 귀속되는 소득
② 단기간 일시적으로 발생

4. 위치지대설(입지교차지대설, 고립국이론) – 튀넨(V. Thünen)

① 차액지대이론 + 위치개념 ⇨ 입지(지대)이론으로 발전
② 위치 차이 → 수송비 차이 → 지대 차이 ⇨ 동일 비옥도라도 지대 차이 발생

> 지대 = 생산물가격 – 생산비 – 수송비
> = (생산물가격 – 생산비) – 단위당 수송비 × 거리

↳ 생산물가격과 생산비가 일정 ⇨ 수송비에 반비례
↳ 생산비와 수송비가 일정 ⇨ 생산물가격에 비례

5. 입찰지대설 – 알론소(W. Alonso)

① 가장 높은 지대를 지불하려는 활동에 해당 토지의 이용이 할당
② 지대는 기업주의 정상이윤과 투입 생산비를 지불하고 남은 잉여에 해당
③ 입찰지대: 초과이윤이 '0'이 되는 수준의 지대
④ 입지경쟁의 결과 해당 토지는 최대의 순현가를 올릴 수 있어서 최고의 지불능력을 가지고 있는 토지이용자에게 할당
⑤ 토지이용자에게는 최대지불용의액

POINT 17 도시공간구조이론

1. 동심원이론 – 버제스(E. Burgess)

① 의의: 도시는 그 중심지에서 동심원상으로 확대되어 5개 지구로 분화되면서 성장한다는 이론
 ⇨ 거주지 분화현상의 연구를 통하여 도시팽창이 도시내부구조에 미치는 영향을 설명
② 토지이용패턴
 ㉠ 중심업무지대 ⇨ ㉡ 천이(점이, 전이)지대 ⇨ ㉢ 근로자 주택지대 ⇨ ㉣ 중산층 주택지대 ⇨ ㉤ 통근자지대
③ 특징
 ㉠ 도시공간구조를 도시생태학적 관점에서 접근하였다.
 ㉡ 도시의 공간구조 형성을 침입, 경쟁, 천이 등의 과정으로 설명하였다.
 ㉢ 주택지불능력이 낮을수록 고용기회가 많은 도심지역과 접근성이 양호한 지역에 주거입지를 선정하는 경향이 있다.

2. 선형이론 – 호이트(H. Hoyt)

① 의의: 토지이용은 도심에서 시작되어 점차 교통망을 따라 동질적으로 확장되므로 원을 변형한 모양으로 도시가 성장한다는 이론 ⇨ 부채꼴모양(선형), 쐐기형 지대모형
② 특징
 ㉠ 고급주택은 교통망의 축에 가까이 입지, 중급주택은 고급주택의 인근에 입지, 저급주택은 반대편에 입지하는 경향이 있다.
 ㉡ 주택지불능력이 있는 고소득층은 기존의 도심지역과 주요 교통노선을 축으로 하여 접근성이 양호한 지역에 입지하는 경향이 있다.

3. 다핵심이론 – 해리스(C. Harris), 울만(E. Ullman)

① 의의
 ㉠ 도시가 성장하면 핵심의 수가 증가하고 도시는 복수의 핵심 주변에서 발달한다는 이론
 ㉡ 도시는 하나의 중심지가 아니라 몇 개의 중심지들로 구성된다는 것으로 대도시에 적합한 이론
② 다핵이 성립하는 요인
 ㉠ **동종의 활동(유사활동)**: 집적이익이 발생하므로 특정지역에 모여서 입지 ⇨ **집적지향성**
 ㉡ **이종의 활동(이질활동)**: 상호 간의 이해가 상반되므로 떨어져서 입지 ⇨ **입지적 비양립성**

POINT 18 입지이론

필살키 025~026

1. 레일리(W. Reilly)의 소매인력법칙

① 중력모형을 이용한 상권의 범위를 확정하는 모형
② 두 중심지 사이에 위치하는 소비자에 대하여 상권이 미치는 영향력의 크기는 그 두 중심의 크기에 비례하여 배분된다고 볼 수 있다.
③ 고객유인력

$$\text{고객유인력} = \frac{\text{크기}}{\text{거리}^2}$$

* 크기: 도시인구

④ B도시에 대한 A도시의 구매지향비율 $\left(\dfrac{B_A}{B_B}\right)$

$$\frac{B_A}{B_B} = \frac{P_A}{P_B} \times \left(\frac{D_B}{D_A}\right)^2 = \frac{\text{A도시의 인구}}{\text{B도시의 인구}} \times \left(\frac{\text{B도시까지의 거리}}{\text{A도시까지의 거리}}\right)^2$$

2. 허프(D. L. Huff)의 소매지역이론

① 대도시에서 쇼핑 패턴을 결정하는 확률모형 제시
② 고객유인력

$$\text{고객유인력} = \frac{\text{크기}}{\text{거리}^\lambda}$$

* 크기: 점포 면적, λ: 공간(거리)마찰계수

③ 소비자가 A매장으로 구매하러 갈 확률

$$\text{A매장으로 구매하러 갈 확률(시장점유율, 인구유인비율)} = \frac{\text{A고객유인력}}{\text{A고객유인력} + \text{B고객유인력}}$$

↳ 소비자가 특정 점포를 이용할 확률은 경쟁점포의 수, 점포와의 거리, 점포의 면적에 의해 결정된다.

④ A매장의 이용객 수 = 소비자거주지 인구 × 시장점유율
⑤ A매장의 예상매출액 = 1인당 소비(가능)액 × 매장 이용객 수
⑥ 공간(거리)마찰계수는 시장의 교통조건과 쇼핑물건의 특성에 따라 달라지는 값으로 교통조건이 나쁠수록 커지게 되며, 교통조건이 좋을수록 작아지게 된다. 공간(거리)마찰계수는 일상용품점보다 전문품점의 경우가 작다.

3. 컨버스(P. D. Converse)의 분기점모형

① 레일리의 소매인력법칙을 응용하여 두 도시 간의 구매영향력이 같은 분기점(상권의 경계지점)의 위치를 구하는 방법을 제시한 것
② A 도시로부터 상권의 분기점까지의 거리(D_A)

$$D_A = \frac{\text{도시 A와 B 간의 거리}}{1 + \sqrt{\dfrac{\text{B의 면적}}{\text{A의 면적}}}}$$

4. 공업입지론 – 베버(A. Weber)의 최소비용이론

(1) 원료지수

원료지수란 제품중량에 대한 국지원료중량의 비율을 말한다.

$$\text{원료지수} = \frac{\text{국지원료중량}}{\text{제품중량}} \begin{cases} > 1 \Rightarrow \text{원료지향형} \\ = 1 \Rightarrow \text{자유입지형} \\ < 1 \Rightarrow \text{시장지향형} \end{cases}$$

(2) 공업입지의 결정

원료지향형 산업	① 중량감소산업 　예 시멘트공업, 제련공업 ② 원료수송비가 제품수송비보다 큰 산업 ⇨ 원료중량이 제품중량보다 큰 산업 ③ 부패하기 쉬운 원료·물품을 생산하는 산업 　예 통조림공업, 냉동공업 ④ 편재원료(국지원료)를 많이 사용하는 공장
시장지향형 산업	① 중량증가산업 　예 청량음료, 맥주 ② 제품수송비가 원료수송비보다 큰 산업 ⇨ 제품중량이 원료중량보다 큰 산업 ③ 부패하기 쉬운 완제품을 생산하는 산업 ④ 보편원료를 많이 사용하는 공장
자유입지형 산업	수송비나 노동비에 대해 부가가치가 큰 공업, 수송비가 입지선정에 거의 작용하지 않는 고도의 대규모 기술집약적 산업 　예 자동차, 항공기, 컴퓨터, 반도체

PART 04 부동산정책론

POINT 19 정부의 부동산 시장개입

1. 시장개입의 이유
① 정치적 기능: 사회적 목표를 달성하기 위해서 시장에 개입하는 것
② 경제적 기능: 시장의 실패를 수정하기 위해서 시장에 개입하는 것

2. 시장실패
① 의의: 시장이 어떤 이유로 인해서 자원의 적정배분을 자율적으로 조정하지 못하는 것을 의미
② 원인
  ㉠ 불완전경쟁(독과점)의 존재
  ㉡ 규모의 경제
  ㉢ 외부효과의 존재
  ㉣ 공공재의 부족
  ㉤ 거래 쌍방 간의 정보의 비대칭성 및 불확실성

POINT 20 외부효과(외부성)

1. 의의
외부효과란 어떤 경제활동과 관련하여 거래당사자가 아닌 제3자에게 의도하지 않은 이익이나 손해를 가져다주는데도 이에 대한 대가를 지불하지도 받지도 않는 상태를 말한다.
↳ 거래당사자가 아닌 제3자
↳ 의도하지 않은
↳ 대가를 받지도 않고 지불하지도 않는 ⇨ 시장(기구)을 통하지 않음

2. 구분

정(+)의 외부효과(외부경제)	부(−)의 외부효과(외부불경제)
다른 사람(제3자)에게 의도하지 않은 혜택을 주고도 이에 대한 보상을 받지 못하는 것	다른 사람(제3자)에게 의도하지 않은 손해를 입히고도 이에 대한 대가를 지불하지 않는 것
사적 편익 < 사회적 편익 사적 비용 > 사회적 비용	사적 편익 > 사회적 편익 사적 비용 < 사회적 비용
과소생산, 과다가격	과다생산, 과소가격
보조금 지급, 조세 경감, 행정규제의 완화	조세 부과, 환경부담금 부과, 지역지구제 실시
PIMFY(Please In My Front Yard) 현상	NIMBY(Not In My Back Yard) 현상

POINT 21 우리나라에서 현재 시행하고 있지 않는 제도 필살카 029

① 종합토지세: 1990년부터 시행하였으나, 2005년 1월 「지방세법」이 개정되면서 폐지되었다.
② 택지소유상한제: 1990년부터 실시되었으나 사유재산권 침해 이유로 1998년 9월 19일에 폐지되었다.
③ 토지초과이득세제: 실현되지 않은 이익에 대해 과세한다는 논란 등으로 1998년 폐지되었다.
④ 공한지세: 1974년부터 실시되었으나 1986년에 폐지되었다.
⑤ 개발권양도제도(TDR): 우리나라에서는 시행되고 있지 않다.

POINT 22 용도지역·지구·구역제 필살카 030

의의		특정 토지를 용도지역 등으로 지정한 후 해당 토지를 이용 목적에 맞게 적용하는 제도로서 용적률·건폐율 등의 밀도규제와 특정행위의 허가·불허가 등의 행위규제로 구성되어 있다.
종류	용도지역	토지의 이용 및 건축물의 용도·건폐율·용적률·높이 등을 제한함으로써 토지를 경제적·효율적으로 이용하고 공공복리의 증진을 도모하기 위하여 서로 중복되지 아니하게 도시·군관리계획으로 결정하는 지역을 말한다.
	용도지구	토지의 이용 및 건축물의 용도·건폐율·용적률·높이 등에 대한 용도지역의 제한을 강화하거나 완화하여 적용함으로써 용도지역의 기능을 증진시키고 경관·안전 등을 도모하기 위하여 도시·군관리계획으로 결정하는 지역을 말한다. 용도지구는 하나의 토지에 중복 지정될 수 있다.
	용도구역	토지의 이용 및 건축물의 용도·건폐율·용적률·높이 등에 대한 용도지역 및 용도지구의 제한을 강화 또는 완화하여 적용하며, 시가지의 무질서한 확산방지, 계획적이고 단계적인 토지이용의 도모 등을 위하여 도시·군관리계획으로 결정하는 지역을 말한다.

POINT 23. 토지거래허가제도 - 토지거래허가구역의 지정

① 국토교통부장관 또는 시·도지사는 국토의 이용 및 관리에 관한 계획의 원활한 수립과 집행, 합리적 토지이용 등을 위하여 투기적인 거래가 성행하거나 지가가 급격히 상승하는 지역과 그러한 우려가 있는 지역에 지정할 수 있다.
② 토지거래허가구역은 5년 이내의 기간을 정하여 국토교통부장관 또는 특별시장·광역시장·특별자치시장·도지사·특별자치도지사가 지정할 수 있다.
③ 해당 구역에 일정한 면적을 초과하는 토지에 관한 소유권·지상권(소유권·지상권의 취득을 목적으로 하는 권리를 포함)을 이전하거나 설정하는 토지거래계약(예약을 포함)에 적용되나, 대가를 지급하지 않는 상속이나 무상증여는 대상이 아니다.
④ 토지거래허가기준은 투기목적이 인정되는 일정한 경우를 제외하고는 토지거래를 허가하도록 하는 네거티브방식이다.
⑤ 허가를 받지 아니하고 체결한 토지거래계약은 효력이 발생하지 아니한다.

POINT 24. 임대료 규제

1. 의의

임대료 규제란 정부가 임대주택시장에 개입하여 임대료를 일정수준 이상 올릴 수 없도록 하는 제도이다.

2. 정책적 효과

① 임대주택에 대한 초과수요가 발생한다. ⇨ **공급부족**
② 임차인
　㉠ 임차인들이 임대주택을 구하기가 어려워진다.
　㉡ 임차인들의 주거이동이 저하된다. ⇨ **사회적 비용 증가**
③ 임대인
　㉠ 기존의 임대주택이 다른 용도로 전환된다.
　㉡ 임대주택에 대한 투자를 기피하는 현상이 발생한다.
　㉢ 임대주택 서비스의 질이 저하된다.
④ **정부**: 정부의 임대소득세 수입이 감소한다.
⑤ **시장**: 불법거래가 성행하고, 임대료에 대한 이중가격이 형성될 수 있다.

> **+PLUS 임대료 규제 출제포인트**
>
> 1. 시장(균형)임대료보다 낮은 임대료로 설정 ⇨ 효과 있음
>   ↳ 초과수요
>   ↳ ┌ 단기(비탄력적) ⇨ 초과수요 작다. → 정책효과 크다.
>   └ 장기(탄력적) ⇨ 초과수요 크다. → 정책효과 작다.
> 2. 시장(균형)임대료보다 높은 임대료로 설정 ⇨ 아무런 변화 없음
>   ↳ 초과공급 ⇨ ×
>   ↳ 현재의 균형가격을 그대로 유지함 ⇨ 아무런 정책효과 없음

POINT 25 분양가상한제

필살키 033

1. 의의

분양가상한제란 정부가 사적 시장에서 공급되는 신규주택가격을 시장균형가격 이하로 규제하는 것을 말한다.

⇨ 분양가규제를 통해 주택가격을 안정시키기 위한 목적으로 시행

2. 분양가상한제 적용주택(주택법 제57조)

① 사업주체가 일반인에게 공급하는 공동주택 중 다음 어느 하나에 해당하는 지역에서 공급하는 주택의 경우에는 법률에서 정하는 기준에 따라 산정되는 분양가격 이하로 공급하여야 한다.

> ㉠ 공공택지
> ㉡ 공공택지 외의 택지에서 주택가격 상승 우려가 있어 국토교통부장관이 주거정책심의위원회의 심의를 거쳐 지정하는 지역

② 도시형 생활주택에는 분양가상한제를 적용하지 않는다.
③ **분양가격**: 택지비 + 건축비
④ **전매제한**: 주택법령상 분양가상한제 적용주택 및 그 주택의 입주자로 선정된 지위에 대하여 전매를 제한할 수 있다.

POINT 26 부동산조세

1. 조세의 전가
조세가 부과되었을 때 각 경제주체들이 자신의 활동을 조정함으로써 조세의 실질적인 부담의 일부 또는 전부를 타인에게 이전시키는 현상을 말한다.

2. 조세의 귀착
조세의 사실상 부담이 최종적으로 어떤 사람에게 귀속되는 것을 조세의 귀착이라 한다.

3. 재산세 부과 ➔ 임대주택시장 ⇨ 임대인에게 재산세 부과

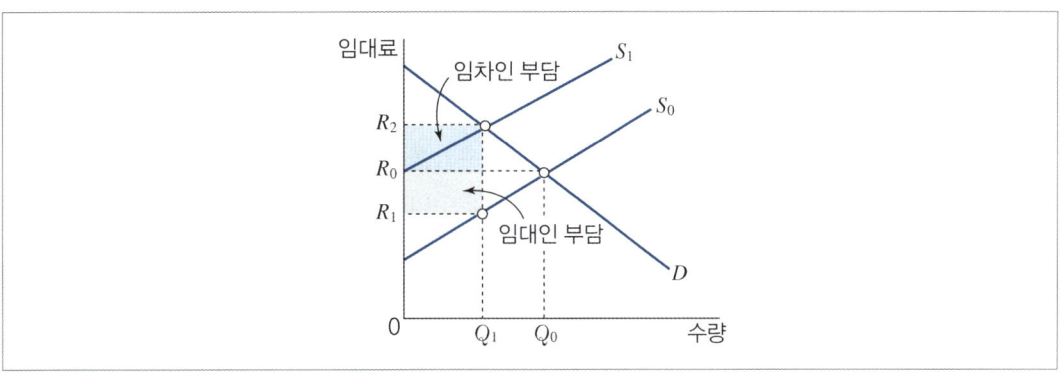

① 임대주택시장 ⇨ 임대인에게 재산세 부과
  ⇨ 임대주택에 재산세가 부과되면, 임대주택의 공급은 감소하고 임대료는 상승
② 공급곡선 좌상향 이동 = 조세부과액
③ 임대주택에 재산세가 중과되면, 증가된 세금은 장기적으로 임차인에게 전가됨

4. 탄력성과 조세귀착, 자원배분의 왜곡, 사회적 후생손실
① 조세부담 ⇨ 비탄력적일수록 커지고 탄력적일수록 작아짐
② 자원배분의 왜곡, 사회적 후생손실 ⇨ 비탄력적일수록 작아지고 탄력적일수록 커짐

> **+PLUS 주택공급의 동결효과(lock-in effect)**
> 가격이 오른 부동산의 소유자가 양도소득세를 납부하지 않기 위해 주택의 처분을 기피함으로써 주택의 공급이 감소하는 효과를 말한다.

PART 05 부동산투자론

POINT 27 지렛대효과(leverage effect) — 필살기 037

1. 의의
지렛대효과란 부채의 사용이 지분수익률(자기자본수익률)에 미치는 영향을 말한다.

2. 구분
① 정(+)의 지렛대효과: 자기자본수익률 > 총자본수익률 > 저당수익률(차입이자율)
　↳ 부채비율이 커질수록 자기자본수익률(지분수익률)이 증가하는 것
② 부(−)의 지렛대효과: 자기자본수익률 < 총자본수익률 < 저당수익률(차입이자율)
　↳ 부채비율이 커질수록 자기자본수익률(지분수익률)이 감소하는 것
③ 영(0)의 지렛대효과: 자기자본수익률 = 총자본수익률 = 저당수익률(차입이자율)
　↳ 부채비율이 변화해도 자기자본수익률(지분수익률)이 변하지 않는 것
※ 차입이자율과 부채비율의 변화 모두 총자본수익률에 영향을 미치지 않는다.

자기자본수익률 = 총자본수익률 + (총자본수익률 − 이자율) × 부채비율

POINT 28 부동산투자의 수익률 — 필살기 038

1. 수익률의 종류
① 요구수익률(required rate of return): 투자에 대한 위험이 주어졌을 때 투자자가 대상부동산에 투자를 결정하기 위해 보장되어야 할 최소한의 수익률로서 필수수익률, 외부수익률, 투자의 기회비용이라고도 한다.
② 기대수익률(expected rate of return): 어떤 투자대상으로부터 투자로 인해 기대되는 예상 수익률(내부수익률)로서, 각 경제상황이 발생할 경우 실현될 수 있는 수익률들을 평균한 것이다.
③ 실현수익률(realized rate of return): 투자가 이루어지고 난 후에 실제로 실현된 수익률로서 실제수익률, 사후수익률, 역사적 수익률이라고도 한다.

2. 기대수익률과 요구수익률의 관계

① 기대수익률 > 요구수익률: 투자↑ ⇨ 대상부동산 가치↑ ⇨ 기대수익률↓
② 기대수익률 = 요구수익률: 균형투자량
③ 기대수익률 < 요구수익률: 투자↓ ⇨ 대상부동산 가치↓ ⇨ 기대수익률↑

POINT 29 부동산투자의 위험과 수익의 관계

1. 위험에 대한 투자자의 태도

기대수익률이 동일할 경우, 투자자들은 덜 위험한 투자대안을 선택하는데, 투자자들의 위험에 대한 이러한 태도를 위험회피적(risk averse)이라고 한다.

2. 위험-수익의 상쇄관계

```
요구수익률 = 무위험률 ⇐ 위험이 전혀 없는 경우
       = 무위험률 + 위험할증률 ⇨ 위험조정률(risk-adjusted rate)
       = 무위험률 + 위험할증률 + 예상 인플레이션율 ⇨ 피셔(Fisher) 효과
```

POINT 30 부동산투자

① 부동산투자는 부동산이 갖고 있는 고유한 특성으로 인해 주식투자에 비해 환금성이 낮지만 안전성 측면에서는 유리하다.
② 부동산은 인플레이션과 같은 경기상승기에 좋은 투자대상이다.
③ 부동산은 다른 투자상품에 비하여 거래비용의 부담이 크고, 부동산시장은 정보의 비대칭성이 존재하지만 효율적 시장이다.
④ 부동산투자는 부동산의 사회적·경제적·행정적 위치의 가변성 등으로 인해 부동산시장의 변화를 면밀히 살펴야 한다.
⑤ 투자자가 투자자산을 필요한 시기에 손실 없이 현금으로 전환할 수 있는 안전성의 정도를 "투자의 유동성"이라고 한다.

POINT 31 포트폴리오의 위험과 최적 포트폴리오의 선택

필살카 041

1. 포트폴리오의 위험

① **체계적 위험**: 전체 시장에 영향을 미치는 위험으로, 모든 부동산에 영향을 주는 '피할 수 없는 위험'이다.
   예 경기변동, 인플레의 심화, 이자율 변동 등으로 인한 위험
② **비체계적 위험**: 특정 개별자산에 국한하여 영향을 미치는 위험으로 투자대상을 다양화하여 분산투자함으로써 '피할 수 있는 위험'이다.

> 총위험 = 체계적 위험 + 비체계적 위험

2. 포트폴리오 위험과 상관계수

① 상관계수가 +1과 −1 사이의 값을 갖는 경우, 포트폴리오를 구성한다고 하더라도 비체계적 위험은 상관계수의 크기에 따라 제거 정도가 달라지는데, −1에 가까울수록 제거 정도는 커지며 +1에 가까울수록 제거 정도는 작아진다고 할 수 있다.
② 상관계수가 +1의 값을 갖는 경우를 제외하면 구성자산의 수를 많이 하여 포트폴리오를 구성한다면 비체계적 위험은 감소될 수 있다.

3. 최적 포트폴리오의 선택

① 효율적 프론티어(또는 효율적 투자선, 효율적 전선)와 투자자의 무차별곡선이 접하는 점에서 결정된다.
② **효율적 프론티어(efficient frontier)**: 동일한 위험에서 최고의 수익률을 나타내는 투자대안을 연결한 선
   ↳ 우상향의 의미 → 투자자가 높은 수익률을 얻기 위해 많은 위험을 감수하는 것
   ⇨ 효율적 프론티어상의 투자안들은 평균-분산지배원리에 의해서도 서로 우열을 가릴 수 없다.
③ **투자자의 무차별곡선**: 투자자가 위험을 회피할수록 위험(표준편차, X축)과 기대수익률(Y축)의 관계를 나타낸 투자자의 무차별곡선의 기울기는 급해진다.

POINT 32 화폐의 시간가치 계산

1. 의의
① 현재가치에 대한 미래가치를 산출하기 위하여 사용하는 이율을 "이자율"이라 하고, 미래가치에 대한 현재가치를 산출하기 위하여 사용하는 이율을 "할인율"이라 한다.
② 화폐의 시간가치는 평가시점에 따라 현재가치와 미래가치로 구분하고, 현금흐름에 따라 일시불의 현금흐름과 연금의 현금흐름으로 구분한다.
③ 화폐의 시간가치를 계산하는 공식에서는 원금에 대한 이자뿐만 아니라 이자에 대한 이자도 함께 계산하는 복리방식을 채택한다.

2. 자본환원계수들의 관계
① 연금의 현재가치계수와 일시불의 미래가치계수를 곱하면 연금의 미래가치계수가 된다.
② 연금의 미래가치계수와 일시불의 현재가치계수를 곱하면 연금의 현재가치계수가 된다.
③ 연금의 현재가치계수에 감채기금계수를 곱하면 일시불의 현재가치계수가 된다.
④ 연금의 미래가치계수에 저당상수를 곱하면 일시불의 미래가치계수가 된다.
⑤ 일시불의 미래가치계수와 일시불의 현재가치계수를 곱하면 '1'이 된다.
⑥ 감채기금계수와 연금의 내가계수를 곱하면 '1'이 된다.
⑦ 저당상수와 연금의 현가계수를 곱하면 '1'이 된다.

POINT 33 부동산투자의 현금흐름 측정

〈영업의 현금흐름 계산〉
가능총소득
− 공실 및 불량부채
+ 기타소득
─────────
유효총소득
− 영업경비
─────────
순영업소득
− 부채서비스액
─────────
세전현금흐름
− 영업소득세
─────────
세후현금흐름

〈지분복귀액 계산〉
매도가격
− 매도경비
─────────
순매도액
− 미상환저당잔금
─────────
세전지분복귀액
− 자본이득세
─────────
세후지분복귀액

〈영업소득세 계산〉
순영업소득
+ 대체충당금
− 이자지급분
− 감가상각액
─────────
과세소득
× 세율
─────────
영업소득세

세전현금흐름
+ 대체충당금
+ 원금상환분
− 감가상각액
─────────
과세소득
× 세율
─────────
영업소득세

※ 영업경비 계산 시 불포함 항목: 취득세, 공실·불량부채, 부채서비스액, 소득세, 감가상각비, 소유자 급여, 개인적 업무비

POINT 34 할인현금흐름분석법(할인현금수지분석법)

1. 순현가법, 수익성지수법, 내부수익률법의 구분

구분	순현가법	수익성지수법	내부수익률법
현금유입	세후소득	세후소득	세후소득
재투자율	요구수익률	요구수익률	내부수익률
가치 가산원칙	성립	불성립	불성립
부(富)의 극대화	달성	×	×
투자의 결정	NPV ≥ 0	PI ≥ 1	IRR ≥ 요구수익률

2. 순현가법과 내부수익률법 비교

① 순현가법에서는 모든 예상되는 미래 현금흐름이 요구수익률로 재투자된다는 가정을 하고 있지만, 내부수익률법은 내부수익률로 재투자된다는 가정을 하고 있다.
② 순현가법은 가치의 가산원칙이 성립하나, 내부수익률법은 가치의 가산원칙이 성립하지 않는다.
③ 순현가법을 이용하여 투자안의 경제성을 평가하는 것이 기업의 부(富)의 극대화에 부합되는 의사결정방법이 된다.
④ 일반적으로 순현가법이 내부수익률법보다 투자판단의 준거로 선호된다.

POINT 35 비율분석법

$$\text{대부비율(LTV)} \ (\text{융자, 저당비율}) = \frac{\text{융자액(부채잔금)}}{\text{부동산가치}}$$

$$\text{부채비율} = \frac{\text{부채(타인자본)}}{\text{자본(자기자본)}}$$

$$\text{총부채상환비율(DTI)} \ (\text{소득 대비 부채비율}) = \frac{\text{연간부채상환액}}{\text{연간소득액}}$$

$$\text{부채감당률(DCR)} = \frac{\text{순영업소득}}{\text{부채서비스액}}$$

$$\text{채무불이행률} = \frac{\text{영업경비} + \text{부채서비스액}}{\text{유효총소득}}$$

$$\text{총자산회전율} = \frac{\text{총소득}}{\text{부동산가치}}$$

$$\text{영업경비비율} = \frac{\text{영업경비}}{\text{(유효)총소득}}$$

$$\text{유동비율} = \frac{\text{유동자산}}{\text{유동부채}}$$

① 담보인정비율(LTV)을 통해서 투자자가 재무레버리지를 얼마나 활용하고 있는지를 평가할 수 있다.
② 부채감당률이 '1'보다 작다는 것은 순영업소득이 부채서비스액을 감당하기에 부족하다는 것을 의미한다.
③ 대출기관이 채무불이행 위험을 낮추기 위해서는 해당 대출조건의 부채감당률을 높이는 것이 유리하다.

PART 06 부동산금융론

POINT 36 부동산금융과 저당대출(고정금리대출과 변동금리대출) 필살키 048~049

① 부동산금융은 부동산의 매입이나 매각, 개발 등과 관련한 자금이나 신용을 조달하거나 제공하는 것을 말한다.
② 부동산이 가지고 있는 고유 특성으로 인하여 금융의 필요성이 중요해지고 있다.
③ 금융기관은 위험을 줄이기 위해 부채감당률이 '1'보다 큰 대출안의 큰 순서대로 대출을 실행한다.
④ 시장이자율 하락 시 고정금리대출을 실행한 대출기관은 차입자의 조기상환으로 인한 위험이 커진다.
⑤ 고정금리 주택담보대출은 차입자가 대출기간 동안 지불해야 하는 이자율이 동일한 형태로 시장금리의 변동에 관계없이 대출 시 확정된 이자율이 만기까지 계속 적용된다.
⑥ 변동금리 주택담보대출은 이자율 변동으로 인한 위험을 차입자에게 전가하는 방식으로 금융기관의 이자율 변동위험을 줄일 수 있는 장점이 있다.
⑦ 코픽스(cost of funds index)는 은행자금조달비용을 반영한 기준금리로 이전의 CD금리가 은행의 자금조달비용을 제대로 반영하지 못한다는 지적에 따라 도입되었다.

> **+PLUS 코픽스(COFIX; Cost Of Funds Index, 자금조달비용지수)**
> 은행연합회가 정보제공은행(국내 8개 은행)들의 자금조달금리를 가중평균하여 산출한 '자금조달비용지수'를 말한다.

⑧ 랩어라운드(wrap-around)대출은 기업이 필요한 자금을 조달하기 위해 여러 금융기관에서 대출을 받아 이를 하나의 대출상품으로 묶어 관리하는 방식이다. 이는 기존대출을 유지하면서 신규대출을 제공하여 부동산구매자가 부동산을 구매할 수 있도록 하는 금융상품이다.

POINT 37 저당의 상환방식

1. 원금균등상환방식

① 융자기간 동안 원금상환액은 동일하나, 이자지급액은 점차 감소하여 매 기간에 상환하는 원리금상환액과 대출잔액이 점차적으로 감소하는 상환방식
② 시간이 지날수록 대출잔액(저당잔금)이 적어지므로 이자분은 줄어든다.
③ 원리금은 초기에 많고 후기에 적어진다.

2. 원리금균등상환방식

① 원리금상환액은 매기 동일하지만 원리금에서 원금과 이자가 차지하는 비중이 상환시기에 따라 다른 방식
② 원리금상환액은 동일하나 원금상환액은 점차 증가하고, 이자지급액은 점차 감소한다.
③ 원리금상환액(저당지불액) = 저당대부액 × 저당상수
　⇨ 저당상수는 원리금균등상환방식을 전제로 함
　　※ 원금균등상환방식이라고 하면 틀림

+PLUS 원금균등상환방식과 원리금균등상환방식의 비교

1. 대출 초기(상환 첫 회) 원리금상환액은 원금균등상환방식이 원리금균등상환방식보다 많다.
2. 대출자 입장에서는 차입자에게 원리금균등상환방식보다 원금균등상환방식으로 대출해 주는 것이 원금회수 측면에서 보다 안전하다.
3. 원리금균등상환방식은 원금균등상환방식에 비해 초기 원리금에서 이자가 차지하는 비중이 크다.
4. 차입자가 대출액을 중도상환할 경우 원금균등상환방식은 원리금균등상환방식보다 대출잔액이 적다.
5. 원금균등상환방식은 원리금균등상환방식에 비해 전체 대출기간 만료 시 누적원리금상환액(총원리금상환액)이 더 적다.

3. 체증식(점증)상환방식

① 초기에는 지불금이 낮은 수준이나, 차입자의 수입이 증가함에 따라 지불금도 점진적으로 증가하는 방식으로, 장래에 소득이나 매출액이 늘어날 것으로 예상되는 개인과 기업에 대한 대출방식
② 대출 초기에 상환액이 적기 때문에 이자도 상환하지 못하는 경우가 발생되기도 함 ⇨ 부(-)의 상환이 나타남
③ 미래의 소득증가가 예상되는 젊은 저소득자에게 유리하다.
④ 디플레이션기에 채무불이행 가능성이 크다.

4. 만기일시상환방식

대출기간 동안 매월 이자만 상환하다가 만기에 일시로 원금을 상환하는 방식이다. 대출만기 시 원금의 일부를 상환하게 한 뒤 대출만기를 연장해주기도 한다.

POINT 38 프로젝트 금융(project financing, 프로젝트 파이낸싱) *필살키* 052~053

1. 의의

프로젝트 금융이란 특정 프로젝트로부터 향후 일정한 현금흐름이 예상되는 경우, 사전 계약에 따라 미래에 발생할 현금흐름과 사업 자체 자산을 담보로 자금을 조달하는 금융기법이다.

2. 특징

① 사업성이 담보 ⇨ 미래에 발생할 현금흐름과 사업 자체 자산을 담보
② 비소구금융(비상환청구금융) ⇨ 제한적 소구금융
③ 해당 프로젝트에서 발생하는 현금흐름에 의존
④ 대규모 자금이 소요되고 공사기간이 장기인 사업
⑤ 에스크로우 계정(escrow account) ⇨ 위탁계좌에 의한 자금관리
⑥ 프로젝트의 채무불이행 위험이 높아질수록 대출기관이 요구하는 금리가 높아짐

3. 장·단점

장점	① 이해당사자 간에 위험배분이 가능 ② 사업주의 재무상태표에 해당 부채로 표시되지 않음 ⇨ 부외금융효과 ⇨ 채무수용능력이 제고 ③ 금융기관은 높은 수익을 올릴 수 있으며, 정보의 비대칭성 문제 감소 ④ 개발사업주와 개발사업의 현금흐름을 분리, 개발사업주의 파산이 개발사업에 영향을 미치지 않음
단점	① 많은 시간이 소요 ② 사업의 지연 초래 ③ 추가비용이 발생

+PLUS 부동산 신디케이션(syndication), 조인트벤처(joint venture)

1. 부동산 신디케이션: 투자자가 직접투자하는 방안
2. 조인트벤처: 주로 부동산개발업자와 대출기관 사이에 형성되며, 이때 대출기관은 개발사업에 저당투자자가 아닌 지분파트너(equity partner)로 참여하기 때문에 지분금융방식에 해당

POINT 39 주택연금제도

① 주택연금의 방식
  ㉠ **저당권방식**: 주택소유자가 주택에 저당권을 설정하고 연금방식으로 노후생활자금을 대출받는 방식
  ㉡ **신탁방식**: 주택소유자와 공사가 체결하는 신탁계약에 따른 신탁등기(소유권이전)를 하고 연금방식으로 노후생활자금을 대출받는 방식
② 주택연금은 역모기지(reverse mortgage)에 해당하며 시간이 지남에 따라 대출잔액이 늘어나는 구조이고, 일반적으로 비소구형 대출이다.
③ 주택연금의 대상주택은 「주택법」에 따른 주택, 지방자치단체에 신고된 노인복지주택 및 주거 목적 오피스텔 등이다.
④ 한국주택금융공사는 주택연금 담보주택의 가격하락에 대한 위험을 부담할 수 있다.
⑤ 종신지급방식에서 가입자가 사망할 때까지 지급된 주택연금 대출원리금이 담보주택 처분가격을 초과하더라도 초과 지급된 금액을 법정상속인이 상환하지 않는다.
⑥ 주택담보노후연금(주택연금)을 받을 권리는 양도·압류하거나 담보로 제공할 수 없다.

POINT 40 주택저당증권(MBS)

구분	MPTS	MBB	MPTB	CMO
유형	지분형	채권형	혼합형	혼합형
트랜치 수	1	1	1	여러 개
주택저당채권집합물에 대한 소유권자	투자자	발행자	발행자	발행자
원리금 수취권자	투자자	발행자	투자자	투자자
조기상환위험 부담자	투자자	발행자	투자자	투자자
콜방어	불가	가능	-	가능 (장기트랜치에 투자 시 가능)
초과담보	없음	큼	작음	작음

※ **CMBS(Commercial Mortgage Backed Securities)**: 금융기관이 보유한 상업용 부동산저당을 기초자산으로 발행하는 증권

POINT 41 부동산투자회사(REITs)

구분	일반리츠(K-REITs)		기업구조조정리츠 (CR-REITs)
	자기관리 부동산투자회사	위탁관리 부동산투자회사	
회사 형태	「상법」상 주식회사		
실체 형태	실체회사(상근 임직원)	명목회사(비상근) ⇨ 지점설치(×), 직원고용(×), 상근임원(×)	
설립자본금 (최저자본금)	5억원(70억원)	3억원(50억원)	
현물출자	영업인가 또는 등록 후, 최저자본금 갖춘 후 현물출자는 가능 ⊕ 부동산 + 지상권, 임차권 등 부동산 사용에 관한 권리, 신탁 수익권 등도 허용		
주식의 분산 (1인당 보유한도)	발행주식의 100분의 50을 초과하지 못함		제한 없음
주식공모	영업인가를 받거나 등록한 날부터 2년 이내에 발행하는 주식 총수의 100분의 30 이상을 일반의 청약에 제공		의무사항 아님
상장	상장요건을 갖춘 후 즉시		
회사의 자산구성	매 분기 말 현재 총자산의 100분의 80 이상을 부동산, 부동산 관련 증권 및 현금으로 구성(총자산의 100분의 70 이상은 부동산으로 구성)		매 분기 말 현재 총자산의 100분의 70 이상을 구조조정 관련 부동산으로 구성
운용기관	내부조직(상근직원 있음)	자산관리회사에 위탁(상근직원 없음)	
배당	50% 이상 의무 배당	90% 이상 의무 배당(초과배당 가능)	
차입과 사채	원칙적으로 자기자본의 2배를 초과할 수 없으나 주주총회 특별 결의 시 그 합계가 자기자본의 10배 범위에서 가능		
합병제한	같은 종류의 부동산투자회사 간의 흡수합병의 방법으로 합병 가능		
감독기관	국토교통부장관, 금융위원회		
세제혜택	법인세 면제(×)	90% 이상 배당할 경우 법인세 면제(○)	

※ 감정평가사 또는 공인중개사로서 해당 분야에 5년 이상 종사한 사람은 자기관리 부동산투자회사의 상근 자산운용 전문인력이 될 수 있다.
※ 부동산투자회사는 부동산을 취득한 후 5년의 범위에서 대통령령으로 정하는 기간 이내에는 부동산을 처분하여서는 아니 된다.
※ 부동산투자회사는 부동산 등 자산의 운용에 관하여 회계처리를 할 때에는 금융위원회가 정하는 회계처리기준에 따라야 한다.
※ 자기관리 부동산투자회사는 주주총회의 결의와 국토교통부장관의 영업인가를 받아 위탁관리 부동산투자회사로 전환할 수 있다.
※ 자기관리 부동산투자회사의 경우는 해당 연도 이익배당한도의 100분의 50 이상을 주주에게 배당하여야 하며 이익준비금을 적립할 수 있다.

PART 07 부동산개발 · 관리론

POINT 42 부동산 이용

① 동일한 산업경영이라도 그 입지조건이 더 양호한 경우에는 특별한 이익을 얻을 수 있는데, 이를 입지잉여라고 한다.
② 도시스프롤(urban sprawl) 현상은 산발적인 도시의 확대이고 대도시 외곽부에서 발달하는 무계획적 시가지 현상으로, 대도시의 도심지보다는 외곽부에서 더 발생한다.
③ 집약한계란 투입의 한계비용이 한계수입과 일치하는 선까지 투입이 추가되는 경우의 집약도이고, 조방한계는 최적의 조건하에서 겨우 생산비를 감당할 수 있는 산출밖에 얻을 수 없는 집약도이다.
④ 도시지역의 토지가격이 정상지가 상승분을 초과하여 급격히 상승한 경우, 직 · 주분리 현상을 심화시켜 통근거리가 길어지는 현상이 나타난다.
⑤ 직 · 주접근의 결과 도심의 주거용 건물이 고층화되는 현상이 나타날 수 있다.

POINT 43 부동산개발의 용어 정의

재개발사업	정비기반시설이 열악하고 노후 · 불량 건축물이 밀집한 지역에서 주거환경을 개선하거나 상업지역 · 공업지역 등에서 도시기능의 회복 및 상권활성화 등을 위하여 도시환경을 개선하기 위한 사업을 말한다(도시 및 주거환경정비법 제2조 제2호 나목).
개발이익	개발사업의 시행이나 토지이용계획의 변경, 그 밖에 사회적 · 경제적 요인에 따라 정상지가(正常地價) 상승분을 초과하여 개발사업을 시행하는 자(사업시행자)나 토지소유자에게 귀속되는 토지 가액의 증가분을 말한다(개발이익 환수에 관한 법률 제2조 제1호).
용도지역	토지의 이용 및 건축물의 용도, 건폐율, 용적률, 높이 등을 제한함으로써 토지를 경제적 · 효율적으로 이용하고 공공복리의 증진을 도모하기 위하여 서로 중복되지 아니하게 도시 · 군관리계획으로 결정하는 지역을 말한다(국토의 계획 및 이용에 관한 법률 제2조 제15호).
부동산개발	타인에게 공급할 목적으로 토지를 조성하거나 건축물을 건축, 공작물을 설치하는 행위로, 조성 · 건축 · 대수선 · 리모델링 · 용도변경 또는 설치되거나 설치될 예정인 부동산을 공급하는 것을 말한다. 다만, 시공을 담당하는 행위는 제외된다(부동산개발업의 관리 및 육성에 관한 법률 제2조 제1호).
부동산개발업	타인에게 공급할 목적으로 부동산개발을 수행하는 업을 말한다(부동산개발업의 관리 및 육성에 관한 법률 제2조 제2호).
도시개발사업	도시개발구역에서 주거, 상업, 산업, 유통, 정보통신, 생태, 문화, 보건 및 복지 등의 기능이 있는 단지 또는 시가지를 조성하기 위하여 시행하는 사업을 말한다(도시개발법 제2조 제1항 제2호).

POINT 44 부동산개발사업의 위험

1. 법률(적)위험부담
① 토지이용규제와 같은 공법적인 측면과 소유권 관계와 같은 사법적인 측면에서 발생할 수 있는 위험
② 법률위험은 용도지역제와 같은 토지이용규제의 변화와 관계기관 인·허가 승인의 불확실성 등으로 야기될 수 있다.
⇨ 이용계획이 확정된 토지를 구입하는 것이 법률위험을 줄이는 방안

2. 시장위험부담
① 부동산시장의 불확실성이 개발업자에게 지우는 부담
② 시장위험은 개발기간 중 이자율의 변화, 시장침체에 따른 공실의 장기화 등이 원인일 수 있다.
⇨ 시장연구 & 시장성연구를 통해 시장위험을 최소화

3. 비용위험부담
① 개발기간이 예상보다 길어지거나 예상하지 못한 인플레이션이 발생하는 등의 사유로 인해 비용부담이 증가하는 위험
② 비용위험은 추정된 토지비, 건축비, 설계비 등 개발비용의 범위 내에서 개발이 이루어져야 하는데, 인플레이션 및 예상치 못한 개발기간의 장기화 등으로 발생할 수 있다.
⇨ 최대가격보증계약을 통해 비용위험을 줄임

POINT 45 부동산개발의 타당성분석

지역경제분석	대상지역의 부동산 수요에 영향을 미치는 인구, 고용, 소득 등의 요인을 분석하는 것
시장분석	특정지역이나 부동산 유형에 대한 수요와 공급 등을 분석하는 것
시장성분석	개발부동산이 현재나 미래의 시장에서 매매되거나 임대될 수 있는 능력을 조사하는 것 ⇨ 흡수율분석
타당성분석	개발사업에 투자자금을 끌어들일 수 있을 정도로 충분한 수익이 발생하는지 분석하는 것
투자분석	투자자의 목적, 다른 투자대안의 수익성 등을 검토하여 대상개발사업의 채택 여부를 결정하는 것

POINT 46 민간의 부동산개발의 방식

1. 자체개발사업방식

① 토지소유자가 사업기획을 하고 직접 자금조달을 하여 건설을 시행하는 방식이다.
② **장점**: 개발사업의 이익이 모두 토지소유자에게 귀속되고, 사업시행자의 의도대로 사업추진이 가능하며, 사업시행의 속도도 빠르다.
③ **단점**: 사업의 위험성이 매우 높고, 자금조달의 부담이 크며, 위기관리능력이 요구된다.

2. 지주공동사업방식

① 토지소유자는 토지를 제공하고 개발업자는 개발의 노하우를 제공하여 서로의 이익을 추구하는 형태이다.
② 불확실하고 위험도가 큰 부동산개발사업에 대한 위험을 토지소유자와 개발업자 간에 분산할 수 있다는 장점이 있다.
③ 공사비 대물변제형, 분양금 공사비 정산형, 사업위탁형 등이 있다.

> **+PLUS 사업위탁방식**
>
> 토지소유자가 개발업자에게 사업시행을 의뢰하고, 개발업자는 사업시행에 대한 수수료를 취하는 방식을 말한다.

3. 토지신탁(개발)방식

① 토지소유자로부터 형식적인 소유권을 이전받은 신탁회사가 토지를 개발·관리·처분하여 그 수익을 수익자에게 돌려주는 방식이다.
② 사업위탁방식과 유사하나 가장 큰 차이점은 신탁회사에 형식상의 소유권이 이전된다는 것이다.

4. 컨소시엄 구성방식

① 대규모 개발사업에 있어서 사업자금의 조달 또는 상호기술보완 등의 필요에 의해 법인 간에 컨소시엄을 구성하여 사업을 구성하는 방식이다.
② **장점**: 사업의 안정성이 확보된다.
③ **단점**: 사업시행에 시간이 오래 걸리고, 출자회사 간 상호 이해조정이 필요하며, 책임의 회피현상이 있을 수 있다.

POINT 47 민간투자사업방식

BTO방식 (Build-Transfer-Operate)	사회간접자본시설의 준공과 함께 시설의 소유권이 정부 등에 귀속되지만, 민간사업자가 정해진 기간 동안 시설에 대한 운영권을 갖고 수익을 내는 민간투자사업방식 예 도로, 터널
BTL방식 (Build-Transfer-Lease)	민간사업자가 개발한 시설의 소유권을 준공과 동시에 공공에 귀속시키고 민간사업자는 시설관리운영권을 가지며, 공공은 그 시설을 임차하여 사용하는 민간투자사업방식 예 학교 건물, 기숙사, 도서관, 군인아파트
BOT방식 (Build-Operate-Transfer)	민간사업자가 스스로 자금을 조달하여 시설을 건설하고, 일정기간 소유·운영한 후, 사업이 종료한 때 국가 또는 지방자치단체 등에 시설의 소유권을 이전하는 민간투자사업방식
BLT방식 (Build-Lease-Transfer)	민간사업자가 사회간접자본시설을 준공한 후 일정기간 동안 운영권을 정부에 임대하여 투자비를 회수하며, 약정 임대기간 종료 후 시설물을 정부 또는 지방자치단체에 이전하는 민간투자사업방식
BOO방식 (Build-Own-Operate)	시설의 준공과 함께 사업시행자가 소유권과 운영권을 갖는 민간투자사업방식

POINT 48 부동산신탁

1. 의의

부동산신탁이란 위탁자(부동산소유자)가 수탁자(부동산신탁회사)와 신탁계약을 체결한 후 부동산을 수탁자에게 소유권 이전 및 신탁등기를 하고나면 수탁자는 신탁계약에서 정한 목적 달성을 위하여 신탁부동산을 개발·관리·처분하여 발생한 수익 또는 잔존부동산을 신탁 종료 시 수익자에게 교부하는 제도를 말한다.

2. 토지(개발)신탁

토지소유자가 토지를 개발하기 위한 목적으로 가입하는 신탁을 말한다. 신탁회사는 신탁계약에 따라 사업비 조달, 시공사 선정 등의 개별 사업을 수행한다. 사업이 완료되면 신탁회사는 신탁보수, 비용 등을 정산한 뒤 수익을 수익자에게 지급하는 것으로 신탁계약은 종료된다.

3. 부동산관리신탁

부동산의 소유자가 부동산의 관리서비스를 받기 위한 목적으로 가입하는 것으로, 부동산의 소유권관리, 건물수선 및 유지, 임대차관리 등 제반 부동산 관리 업무를 신탁회사가 수행하는 방식이다.

4. 부동산처분신탁

① 권리관계가 복잡하여 처분에 어려움이 있는 부동산이나 부동산의 규모가 큰 고가의 부동산을 효율적으로 처분하기 위해 이용한 신탁이다.
② 위탁자(부동산소유자)가 부동산의 처분을 목적으로 수탁자에게 소유권을 이전하고, 수탁자가 신탁재산으로 인수한 부동산을 처분하여 그 처분대금을 수익자에게 교부하는 신탁이다.

5. 부동산담보신탁

위탁자(부동산소유자)가 소유권을 수탁자(신탁회사)에게 이전하고, 수탁자(신탁회사)로부터 수익증권을 교부받아 수익증권을 담보로 금융기관에서 대출을 받는 신탁을 말한다.

6. 분양관리신탁

상가 등 건축물 분양의 투명성과 안정성을 확보하기 위하여 신탁회사에게 사업부지의 신탁과 분양에 따른 자금관리업무를 부담시키는 제도이다.

POINT 49 부동산관리의 세 가지 영역

시설관리	단순히 시설의 사용자나 기업의 요구에 따라 각종 부동산시설을 운영·유지하는 형태의 소극적 관리를 말한다. 예 설비의 운전 및 보수, 에너지관리, 건물 청소관리, 방범·방재 등의 보안관리
재산관리 (건물 및 임대차관리)	부동산 보유기간 중에 부동산의 운영수익을 극대화하고 자산가치를 증진시키기 위한 관리를 말한다. 예 임대 및 수지관리로서 수익목표의 수립, 자본적·수익적 지출계획 수립, 연간 예산 수립, 임대차 유치 및 유지, 비용통제
자산관리	소유주나 기업의 부(富)를 극대화시키기 위하여 부동산의 가치를 증진시킬 수 있는 다양한 방법을 모색하는 적극적인 관리를 말한다. 예 포트폴리오(portfolio) 관점에서의 종합적인 관리로 위험분산 차원에서 부동산의 유형과 지역의 혼합, 보유부동산의 개량 및 매각, 개별 부동산의 특성을 고려한 보유기간산정, 레버리지 활용

POINT 50 부동산마케팅

1. 의의

부동산마케팅이란 소비자들이 원하는 필요와 욕구를 반영하여 시장을 세분화하고 이를 바탕으로 부동산의 제품화, 가격산정, 입지선정 및 촉진활동 등 마케팅 전략을 세워서 부동산을 매매하고 임대차하는 일련의 과정을 말한다.

2. 부동산마케팅의 전략

시장점유 마케팅 전략 ⇨ 판매자 중심	STP 전략	시장세분화 (Segmentation)	마케팅활동을 수행하기 위하여 구매자의 집단을 세분하는 것 ⇨ 전체 시장을 일정한 기준에 의해 등질적인 세분시장으로 구분하는 과정을 말한다.
		표적시장 (Target)	세분된 시장 중에서 부동산기업이 표적으로 삼아 마케팅활동을 수행하는 시장 ⇨ 마케팅 환경변화에 대응하여 경쟁사와의 관계에서 자사가 보유한 역량과 자원으로 최대한의 시장성과를 얻을 수 있는 최적의 시장을 말한다.
		시장차별화 (Positioning)	목표시장에서 고객의 욕구를 파악하여 경쟁 제품과 차별성을 가지도록 제품 개념을 정하고 소비자의 지각 속에 적절히 위치시키는 것 ⇨ 경쟁우위 달성을 위해 경쟁제품과 다르게 인식되도록 마케팅믹스를 사용하여 고객의 마음속에 제품의 위치를 심어주는 과정을 말한다.
	4P Mix 전략		제품(Product), 가격(Price), 유통경로(Place), 판매촉진(Promotion) 전략
고객점유마케팅 전략 ⇨ 구매자 중심			소비자의 구매의사 결정과정의 각 단계에서 소비자와의 심리적인 접점을 마련하고 전달하려는 메시지의 취지와 강약을 조절하는 전략 ⊕ AIDA 원리: 주의(Attention), 관심(Interest), 욕망(Desire), 행동(Action)
관계마케팅 전략			공급자(판매자)와 소비자(고객) 간의 장기적·지속적인 관계유지를 주축으로 하는 마케팅 전략

> **+PLUS** 바이럴마케팅(viral marketing) 전략
>
> SNS, 블로그 등 다양한 매체를 통해 해당 브랜드나 제품에 대해 입소문을 나게 하여 마케팅 효과를 극대화시키는 전략을 말한다.

PART 08 부동산감정평가론

POINT 51 감정평가에 관한 규칙의 용어 정의

필살키 070

시장가치	감정평가의 대상이 되는 토지 등(대상물건)이 통상적인 시장에서 충분한 기간 동안 거래를 위하여 공개된 후 그 대상물건의 내용에 정통한 당사자 사이에 신중하고 자발적인 거래가 있을 경우 성립될 가능성이 가장 높다고 인정되는 대상물건의 가액(價額)
기준시점	대상물건의 감정평가액을 결정하는 기준이 되는 날짜
기준가치	감정평가의 기준이 되는 가치
가치형성요인	대상물건의 경제적 가치에 영향을 미치는 일반요인, 지역요인 및 개별요인 등
원가법	대상물건의 재조달원가에 감가수정(減價修正)을 하여 대상물건의 가액을 산정하는 감정평가방법
적산법 (積算法)	대상물건의 기초가액에 기대이율을 곱하여 산정된 기대수익에 대상물건을 계속하여 임대하는 데에 필요한 경비를 더하여 대상물건의 임대료(賃貸料, 사용료를 포함)를 산정하는 감정평가방법
거래사례비교법	대상물건과 가치형성요인이 같거나 비슷한 물건의 거래사례와 비교하여 대상물건의 현황에 맞게 사정보정(事情補正), 시점수정, 가치형성요인 비교 등의 과정을 거쳐 대상물건의 가액을 산정하는 감정평가방법
임대사례비교법	대상물건과 가치형성요인이 같거나 비슷한 물건의 임대사례와 비교하여 대상물건의 현황에 맞게 사정보정, 시점수정, 가치형성요인 비교 등의 과정을 거쳐 대상물건의 임대료를 산정하는 감정평가방법
공시지가기준법	「감정평가 및 감정평가사에 관한 법률」 제3조 제1항 본문에 따라 감정평가의 대상이 된 토지(대상토지)와 가치형성요인이 같거나 비슷하여 유사한 이용가치를 지닌다고 인정되는 표준지(비교표준지)의 공시지가를 기준으로 대상토지의 현황에 맞게 시점수정, 지역요인 및 개별요인 비교, 그 밖의 요인의 보정(補正)을 거쳐 대상토지의 가액을 산정하는 감정평가방법
수익환원법 (收益還元法)	대상물건이 장래 산출할 것으로 기대되는 순수익이나 미래의 현금흐름을 환원하거나 할인하여 대상물건의 가액을 산정하는 감정평가방법
수익분석법	일반기업 경영에 의하여 산출된 총수익을 분석하여 대상물건이 일정한 기간에 산출할 것으로 기대되는 순수익에 대상물건을 계속하여 임대하는 데에 필요한 경비를 더하여 대상물건의 임대료를 산정하는 감정평가방법
감가수정	대상물건에 대한 재조달원가를 감액하여야 할 요인이 있는 경우에 물리적 감가, 기능적 감가 또는 경제적 감가 등을 고려하여 그에 해당하는 금액을 재조달원가에서 공제하여 기준시점에 있어서의 대상물건의 가액을 적정화하는 작업
적정한 실거래가	「부동산 거래신고 등에 관한 법률」에 따라 신고된 실제 거래가격(거래가격)으로서 거래 시점이 도시지역(국토의 계획 및 이용에 관한 법률 제36조 제1항 제1호에 따른 도시지역)은 3년 이내, 그 밖의 지역은 5년 이내인 거래가격 중에서 감정평가법인 등이 인근지역의 지가수준 등을 고려하여 감정평가의 기준으로 적용하기에 적정하다고 판단하는 거래가격

인근지역	감정평가의 대상이 된 부동산(대상부동산)이 속한 지역으로서 부동산의 이용이 동질적이고 가치형성요인 중 지역요인을 공유하는 지역
유사지역	대상부동산이 속하지 아니하는 지역으로서 인근지역과 유사한 특성을 갖는 지역
동일수급권 (同一需給圈)	대상부동산과 대체·경쟁 관계가 성립하고 가치형성에 서로 영향을 미치는 관계에 있는 다른 부동산이 존재하는 권역(圈域)을 말하며, 인근지역과 유사지역을 포함

POINT 52 부동산가치의 발생요인

1. 부동산의 효용(utility, 유용성) ⇨ 수요

인간의 필요나 욕구를 만족시켜 줄 수 있는 재화의 능력을 말한다.
① 주거용 부동산 ⇨ 쾌적성 + 편리성
② 상업용 부동산 ⇨ 수익성
③ 공업용 부동산 ⇨ 생산성

2. 부동산의 상대적 희소성 ⇨ 공급

인간의 욕망에 비해 욕망의 충족수단이 질적·양적으로 한정되어 있어서 부족한 상태를 말한다.

3. 부동산에 대한 유효수요 ⇨ 수요

대상부동산을 구매하고자 하는 욕구로, 지불능력(구매력)을 필요로 한다.

4. 부동산의 이전성(transferability)

부동산의 물리적인 이동이 아니라 부동산소유권에 대한 명의가 자유롭게 이전될 수 있어야 한다는 것을 말한다. ⇨ 부동산소유권의 법적 이전

POINT 53 부동산가치 결정과정

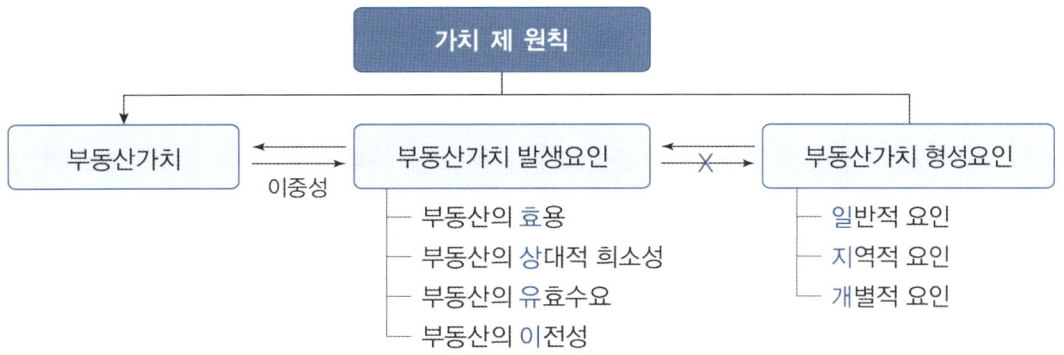

POINT 54 지역분석과 개별분석

구분	지역분석	개별분석
분석순서	선행분석	후행분석
분석내용	가치형성의 지역적 요인을 분석	가치형성의 개별적 요인을 분석
분석범위	대상지역 (대상지역에 대한 전체적·광역적·거시적 분석)	대상부동산 (대상부동산에 대한 부분적·구체적·미시적 분석)
분석방법	전반적 분석	개별적 분석
분석기준	표준적 이용	최유효이용
가격관련	가격 수준	(구체적인) 가격
가격원칙	적합의 원칙	균형의 원칙

POINT 55 부동산가치의 제 원칙

1. 시간의 원칙

① **변동의 원칙(변화의 원칙)**: 부동산의 가치는 부동산가치 형성요인의 상호 인과관계적 결합과 그것의 변동과정에서 형성·변화된다는 원칙이다.
② **예측의 원칙(예상·기대의 원칙)**: 부동산의 가치가 해당 부동산의 장래의 수익성이나 쾌적성에 대한 예측의 영향을 받아서 결정된다는 원칙이다.

2. 내부의 원칙

① **균형의 원칙(비례의 원칙)**: 부동산의 유용성(수익성 또는 쾌적성)이 최고도로 발휘되기 위해서는 그 내부구성요소의 조합이 균형을 이루고 있어야 한다는 원칙이다. ⇨ 기능적 감가
② **기여의 원칙(공헌의 원칙)**: 부동산가치는 부동산 각 구성요소의 가치에 대한 공헌도에 따라 영향을 받는다는 원칙이다. ⇨ 균형의 원칙에 선행
③ **수익체증·체감의 원칙**: 부동산의 단위투자액을 계속적으로 증가시키면, 이에 따라 총수익은 증가되지만 증가되는 단위투자액에 대응하는 수익은 증가하다가 일정한 수준을 넘으면 점차 감소하게 된다는 원칙이다. ⇨ 수확체감의 법칙에 근거
④ **수익배분의 원칙(잉여생산성의 원칙)**: 총수익은 노동·자본·토지·경영 등의 각 생산요소에 분배되는데, 노동·자본·경영에 배분되고 남은 잔여분(잉여생산성)은 그 배분이 정당하게 행하여지는 한 토지에 귀속된다는 원칙이다.

3. 외부의 원칙

① **적합의 원칙(조화의 원칙)**: 부동산의 수익성 또는 쾌적성이 최고도로 발휘되기 위해서는 대상부동산이 그 주위 환경에 적합하여야 한다는 원칙이다. ⇨ 경제적 감가
② **외부성의 원칙**: 대상부동산의 가치가 외부요인에 의해서 영향을 받는다는 평가원칙이다.
③ **경쟁의 원칙**: 초과이윤은 경쟁을 야기시키고, 경쟁은 초과이윤을 감소 또는 소멸시킨다는 원칙이다.

4. 기타 원칙

① **수요·공급의 원칙**: 부동산의 특성으로 인하여 제약을 받지만 부동산가치도 기본적으로 수요와 공급 상호관계에 의하여 결정된다는 원칙이다.
② **대체의 원칙**: 부동산의 가치는 대체가 가능한 다른 부동산이나 재화의 가격과의 상호 영향으로 형성된다는 원칙이다. ⇨ 용도·기능·가격면에서의 대체를 의미
③ **기회비용의 원칙**: 어떤 투자대상의 가치평가를 그 투자대상의 기회비용에 의하여 평가한다는 원칙이다.

5. 최유효(최고·최선)이용의 원칙

① 의의: 부동산가치는 최유효이용을 전제로 파악되는 가치를 표준으로 형성된다는 원칙이다.
  ⇨ 가치추계의 전제가 되는 원칙
② 최유효이용의 판정기준: 최유효이용은 대상부동산의 물리적 채택가능성, 합리적이고 합법적인 이용, 최고수익성을 기준으로 판정할 수 있다.

> **+PLUS 최유효이용**
>
> 객관적으로 보아 양식과 통상의 이용능력을 가진 사람이 부동산을 합리적·합법적인 최고·최선의 방법으로 이용하는 것을 말한다.

POINT 56 원가법   필살키 075

1. 재조달원가(재생산비용)

(1) 의의

재조달원가란 대상물건을 기준시점에 재생산하거나 재취득하는 데 필요한 적정원가의 총액을 말한다.

(2) 종류

① 복제원가(reproduction cost, 복조원가): 물리적 측면의 원가
② 대치원가(replacement cost, 대체비용): 효용 측면의 원가
③ 복제원가와 대치원가의 비교
  ㉠ 이론적: 대치원가가 더 설득력 있음
  ㉡ 실무상: 복제원가를 채택하는 것이 더 정확한 가치를 구할 수 있음

(3) 산정기준

① 건물의 재조달원가: 도급건설이든 자가건설이든 도급건설에 준하여 처리

$$\text{건물의 재조달원가} = \text{표준적 도급건설비용} + \text{통상부대비용}$$

② 토지의 재조달원가
  ㉠ 원칙: 적용 불가 ⇨ 비준가액으로 결정함이 원칙
  ㉡ 예외: 조성지, 매립지, 개간지, 간척지 ⇨ 수익목적인 경우는 수익가액으로 결정

2. 감가수정

(1) 의의

감가수정이란 대상물건에 대한 재조달원가를 감액하여야 할 요인이 있는 경우에 **물리**적 감가, **기능**적 감가, **경제**적 감가 등을 고려하여 그에 해당하는 금액을 재조달원가에서 공제하여 기준시점에 있어서의 대상물건의 가액을 적정화하는 작업을 말한다.

(2) 감가의 요인

물리적 감가요인	① 사용으로 인한 마멸 및 파손 ② 시간의 경과에 따른 노후화 ③ 재해 등의 우발적인 사고로 인한 손상	치유 가능 또는 치유 불가능한 감가
기능적 감가요인(균형의 원칙)	① 건물과 부지의 부적응 ② 형식의 구식화, 설계의 불량 ③ 설비의 과부족 및 능률의 저하	
경제적 감가요인(적합의 원칙)	① 부동산과 그 부근 환경과의 부적합 ② 인근지역의 쇠퇴 ③ 대상부동산의 시장성 감퇴	치유 불가능한 감가

(3) 감가수정의 방법

① 내용연수에 의한 방법

㉠ 정액법(균등상각법, 직선법)

의의	부동산의 감가총액을 단순한 경제적 내용연수로 평분하여 매년의 상각액으로 삼는 방법
특징	ⓐ 매년 일정액씩 감가 ⓑ 감가누계액이 경과연수에 정비례하여 증가
장점	계산이 간단하고 용이
단점	실제의 감가와 불일치
적용대상	건물·구축물

㉡ 정률법(체감상각법, 잔고점감법)

의의	매년 말 가치에 일정한 상각률을 곱하여 매년의 상각액을 구하는 방법
특성	ⓐ 매년 일정률로 감가 ⓑ 상각률 ⇨ 일정, 상각액 ⇨ 점차 감소 ⓒ 상각액이 첫해에 가장 많고, 재산가치가 체감됨에 따라 상각액도 체감
장점	능률이 높은 초기에 많이 감가 ⇨ 안전하게 자본회수(원금회수가 빠름)
단점	매년 상각액이 상이하여 매년 상각액이 표준적이지 못함
적용대상	기계·기구 등의 동산 평가

ⓒ 상환기금법(감채기금법): 대상부동산의 내용연수가 만료되는 때에 감가누계상당액과 그에 대한 복리계산의 이자상당액을 포함하여 당해 내용연수로 상환하는 방법
② 관찰감가법(관찰상태법): 대상부동산 전체 또는 구성부분에 대하여 실태를 조사하여 물리적·기능적·경제적 감가요인과 감가액을 직접 관찰하여 구하는 방법
③ 분해법: 대상부동산에 대한 감가요인을 물리적·기능적·경제적 요인으로 세분한 후 이에 대한 감가액을 각각 별도로 측정하고 이것을 전부 합산하여 감가수정액을 산출하는 방법 ⇨ 내구성 분해방식

POINT 57 거래사례비교법

필살키 076

1. 의의

거래사례비교법이란 대상물건과 가치형성요인이 같거나 비슷한 물건의 거래사례와 비교하여 대상물건의 현황에 맞게 사정보정(事情補正), 시점수정, 가치형성요인 비교 등의 과정을 거쳐 대상물건의 가액을 산정하는 감정평가방법을 말한다.

$$비준가액 = 사례가액 \times (사정보정치 \times 시점수정치 \times 지역요인비교치 \times 개별요인비교치 \times 면적)$$

2. 사례자료의 정상화

① 사정보정(매매상황 및 조건에 대한 수정)
  ㉠ 사정보정의 방법

$$사정보정치 = \frac{대상부동산}{사례부동산}$$

> **+PLUS** 보정방법
>
> 1. 보정대상: ~이, ~가
>   - 우세, 고가 ⇨ $100 + \alpha$ (%)
>   - 열세, 저가 ⇨ $100 - \alpha$ (%)
> 2. 비교대상: ~보다 ⇨ 100

  ㉡ 사정보정을 하지 않아도 되는 경우
    ⓐ 특별한 사정이 개입되지 않은 거래사례(대표성이 있는 거래사례)인 경우
    ⓑ 표준지공시지가를 기준으로 평가할 경우

② 시점수정(시장상황에 대한 수정)
　㉠ 시점수정의 방법
　　ⓐ 지수법

$$시점수정치 = \frac{기준시점의\ 지수}{거래시점의\ 지수}$$

　　ⓑ 변동률적용법

$$시점수정치 = (1 \pm R)^n$$
*R: 물가변동률, n: 연수(年數)

　㉡ 시점수정을 하지 않아도 되는 경우
　　ⓐ 기준시점과 거래시점이 동일한 경우 ⇐ 소급평가의 경우
　　ⓑ 기준시점과 거래시점이 달라도 시장상황이 변하지 않아 가치가 불변인 경우
③ 지역요인 및 개별요인의 비교
　㉠ 사례부동산이 인근지역의 것일 때: 지역적 요인은 동일하므로 개별적 요인만을 비교하여 개별격차를 판정한다.
　㉡ 사례부동산이 유사지역의 것일 때: 사례부동산과 대상부동산의 지역적 요인을 비교하여 지역격차를 판정한 후 개별적 요인을 비교하여 개별격차를 판정한다.

POINT 58 자본환원율(환원이율) 구하는 방법 필살기 077

1. 시장추출법(시장비교방식)

대상부동산과 유사성 있는 거래사례로부터 순수익을 구하여 사정보정, 시점수정 등을 거쳐 환원이율을 추출한다.

2. 조성법(요소구성법)

$$환원이율 = 순수이율 \pm 부동산투자활동의\ 위험률$$

⇨ 이론적으로는 타당성 있으나 주관 개입 가능성이 크다.

3. 투자결합법(이자율합성법)

① 물리적 투자결합법

$$자본환원율 = (토지환원율 \times 토지가격구성비) + (건물환원율 \times 건물가격구성비)$$

② 금융적 투자결합법

$$자본환원율 = (지분환원율 \times 지분비율) + (저당환원율 \times 저당비율)$$

4. 저당지분방식(엘우드법)

① 금융적 투자결합법을 개량, 저당조건을 고려(○), 세금을 고려(×)
② 매 기간 동안의 세전현금흐름, 기간 말 부동산의 가치증감분, 보유기간 동안의 지분형성분

5. 부채감당법

$$자본환원율 = 부채감당률 \times 대부비율 \times 저당상수$$

POINT 59 물건별 감정평가   필살키 078

1. 토지와 건물의 일괄감정평가

「집합건물의 소유 및 관리에 관한 법률」에 따른 구분소유권의 대상이 되는 건물부분과 그 대지사용권을 일괄하여 감정평가하는 경우 등 토지와 건물을 일괄하여 감정평가할 때에는 거래사례비교법을 적용하여야 한다. 이 경우 감정평가액은 합리적인 기준에 따라 토지가액과 건물가액으로 구분하여 표시할 수 있다.

2. 소음 등으로 인한 대상물건의 가치하락분에 대한 감정평가

소음·진동·일조침해 또는 환경오염 등으로 대상물건에 직접적 또는 간접적인 피해가 발생하여 대상물건의 가치가 하락한 경우 그 가치하락분을 감정평가할 때에 소음 등이 발생하기 전의 대상물건의 가액 및 원상회복비용 등을 고려해야 한다.

+PLUS 물건별 감정평가

1. 건물, 건설기계, 선박, 항공기 ⇨ 원가법
2. 동산, 산림, 과수원, 자동차 ⇨ 거래사례비교법
3. 영업권, 어업권, 광업재단, 기업가치 ⇨ 수익환원법
4. 토지 ⇨ 공시지가기준법
5. 임대료 ⇨ 임대사례비교법
6. 상장주식, 상장채권 ⇨ 거래사례비교법
7. 비상장채권 ⇨ 수익환원법
8. 소경목림(小徑木林) ⇨ 원가법

POINT 60 부동산가격공시제도

필살기 079~080

구분			공시주체
공시지가제도	표준지공시지가		국토교통부장관
	개별공시지가		시장·군수·구청장
주택가격 공시제도	단독주택	표준주택가격	국토교통부장관
		개별주택가격	시장·군수·구청장
	공동주택		국토교통부장관
비주거용 부동산가격 공시제도	비주거용 일반부동산 가격공시제도	비주거용 표준부동산 가격공시	국토교통부장관
		비주거용 개별부동산 가격공시	시장·군수·구청장
	비주거용 집합부동산 가격공시제도		국토교통부장관

1. 공시지가제도

(1) 표준지공시지가

① 의의: 국토교통부장관이 조사·평가하여 공시한 표준지의 단위면적당 가격
② 공시기준일: 매년 1월 1일, 국토교통부장관이 공시
③ 이의신청: 공시일로부터 30일 이내에 서면으로 국토교통부장관에게 이의신청 가능
④ 공시사항: 표준지의 지번, 지목, 단위면적당 가격, 면적 및 형상, 표준지 및 주변토지의 이용사항, 용도지역, 도로상황, 그 밖에 표준지공시지가 공시에 필요한 사항

※ 표준지에 건물 또는 그 밖의 정착물이 있거나 지상권 또는 그 밖의 토지의 사용·수익을 제한하는 권리가 설정되어 있을 때에는 그 정착물 또는 권리가 존재하지 아니하는 것으로 보고 표준지공시지가를 평가하여야 한다.

(2) 개별공시지가

① 의의: 시장·군수 또는 구청장이 결정·공시한 매년 공시지가의 공시기준일 현재 관할 구역 안의 개별토지의 단위면적당 가격
② 공시일: 시장·군수·구청장이 매년 5월 31일까지 공시
③ 이의신청: 개별공시지가 결정·공시일부터 30일 이내에 서면으로 시장·군수 또는 구청장에게 이의신청 가능

※ 표준지로 선정된 토지에 대해서는 해당 토지의 공시지가를 개별공시지가로 본다. 따라서 표준지로 선정된 토지에 대하여 개별공시지가를 결정·공시하지 않아도 된다.

2. 주택가격공시제도

(1) 단독주택가격공시제도

① 표준주택가격공시제도

　㉠ 공시기준일: 매년 1월 1일, 국토교통부장관이 공시

　㉡ 대표성이 인정되는 주택을 표준주택으로 선정하여 적정가격을 조사·평가

　㉢ 이의신청: 공시일로부터 30일 이내에 서면으로 국토교통부장관에게 이의신청 가능

　※ 표준주택에 전세권 또는 그 밖에 단독주택의 사용·수익을 제한하는 권리가 설정되어 있을 때에는 그 권리가 존재하지 아니하는 것으로 보고 적정가격을 산정하여야 한다.

② 개별주택가격공시제도

　㉠ 개별주택은 시장·군수·구청장이 표준주택가격을 기준으로 개별주택가격을 조사·산정하여 공시

　㉡ 공시일: 시장·군수 또는 구청장이 매년 4월 30일까지 공시

　㉢ 이의신청: 공시일로부터 30일 이내에 주택 소재지 시장·군수·구청장에게 이의신청 가능

(2) 공동주택가격공시제도

① 공동주택은 표준주택과 개별주택으로 구분하지 않으며 한국부동산원에서 전수 조사하여 가격을 공시

② 국토교통부장관이 매년 4월 30일까지 공시

③ 공시기준일: 매년 1월 1일

④ 이의신청: 공시일부터 30일 이내에 서면으로 국토교통부장관에게 이의신청 가능

(3) 주택가격공시의 효력

① 표준주택가격은 국가·지방자치단체 등이 그 업무와 관련하여 개별주택가격을 산정하는 경우에 그 기준이 된다.

② 개별주택가격 및 공동주택가격은 주택시장의 가격정보를 제공하고, 국가·지방자치단체 등이 과세 등의 업무와 관련하여 주택의 가격을 산정하는 경우에 그 기준으로 활용될 수 있다.

마무리 100선

PART 01 부동산학 총론

필살키 p.10 **합격서 p.12**

필살키 001 한국표준산업분류(KSIC)

한국표준산업분류(KSIC)에 따른 부동산업의 세분류 항목에 해당하지 <u>않는</u> 것은?

① 부동산임대업
② 부동산개발 및 공급업
③ 주거용 건물 건설업
④ 부동산관리업
⑤ 부동산중개, 자문 및 감정평가업

해설

주거용 건물 건설업은 한국표준산업분류(KSIC; Korean Standard Industrial Classification)에서 부동산업이 아닌 건설업에 해당한다.

[한국표준산업분류(제11차)상의 부동산업]

대분류	중분류	소분류	세분류	세세분류
부동산업	부동산업	부동산임대 및 공급업	부동산임대업	㉠ 주거용 건물임대업
				㉡ 비주거용 건물임대업
				㉢ 기타 부동산임대업
			부동산개발 및 공급업	㉠ 주거용 건물개발 및 공급업
				㉡ 비주거용 건물개발 및 공급업
				㉢ 기타 부동산개발 및 공급업
		부동산 관련 서비스업	부동산관리업	㉠ 주거용 부동산관리업
				㉡ 비주거용 부동산관리업
			부동산중개, 자문 및 감정평가업	㉠ 부동산중개 및 대리업
				㉡ 부동산투자 자문업
				㉢ 부동산 감정평가업
				㉣ 부동산 분양대행업

정답 ③

필살키 002 부동산의 개념

준부동산(準不動産)에 관한 설명으로 틀린 것은?

① 준부동산은 「민법」상의 부동산은 아니지만, 등기·등록 등의 공시방법을 갖춤으로써 부동산에 준하여 취급되는 특정의 동산이나 동산과 일체로 된 부동산의 집단을 말한다.
② 공장재단이란 공장에 속한 일정한 기업용 재산으로 구성되는 일단(一團)의 기업재산으로 「공장 및 광업재단 저당법」에 따라 소유권과 저당권의 목적이 되는 것을 말한다.
③ 광업재단이란 광업권과 광업권에 기하여 광물을 채굴·취득하기 위한 각종 설비 및 이에 부속하는 사업의 설비로 구성되는 일단의 기업재산으로 「공장 및 광업재단 저당법」에 따라 소유권과 저당권의 목적이 되는 것을 말한다.
④ 입목이란 토지에 부착된 수목의 집단으로서 그 소유자가 「입목에 관한 법률」에 따라 소유권보존등기를 받은 것을 말하며, 토지소유권 또는 지상권 처분의 효력이 미친다.
⑤ 「수산업법」의 규정에 따른 어업권이란 면허를 받아 어업을 경영할 수 있는 권리를 말한다.

해설
토지소유권 또는 지상권 처분의 효력은 입목에 미치지 않는다. 즉, 토지 소유권이나 지상권이 이전되더라도, 이미 소유권보존등기를 마친 입목은 토지와 별개의 부동산으로 취급되어 그 처분 효력이 입목에는 영향을 미치지 않는다.

정답 ④

필살키 003 토지의 분류 및 용어(1)

토지의 분류 및 용어에 관한 설명으로 옳은 것은?

㉠ 나지(裸地)는 택지 중 정착물이 없는 토지로서 공법상 제한이 없는 토지를 말한다.
㉡ 건부지(建敷地)는 건축물의 부지로 이용 중인 토지 또는 건축물의 부지로 이용 가능한 토지를 말한다.
㉢ 획지(劃地)는 하나의 필지 중 일부에 대해서도 성립한다.
㉣ 공지란 「건축법」에 의한 건폐율 등의 제한으로 인해 한 필지 내에 건물을 꽉 메워서 건축하지 않고 남겨둔 토지이다.
㉤ 일단지(一團地)는 용도상 불가분의 관계에 있는 두 필지 이상을 합병한 토지를 말한다.

① ㉠
② ㉡
③ ㉠, ㉡
④ ㉢, ㉣
⑤ ㉢, ㉤

해설
㉠ 나지란 토지에 건물이나 그 밖의 정착물이 없고, 지상권 등 토지의 사용·수익을 제한하는 사법상의 권리가 설정되어 있지 아니한 토지로 공법상의 규제는 존재할 수 있다.
㉡ 건부지는 건축물의 부지로 이용 가능한 토지가 아닌 건축물의 부지로 이용 중인 토지를 말한다.
㉤ 일단지는 용도상 불가분의 관계에 있는 두 필지 이상의 일단의 토지를 의미하나, 두 필지 이상을 합병한 토지를 말하는 것은 아니다.

정답 ④

필살키 004 토지의 분류 및 용어(2)

토지의 이용목적 및 활동에 따른 토지 관련 용어에 관한 설명으로 틀린 것은?

㉠ 빈지(濱地)는 소유권이 인정되지 않는 바다와 육지 사이의 해변 토지를 말한다.
㉡ 후보지(候補地)는 용도적 지역의 분류 중 세분된 지역 내에서 용도에 따라 전환되는 토지를 말한다.
㉢ 공지(空地)는 관련 법령이 정하는 바에 따라 안전이나 양호한 생활환경을 확보하기 위해 건축하면서 남겨놓은 일정 면적의 토지를 말한다.
㉣ 갱지(更地)는 택지 등 다른 용도로 조성되기 이전 상태의 토지를 말한다.
㉤ 일단지(一團地)는 용도상 불가분의 관계에 있는 두 필지 이상의 토지를 말한다.

① ㉠
② ㉣
③ ㉠, ㉢
④ ㉡, ㉣
⑤ ㉠, ㉢, ㉤

해설
㉡ 용도적 지역의 분류 중 세분된 지역 내에서 용도에 따라 전환되는 토지는 이행지(移行地)이다.
㉣ 택지 등 다른 용도로 조성되기 이전 상태의 토지는 소지(素地)이다.

정답 ④

필살키 005 용도별 건축물의 종류

1개 동의 건축물 현황이 다음과 같을 경우, 건축법령상 용도별 건축물의 종류로 옳은 것은?

- 1층 전부를 필로티 구조로 하여 주차장으로 사용하며, 2층부터 5층까지 주택으로 사용함
- 주택으로 쓰는 바닥면적의 합계가 1,000m²임
- 세대수 합계가 16세대로서 모든 세대에 취사시설이 설치됨

① 아파트
② 연립주택
③ 다세대주택
④ 기숙사
⑤ 다가구주택

해설
보기의 내용에 해당하는 건축법령상의 용도별 건축물의 종류는 연립주택이다. 연립주택은 주택으로 쓰는 1개 동의 바닥면적(2개 이상의 동을 지하주차장으로 연결하는 경우에는 각각의 동으로 봄) 합계가 660m²를 초과하고, 층수가 4개 층 이하인 주택이다.

정답 ②

필살키 006 토지의 특성(1)

토지의 특성과 내용에 관한 설명으로 틀린 것은?

① 토지는 시간의 경과에 의해 마멸되거나 소멸되지 않으므로 투자재로서 선호도가 높다.
② 물리적으로 완전히 동일한 토지는 없으므로 부동산시장은 불완전경쟁시장이 된다.
③ 토지는 공간적으로 연결되어 있으므로 외부효과를 발생시키고, 개발이익환수의 근거가 된다.
④ 토지는 용익물권의 목적물로 활용할 수 있으므로 하나의 토지에 다양한 물권자가 존재할 수 있다.
⑤ 토지의 소유권은 정당한 이익 있는 범위 내에서 토지의 상하에 미치며, 한계고도와 한계심도의 범위는 법률로 정하고 있다.

해설
한계심도의 범위는 법률(지방자치단체의 조례)로 정하고 있으나, 한계고도는 법률로 정하고 있지 않다.

정답 ⑤

필살키 007 토지의 특성(2)

부동산의 특성에 관한 설명으로 틀린 것은?

① 토지의 부동성으로 인해 부동산시장을 국지화시키며, 이로 인해 부동산의 가치는 주변 환경의 영향을 많이 받는다.
② 토지의 개별성으로 인해 일물일가의 법칙이 적용되지 않고, 부동산상품 간에 완전한 대체는 불가능하다.
③ 토지는 용도전환 및 합병·분할이 가능하며, 두 개 이상의 용도가 병존할 수도 있다.
④ 부동산은 물리적 구성요소들의 결합체일 뿐만 아니라 여러가지 경제적·사회적 특성의 결합체이다.
⑤ 토지거래허가구역의 지정이나 해제 등으로 인해 주택가격이 하락하거나 상승하는 것은 경제적 위치의 변화에 따른 것이다.

해설
토지거래허가구역의 지정이나 해제 등으로 인해 주택가격이 하락하거나 상승하는 것은 행정적 위치의 변화에 따른 것이다.

정답 ⑤

PART 02 부동산경제론

필살키 008 유량(flow)과 저량(stock)

다음 중 유량(flow) 개념에 해당하는 것은 모두 몇 개인가?

- ㉠ 신규주택 공급량
- ㉡ 주택재고량
- ㉢ 재산
- ㉣ 순영업소득
- ㉤ 부동산의 가치
- ㉥ 도시인구
- ㉦ 가계소비

① 1개 ② 2개
③ 3개 ④ 4개
⑤ 5개

해설

㉠㉣㉦ 유량 개념에 해당한다.
㉡㉢㉤㉥ 저량 개념에 해당한다.
따라서 유량 개념에 해당하는 것은 3개이다.

정답 ③

필살키 009 수요변화의 요인

아파트시장에서 아파트의 수요곡선을 우측(우상향)으로 이동시킬 수 있는 요인은 모두 몇 개인가? (단, 다른 조건은 동일함)

- 아파트 가격의 하락
- 대체 주택 가격의 상승
- 총부채원리금상환비율(DSR) 규제 완화
- 가구 수 증가
- 모기지 대출(mortgage loan) 금리의 상승
- 수요자의 실질 소득 감소

① 2개 ② 3개
③ 4개 ④ 5개
⑤ 6개

해설

아파트시장에서 대체 주택 가격의 상승, 총부채원리금상환비율 규제 완화, 가구 수 증가는 아파트의 수요곡선을 우측(우상향)으로 이동시킬 수 있는 요인에 해당한다. 반면에 모기지 대출 금리의 상승, 수요자의 실질 소득 감소 등은 수요곡선을 좌측(좌하향)으로 이동시킬 수 있는 요인에 해당하고, 아파트 가격의 하락은 수요곡선상에서의 이동에 해당한다.

정답 ②

필살키 010 수요와 공급 변화의 요인

주택가격의 상승요인에 해당하는 것은? (단, 주택은 정상재이며, 다른 요인은 일정하다고 가정함)

① 주택건축자재 가격의 하락
② 수요자의 소득 감소
③ 수요 측면의 대체 주택 가격의 상승
④ 주택거래규제의 강화
⑤ 총부채원리금상환비율(DSR) 규제 강화

해설
① 공급증가요인에 해당하여 해당 주택의 가격을 하락시킨다.
②④⑤ 수요감소요인에 해당하여 해당 주택의 가격을 하락시킨다.
③ 수요 측면의 대체 주택 가격의 상승은 수요를 증가시켜 해당 주택의 가격을 상승시킨다.

정답 ③

필살키 011 부동산의 공급

부동산 공급에 관한 설명으로 틀린 것은?

① 부동산의 신규공급은 일정한 기간 동안 측정되는 유량 개념이 아니라 일정한 시점에서 측정되는 저량 개념이다.
② 부동산가격이 상승하면 공급량은 증가하고, 가격이 하락하면 공급량은 감소한다.
③ 노동자임금이나 시멘트가격과 같은 생산요소 가격의 하락은 부동산 공급을 증가시키는 요인이 된다.
④ 단기공급곡선은 가용생산요소의 제약으로 장기공급곡선에 비해 더 비탄력적이다.
⑤ 부동산의 초과수요는 임대료를 상승시키는 요인으로 작용하며, 초과공급은 임대료를 하락시키는 요인으로 작용한다.

해설
부동산의 신규공급은 일정한 시점에서 측정되는 저량 개념이 아니라 일정한 기간 동안 측정되는 유량 개념이다.

정답 ①

필살키 012　부동산의 수요와 공급

부동산의 수요와 공급에 관한 설명으로 틀린 것은? (단, 우하향하는 수요곡선과 우상향하는 공급곡선을 가정하며, 다른 조건은 동일함)

① 단기적으로 가격이 상승해도 부동산의 공급량이 크게 증가할 수 없기 때문에 공급이 비탄력적이다.
② 부동산의 공급량은 주어진 가격 수준에서 일정기간에 판매하고자 하는 최대수량이다.
③ 용도전환 및 개발이 가능한 장기에는 공급의 탄력성이 커진다.
④ 부동산의 수요량은 구매능력을 갖춘 수요자들이 구매하려는 수량이므로 유효수요를 의미한다.
⑤ 공급의 가격탄력성이 작을수록 수요변화 시 균형가격의 변동폭은 작지만 균형거래량의 변동폭은 크다.

해설
공급의 가격탄력성이 작을수록 수요변화 시 균형가격의 변동폭은 크지만 균형거래량의 변동폭은 작다.

정답 ⑤

필살키 013　부동산의 균형가격과 균형거래량

부동산 매매시장에서 수요와 공급이 동시에 변화하는 경우, 시장균형의 변화에 관한 설명으로 틀린 것은? (단, 수요곡선은 우하향하고, 공급곡선은 우상향하며, 다른 조건은 동일함)

① 수요와 공급이 동시에 증가하는 경우, 공급의 증가폭이 수요의 증가폭보다 크면, 균형가격은 하락하고 균형거래량은 증가한다.
② 수요와 공급이 동시에 감소하는 경우, 수요의 감소폭이 공급의 감소폭보다 크면, 균형가격은 하락하고 균형거래량은 감소한다.
③ 수요와 공급이 동시에 증가하는 경우, 수요의 증가폭과 공급의 증가폭이 같다면, 균형가격은 불변이고 균형거래량은 증가한다.
④ 수요와 공급이 동시에 감소하는 경우, 공급의 감소폭이 수요의 감소폭보다 크면, 균형가격은 하락하고 균형거래량도 감소한다.
⑤ 수요와 공급이 동시에 증가하는 경우, 수요의 증가폭이 공급의 증가폭보다 크면, 균형가격은 상승하고 균형거래량도 증가한다.

해설
수요와 공급이 동시에 감소하는 경우, 공급의 감소폭이 수요의 감소폭보다 크면, 균형가격은 상승하고 균형거래량은 감소한다.

정답 ④

필살키 014   수요와 공급의 가격탄력성

부동산시장의 수요와 공급의 가격탄력성에 관한 설명으로 **틀린** 것은? (단, 다른 조건은 동일함)

① 측정하는 기간이 길수록 수요의 탄력성은 더 탄력적이다.
② 대체재가 많을수록 수요의 탄력성은 더 탄력적이다.
③ 제품의 가격이 가계소득에서 차지하는 비중이 작을수록 수요의 탄력성이 더 탄력적이다.
④ 수요의 탄력성이 탄력적일 경우 임대료가 상승하면 전체 임대수입은 감소한다.
⑤ 공급의 탄력성은 생산요소를 쉽게 얻을 수 있는 상품일수록 더 탄력적이다.

해설
제품의 가격이 가계소득에서 차지하는 비중이 클수록 수요의 탄력성이 더 탄력적이다.

정답 ③

필살키 015   탄력성과 재화 간의 관계

아파트 가격이 5% 하락함에 따라 아파트의 수요량 4% 증가, 아파트의 공급량 6% 감소, 연립주택의 수요량이 2% 증가하는 경우, 아파트 공급의 가격탄력성(㉠), 아파트와 연립주택의 관계(㉡)로 옳은 것은? (단, 수요의 가격탄력성은 절댓값이며, 주어진 조건에 한함)

① ㉠: 비탄력적,   ㉡: 보완재
② ㉠: 탄력적,   ㉡: 보완재
③ ㉠: 비탄력적,   ㉡: 대체재
④ ㉠: 탄력적,   ㉡: 대체재
⑤ ㉠: 단위탄력적,   ㉡: 대체재

해설
㉠ 아파트 공급의 가격탄력성 = $\frac{-6\%}{-5\%}$ = 1.2

아파트 공급의 가격탄력성은 <u>탄력적</u>이다.

㉡ 연립주택 수요의 교차탄력성 = $\frac{2\%}{-5\%}$ = −0.4

연립주택 수요의 교차탄력성은 −0.4로 음(−)의 값을 가지며, 아파트와 연립주택은 <u>보완재</u> 관계이다.

정답 ②

필살키 016 탄력성과 균형의 이동

부동산의 가격탄력성과 균형변화에 관한 설명으로 옳은 것은? (단, 완전탄력적 조건과 완전비탄력적 조건이 없는 경우 수요와 공급 법칙에 따르며, 다른 조건은 동일함)

① 공급이 가격에 대해 탄력적일수록 수요가 증가하면 균형가격은 크게 상승하고 균형거래량은 작게 감소한다.
② 수요가 가격에 대해 비탄력적일수록 공급이 증가하면 균형가격은 변하지 않고 균형거래량만 증가한다.
③ 공급이 가격에 대해 비탄력적일수록 수요가 감소하면 균형가격은 작게 하락하고 균형거래량은 크게 감소한다.
④ 공급이 가격에 대해 완전비탄력적일수록 수요가 증가하면 균형가격만 상승하고 균형거래량은 변하지 않는다.
⑤ 수요가 가격에 대해 완전탄력적일수록 공급이 증가하면 균형가격만 하락하고 균형거래량은 변하지 않는다.

해설
① 균형가격은 작게 상승하고 균형거래량은 크게 증가한다.
② 균형가격은 크게 하락하고 균형거래량은 작게 증가한다.
③ 균형가격은 크게 하락하고 균형거래량은 작게 감소한다.
⑤ 균형가격은 변하지 않고 균형거래량만 증가한다.

정답 ④

필살키 017 부동산의 경기변동

부동산경기순환과 경기변동에 관한 설명으로 틀린 것은?

① 부동산경기는 지역별로 다르게 변동할 수 있으며 같은 지역에서도 부분시장(sub-market)에 따라 다른 변동양상을 보일 수 있다.
② 부동산경기는 부동산의 특성에 의해 일반경기보다 주기가 더 길 수 있다.
③ 부동산경기는 일반경기에 비해 주기의 순환국면이 명백하지 않고 일정치 않으며, 진폭은 더 크고, 불규칙적으로 순환한다.
④ 하향국면은 매수자가 중시되고, 과거의 거래사례가격은 새로운 거래가격의 상한이 되는 경향이 있다.
⑤ 상향시장에서 직전 국면의 거래사례가격은 현재 시점에서 새로운 거래가격의 상한이 되는 경향이 있다.

해설
상향시장에서 직전 국면의 거래사례가격은 현재 시점에서 새로운 거래가격의 하한이 되는 경향이 있다.

정답 ⑤

PART 03 부동산시장론

필살키 018 부동산시장의 특성

부동산시장의 특성에 관한 설명으로 **틀린** 것은?

① 부동산시장은 국지성의 특징이 있기 때문에 지역적 특성의 제약하에 가격이 형성되며, 지역마다 서로 다른 가격이 형성된다.
② 부동산은 국지성·거래의 비공개성 및 비표준화성 등으로 인하여 시장의 조직화가 곤란하다.
③ 부동산의 개별성으로 인한 부동산상품의 비표준화로 복잡·다양하게 된다.
④ 부동산시장은 수요와 공급의 조절이 쉽지 않아 단기적으로 가격의 왜곡이 발생할 가능성이 많다.
⑤ 거래정보의 대칭성으로 인하여 정보수집이 쉽고 은밀성이 축소된다.

해설
거래정보의 비대칭성으로 인하여 부동산시장 내의 정보수집이 어렵고 은밀성은 확대된다.

정답 ⑤

필살키 019 주택의 여과과정

주택의 여과과정(filtering process)에 관한 설명으로 **틀린** 것은?

① 개인이 주어진 소득이라는 제약조건하에 최대의 만족을 얻을 수 있는 주택서비스를 소비한다.
② 고소득층 주거지역에서 주택의 개량비용이 개량 후 주택가치의 상승분보다 크다면 하향여과과정이 발생하기 쉽다.
③ 주택의 여과과정은 시간이 경과하면서 주택의 질과 주택에 거주하는 가구의 소득이 변화함에 따라 발생하는 현상이다.
④ 고소득층 주거지역으로 저소득층이 들어오게 되어 하향여과과정이 계속되면, 고소득층 주거지역은 점차 저소득층 주거지역으로 바뀔 것이다.
⑤ 저급주택이 수선되거나 재개발되어 상위계층에서 사용되는 것을 하향여과라 한다.

해설
저급주택이 수선되거나 재개발되어 상위계층에서 사용되는 것을 상향여과라 한다.

정답 ⑤

필살키 020 여과과정과 주거분리

여과과정과 주거분리에 관한 설명으로 <u>틀린</u> 것은? (단, 주어진 조건에 한함)

① 여과과정이란 시간의 흐름에 따라 특정 주택의 질적 변화와 외부성이 복합적으로 작용해 주택가치가 변하게 되면서 상이한 소득계층들의 전·출입이 진행되는 것을 말한다.
② 고소득층 주거지역에 인접한 저소득층 주거지역에서 주택개량을 통한 가치상승분이 주택개량비용보다 작은 경우, 상향여과과정이 발생한다.
③ 상향여과과정은 소득증가 등의 이유로 인해 저가주택의 수요가 감소할 때 나타날 수 있다.
④ 주거분리현상은 지리적으로 인접한 근린지역에서 뿐만 아니라 도시 전체에서도 발생할 수 있다.
⑤ 침입과 계승의 현상으로 인해 주거입지의 변화가 나타날 수 있다.

해설
고소득층 주거지역에 인접한 저소득층 주거지역에서 주택개량을 통한 가치상승분이 주택개량비용보다 작은 경우, <u>하향여과과정</u>이 발생한다.

정답 ②

필살키 021 효율적 시장(1)

효율적 시장에 관한 설명으로 <u>틀린</u> 것은?

① 효율적 시장은 어떠한 정보를 얼마나 빠르게 가치에 반영하는가에 따라 약성 효율적 시장, 준강성 효율적 시장, 강성 효율적 시장으로 구분한다.
② 약성 효율적 시장이란 현재의 시장가치는 과거의 추세를 충분히 반영한 가치이므로, 과거의 역사적 자료를 분석한다 하더라도 정상이윤을 초과하는 이윤을 획득할 수 없는 시장이다.
③ 약성 효율적 시장의 시장참여자들은 모두 기술적 분석을 하고 있다고 전제하고 있으므로, 기술적 분석에 의해서 밝혀진 기술적 지표로서는 결코 어떠한 이윤도 획득할 수 없다.
④ 준강성 효율적 시장이란 어떤 새로운 정보가 공표되는 즉시 시장가치에 반영되는 시장이다.
⑤ 강성 효율적 시장에서 정상이윤의 획득이 가능하다.

해설
약성 효율적 시장의 시장참여자들은 모두 기술적 분석을 하고 있다고 전제하고 있으므로, 기술적 분석에 의해서 밝혀진 기술적 지표로서는 결코 초과이윤을 획득할 수 없다. 그러나 <u>정상이윤은 가능</u>하다.

정답 ③

필살키 022 효율적 시장(2)

부동산시장에 관한 설명으로 옳은 것은?

① 할당 효율적 시장은 완전경쟁시장을 의미하며, 불완전경쟁시장은 할당 효율적 시장이 될 수 없다.
② 완전경쟁시장이나 강성 효율적 시장에서는 할당 효율적인 시장만 존재한다.
③ 약성 효율적 시장은 할당 효율적 시장이 될 수 없다.
④ 준강성 효율적 시장은 할당 효율적 시장이 될 수 없다.
⑤ 완전경쟁시장에서는 초과이윤이 발생할 수 있다.

해설
① 할당 효율적 시장이 완전경쟁시장을 의미하지 않으며, 불완전경쟁시장도 할당 효율적 시장이 될 수 있다.
③ 약성 효율적 시장도 현재나 미래의 정보에 대한 가치와 정보획득비용이 같다면 할당효율적 시장이 될 수 있다.
④ 준강성 효율적 시장도 공표되지 않은 정보(미래의 정보)에 대한 가치와 정보획득비용이 같다면 할당효율적 시장이 될 수 있다.
⑤ 완전경쟁시장은 정보가 모두 공개된 시장으로 정보가치와 정보비용은 존재하지 않는다. 따라서 정보로 인한 초과이윤은 발생하지 않는다.

정답 ②

필살키 023 지대이론

지대이론에 관한 설명으로 옳은 것은 모두 몇 개인가?

㉠ 튀넨(J.H. von Thünen)은 자연조건이 동일한 고립국을 가정하여 상업활동의 공간적 분포를 통한 토지이용을 설명한다.
㉡ 리카도(D. Ricardo)는 각 토지마다 다른 비옥도의 차이와 생산요소 투입에 따라 한계생산성이 증가하는 수확체감현상을 적용한다.
㉢ 마샬(A. Marshall)은 생산요소에 귀속되는 소득으로서 생산품의 총판매수익에서 가변비용을 제외한 잉여분을 절대지대라고 주장한다.
㉣ 알론소(W. Alonso)는 해당 토지의 지대를 지대입찰과정에서 토지 이용자가 지불하고자 하는 최고지불용의액으로서 초과이윤이 0(zero)이 되는 지대로 보았다.
㉤ 해리스(C. Harris)와 울만(E. Ullman)은 토지이용자가 공간의 마찰비용으로 지대와 교통비를 함께 지불한다고 보았다.

① 1개 ② 2개 ③ 3개
④ 4개 ⑤ 5개

해설
㉠ 튀넨은 자연조건이 동일한 고립국을 가정하여 농업활동의 공간적 분포를 통한 토지이용을 설명한다.
㉡ 리카도는 각 토지마다 다른 비옥도의 차이와 생산요소 투입에 따라 한계생산성이 감소하는 수확체감현상을 적용한다.
㉢ 마샬은 생산요소에 귀속되는 소득으로서 생산품의 총판매수익에서 가변비용을 제외한 잉여분을 준지대라고 주장한다.
㉤ 헤이그(Robert M. Haig)는 토지이용자가 공간의 마찰비용으로 지대와 교통비를 함께 지불한다고 보았다.

정답 ①

필살키 024 도시공간구조이론

도시공간구조이론에 관한 설명으로 옳은 것을 모두 고른 것은?

㉠ 호이트(H. Hoyt)의 선형이론에 따르면 주택지불능력이 낮을수록 고용기회가 많은 도심지역과 접근성이 양호한 지역에 주거입지를 선정하는 경향이 있다.
㉡ 버제스(E. W. Burgess)의 동심원이론은 도시의 공간구조를 도시생태학적 관점에서 접근하였으며, 도시의 공간구조형성을 침입, 경쟁, 천이 등의 과정으로 설명하였다.
㉢ 시몬스(J. W. Simmons)의 다차원이론에서는 상호 편익을 가져다주는 활동(들)의 집적지향성(집적이익)을 다핵입지 발생요인 중 하나로 본다.
㉣ 다핵심이론에 의하면 도시는 하나의 중심이 아니라 여러 개의 전문화된 중심으로 이루어진다.
㉤ 해리스(C. Harris)와 울만(E. Ullman)의 다핵심이론은 동심원이론, 선형이론, 다차원이론 등을 종합하여 3개의 차원에서 파악해야 한다고 보았다.

① ㉠, ㉡
② ㉠, ㉢
③ ㉡, ㉣
④ ㉢, ㉣
⑤ ㉡, ㉢, ㉤

해설
㉠ 버제스의 동심원이론에 따르면 주택지불능력이 낮을수록 고용기회가 많은 도심지역과 접근성이 양호한 지역에 주거입지를 선정하는 경향이 있다.
㉢ 해리스와 울만의 다핵심이론에서는 상호 편익을 가져다주는 활동(들)의 집적지향성(집적이익)을 다핵입지 발생요인 중 하나로 본다.
㉤ 시몬스의 다차원이론은 동심원이론, 선형이론, 다핵심이론 등을 종합하여 3개의 차원에서 파악해야 한다고 보았다.

정답 ③

필살키 025 부동산의 입지이론

부동산의 입지이론에 관한 설명으로 틀린 것은?

① 허프(D. L. Huff)의 확률모형에 따르면, 소비자가 특정 점포를 이용할 확률은 점포의 면적, 점포와의 거리에 의해 결정되나, 경쟁점포의 수와는 직접적인 관련이 없다.
② 레일리(W. J. Reilly)의 소매인력법칙에 따르면, 2개 도시의 상거래 흡인력은 두 도시의 인구에 비례하고, 두 도시의 분기점으로부터 거리의 제곱에 반비례한다.
③ 크리스탈러(W. Christaller)의 중심지이론에서 중심지가 유지되기 위해서는 최소요구치보다 재화의 도달범위가 커야 한다.
④ 베버(A. Weber)의 최소비용이론은 다른 생산조건이 동일하다면, 수송비는 원료와 제품의 무게, 원료와 제품이 수송되는 거리에 의해 결정된다.
⑤ 뢰쉬(A. Lösch)의 최대수요이론에서는 이윤극대화를 꾀하기 위해 공장의 입지는 시장확대가능성이 가장 풍부한 곳에 이루어져야 한다고 본다.

해설
허프의 확률모형에 따르면, 소비자가 특정 점포를 이용할 확률은 점포의 면적, 점포와의 거리, 경쟁점포의 수에 의해 결정된다.

정답 ①

필살키 026 공장부지의 입지요인

공장부지의 입지요인에 관한 설명으로 틀린 것은?

① 국지원료를 많이 사용하는 공장은 원료지향형 입지를 하는 경향이 있다.
② 원료지수가 1보다 크면 원료지향형 입지이다.
③ 중량증가산업(청량음료, 맥주), 완제품의 부패성이 심한 산업은 시장지향형 입지를 하고 있다.
④ 소비시장과 원료산지 사이에 이적지점[(移積地點) 혹은 적환지점]이 있는 경우는 중간지향형 입지이다.
⑤ 소비시장에 재고량을 확보할 수 있으며 수요에 민감한 제품을 생산하는 산업은 원료지향형 입지를 하고 있다.

해설
소비시장에 재고량을 확보할 수 있으며 수요에 민감한 제품을 생산하는 산업은 시장지향형 입지를 하고 있다.

정답 ⑤

PART 04 부동산정책론

필살키 027 정부의 부동산시장 개입

정부의 부동산시장 개입에 관한 설명으로 틀린 것은?

① 정부는 시장실패를 보완하고 자원배분의 효율성을 높이기 위해 개입할 수 있다.
② 공공재의 경우 과다생산의 문제가 발생될 수 있기 때문에 시장실패가 초래되어 정부가 시장에 개입할 수 있다.
③ 부동산시장에서 규모의 경제가 존재하면 자원배분의 비효율성으로 인해 시장실패가 초래될 수 있다.
④ 불완전경쟁으로 인한 시장실패 문제를 보완하기 위해 정부가 시장에 개입할 수 있다.
⑤ 외부효과로 인한 시장실패 문제를 보완하기 위해 정부가 시장에 개입할 수 있다.

해설
공공재의 경우 과소생산의 문제가 발생될 수 있기 때문에 시장실패가 초래되어 정부가 시장에 개입할 수 있다.

정답 ②

필살키 028 외부효과

외부효과에 관한 설명으로 옳은 것은?

① 외부효과란 거래당사자가 시장메커니즘을 통하여 상대방에게 미치는 유리하거나 불리한 효과를 말한다.
② 부(-)의 외부효과는 의도되지 않은 손해를 주면서 그 대가를 지불하지 않는 외부경제라고 할 수 있다.
③ 정(+)의 외부효과는 소비에 있어 사회 편익이 사적 편익보다 큰 결과를 초래한다.
④ 부(-)의 외부효과에는 보조금 지급이나 조세경감의 정책이 필요하다.
⑤ 부(-)의 외부효과는 사회적 최적생산량보다 시장생산량이 적은 과소생산을 초래한다.

해설
① 외부효과란 시장메커니즘을 통하지 않고 거래당사자가 아닌 제3자에게 미치는 유리하거나 불리한 효과를 말한다.
② 부(-)의 외부효과는 의도되지 않은 손해를 주면서 그 대가를 지불하지 않는 외부불경제라고 할 수 있다.
④ 정(+)의 외부효과에는 보조금 지급이나 조세경감의 정책이 필요하다.
⑤ 부(-)의 외부효과는 사회적 최적생산량보다 시장생산량이 많은 과다생산을 초래한다.

정답 ③

필살키 029 우리나라에서 현재 시행하고 있는 제도

현재(2025. 8. 1.) 우리나라에서 시행하고 있는 제도를 모두 고른 것은?

- ㉠ 종합토지세
- ㉡ 토지거래허가제
- ㉢ 택지소유상한제
- ㉣ 분양가상한제
- ㉤ 공한지세
- ㉥ 실거래가신고제
- ㉦ 토지초과이득세제
- ㉧ 전월세상한제
- ㉨ 개발행위허가제

① ㉠, ㉡, ㉣, ㉤, ㉨
② ㉠, ㉢, ㉣, ㉥, ㉧
③ ㉡, ㉣, ㉥, ㉦, ㉨
④ ㉡, ㉣, ㉥, ㉧, ㉨
⑤ ㉡, ㉣, ㉤, ㉧, ㉨

해설
- ㉠ 종합토지세는 1990년부터 시행하였으나, 2005년 1월 「지방세법」이 개정되면서 폐지되었다.
- ㉢ 택지소유상한제는 1990년부터 실시되었으나 사유재산권 침해 이유로 1998년 9월 19일에 폐지되었다.
- ㉤ 공한지세는 1974년부터 실시되었으나 1986년에 폐지되었다.
- ㉦ 토지초과이득세제는 실현되지 않은 이익에 대해 과세한다는 논란 등으로 1998년 폐지되었다.

정답 ④

필살키 030 용도지역·지구·구역제

용도지역·지구·구역제에 관한 설명으로 틀린 것은?

① 용도지역·지구·구역제는 특정 토지를 용도지역 등으로 지정한 후 해당 토지를 이용 목적에 맞게 적용하는 제도이다.
② 용적률·건폐율 등의 밀도규제와 특정행위의 허가·불허가 등의 행위규제로 구성되어 있다.
③ 용도지역은 토지를 경제적·효율적으로 이용하고 공공복리의 증진을 도모하기 위하여 서로 중복되지 아니하게 도시·군관리계획으로 결정하는 지역을 말한다.
④ 용도지구는 용도지역의 제한을 강화 또는 완화하여 적용하며, 경관·안전 등을 도모하기 위하여 서로 중복되지 아니하게 도시·군관리계획으로 결정하는 지역을 말한다.
⑤ 용도구역은 용도지역 및 용도지구의 제한을 강화 또는 완화하여 적용하며, 시가지의 무질서한 확산방지, 계획적이고 단계적인 토지이용의 도모 등을 위하여 도시·군관리계획으로 결정하는 지역을 말한다.

해설
용도지구란 토지의 이용 및 건축물의 용도·건폐율·용적률·높이 등에 대한 용도지역의 제한을 강화하거나 완화하여 적용함으로써 용도지역의 기능을 증진시키고 경관·안전 등을 도모하기 위하여 도시·군관리계획으로 결정하는 지역을 말한다. 용도지구는 하나의 토지에 중복 지정될 수 있다.

정답 ④

필살키 031 | 토지 관련 제도

토지거래허가제도에 관한 설명으로 틀린 것은?

① 토지거래허가구역은 국토의 이용 및 관리에 관한 계획의 원활한 수립과 집행, 합리적 토지이용 등을 위하여 투기적인 거래가 성행하거나 지가가 급격히 상승하는 지역과 그러한 우려가 있는 지역에 지정할 수 있다.
② 토지거래허가구역은 5년 이내의 기간을 정하여 국토교통부장관 또는 특별시장·광역시장·특별자치시장·도지사·특별자치도지사가 지정할 수 있다.
③ 해당 구역에 일정한 면적을 초과하는 토지에 관한 소유권·지상권(소유권·지상권의 취득을 목적으로 하는 권리를 포함)을 이전하거나 설정하는 토지거래계약(예약을 포함)에 적용되며, 모든 증여 및 상속이 포함된다.
④ 토지거래허가기준은 투기목적이 인정되는 일정한 경우를 제외하고는 토지거래를 허가하도록 하는 네거티브방식이다.
⑤ 허가를 받지 아니하고 체결한 토지거래계약은 효력이 발생하지 아니한다.

해설
해당 구역에 일정한 면적을 초과하는 토지에 관한 소유권·지상권(소유권·지상권의 취득을 목적으로 하는 권리를 포함)을 이전하거나 설정하는 토지거래계약(예약을 포함)에 적용되나, 대가를 지급하지 않는 상속이나 무상증여는 대상이 아니다.

정답 ③

필살귀 032 임대료 규제정책

정부에서 시장의 균형임대료보다 낮게 임대료를 규제하는 임대료 규제정책을 실시했을 때 나타날 것으로 예상되는 효과로 옳은 것은?

① 기존 임차인들의 주거이동을 저하시키며, 사회적 비용은 감소한다.
② 임대료 규제는 수요와 공급이 탄력적일 때 더욱 효과적이라고 할 수 있으며, 단기에는 장기보다 초과수요가 작아 정책효과가 작으며, 장기에는 단기보다 초과수요가 커져 정책효과가 커진다.
③ 정부에서 규제임대료를 시장의 균형임대료보다 낮게 규제한다면 초과수요가 나타나며, 임대주택이 부족해져 임차인들이 임대주택을 구하기가 어려워진다.
④ 임대인 입장에서는 임대주택에 대한 투자현상이 나타날 것이며, 임대주택으로의 용도전환현상이 나타나게 된다.
⑤ 규제임대료가 시장임대료보다 낮을 경우, 임대료 규제는 임대부동산의 질적 저하를 가져오지 않는다.

해설

① 기존 임차인들의 주거이동을 저하시키며, 사회적 비용은 증가한다.
② 임대료 규제는 수요와 공급이 비탄력적일 때 더욱 효과적이라고 할 수 있으며, 단기에는 장기보다 비탄력적이므로 초과수요가 작아 정책효과는 크며, 장기에는 단기보다 탄력적이므로 초과수요가 커져 정책효과는 작아진다.
④ 임대인 입장에서는 임대주택에 대한 투자기피현상이 나타날 것이며, 기존의 임대주택이 다른 용도로 전환된다.
⑤ 규제임대료가 시장임대료보다 높을 경우, 임대료 규제는 임대부동산의 질적 저하를 가져오지 않는다.

정답 ③

필살키 033 분양가상한제

분양가상한제에 관한 설명으로 옳은 것을 모두 고른 것은? (단, 단기적으로 다른 조건은 일정하다고 가정함)

> ㉠ 분양가상한제의 목적은 주택가격을 안정시키고 무주택자의 신규주택 구입부담을 경감시키기 위해서이다.
> ㉡ 주택법령상 분양가상한제 적용주택의 분양가격은 택지비와 건축비로 구성된다.
> ㉢ 민간택지에 대해서도 분양가상한제를 실시하고 있다.
> ㉣ 도시형 생활주택은 분양가상한제를 적용하지 않는다.

① ㉠, ㉡
② ㉡, ㉢
③ ㉢, ㉣
④ ㉠, ㉡, ㉣
⑤ ㉠, ㉡, ㉢, ㉣

해설
㉠㉡㉢㉣ 모두 옳은 내용이다.

정답 ⑤

필살키 034 부동산조세(1)

부동산조세에 관한 설명으로 틀린 것은? (단, 우하향하는 수요곡선과 우상향하는 공급곡선을 가정함)

① 임대주택에 재산세가 부과되면, 부과된 세금은 장기적으로 임차인에게 전가될 수 있다.
② 임대주택시장에서 수요가 완전탄력적일 경우, 재산세의 상승분은 전부 임차인에게 귀속된다.
③ 임대주택시장에서 재산세 부과는 수요자와 공급자 모두에게 세금을 부담하게 하나, 상대적으로 가격탄력성이 낮은 쪽이 세금을 더 많이 부담하게 된다.
④ 임대주택시장에서 공급의 가격탄력성은 탄력적이고 수요의 가격탄력성은 비탄력적인 시장에서 재산세가 부과될 경우, 수요자가 공급자보다 더 많은 세금을 부담하게 된다.
⑤ 양도소득세가 중과되면, 주택공급의 동결효과(lock-in effect)로 인해 주택가격이 상승할 수 있다.

해설
임대주택시장에서 수요가 완전탄력적일 경우, 재산세의 상승분은 전부 임대인에게 귀속된다.

정답 ②

필살키 035   부동산조세(2)

부동산조세에 관한 설명으로 옳은 것은? (단, 우하향하는 수요곡선과 우상향하는 공급곡선을 가정함)

① 임대주택에 재산세를 부과하면 임대주택의 공급이 증가하고 임대료는 하락할 것이다.
② 공급곡선이 수요곡선에 비해 더 탄력적이면 공급자에 비해 수요자의 부담이 더 작아진다.
③ 수요곡선이 공급곡선에 비해 더 탄력적이면 수요자에 비해 공급자의 부담이 더 작아진다.
④ 수요자가 실질적으로 지불하는 금액이 상승하므로 소비자 잉여는 감소한다.
⑤ 주택공급의 동결효과(lock-in effect)란 가격이 오른 주택의 소유자가 양도소득세를 납부하기 위해 주택의 처분을 적극적으로 추진함으로써 주택의 공급이 증가하는 효과를 말한다.

해설
① 임대주택의 공급이 감소하고 임대료는 상승할 것이다.
② 공급자에 비해 수요자의 부담이 더 커진다.
③ 수요자에 비해 공급자의 부담이 더 커진다.
⑤ 주택공급의 동결효과(lock-in effect)란 가격이 오른 부동산의 소유자가 양도소득세를 납부하지 않기 위해 주택의 처분을 기피함으로써 주택의 공급이 감소하는 효과를 말한다.

정답 ④

필살키 036   부동산조세의 경제적 효과

부동산조세의 경제적 효과에 대한 설명으로 옳은 것은? (단, 다른 조건은 일정함)

① 공급이 비탄력적일수록 재산세 부과로 인한 자원배분의 왜곡은 적어진다.
② 공급의 가격탄력성은 탄력적인 반면 수요의 가격탄력성은 비탄력적인 시장에서 세금이 부과될 경우, 실질적으로 공급자가 수요자보다 더 많은 세금을 부담하게 된다.
③ 양도소득세가 중과되면, 주택공급의 동결효과(lock-in effect)로 인해 주택가격이 하락할 수 있다.
④ 임대주택의 공급곡선이 완전비탄력적일 경우 주택에 부과되는 재산세는 전부 임차인에게 귀착된다.
⑤ 수요곡선이 변하지 않을 때, 세금부과에 의한 사회적 후생손실(경제적 순손실)은 공급이 비탄력적일수록 커진다.

해설
② 실질적으로 수요자가 공급자보다 더 많은 세금을 부담하게 된다.
③ 주택공급의 동결효과로 인해 주택가격이 상승할 수 있다.
④ 전부 임대인에게 귀착된다.
⑤ 공급이 비탄력적일수록 작아진다.

정답 ①

PART 05 부동산투자론

필살기 037 지렛대효과

부동산투자의 레버리지효과(leverage effect)에 관한 설명으로 틀린 것은? (단, 주어진 조건에 한함)

① 타인자본의 이용으로 레버리지를 활용하면 지분수익률은 증가할 수 있으나 금융적 위험도 증가할 수 있다.
② 정(+)의 레버리지가 나타날 때 차입이자율에 변화가 없을 경우 부채비율이 감소하면 지분수익률도 감소한다.
③ 부채비율에 변화가 없을 경우 차입이자율이 증가하면 지분수익률은 감소한다.
④ 차입이자율과 부채비율이 모두 변한다면 총자본수익률도 변할 수 있다.
⑤ 지분수익률에서 총자본수익률을 차감하여 정(+)의 수익률이 나오는 경우에는 정(+)의 레버리지가 발생한다.

해설
총자본수익률은 총투자액에 대한 총자본수익의 비율로, 차입이자율과 부채비율의 변화 모두 총자본수익률에 영향을 미치지 않는다.

정답 ④

필살기 038 부동산투자의 수익률

부동산의 투자과정에서 수익률에 관한 설명으로 옳은 것은? (단, 주어진 조건에 한함)

① 기대수익률은 본질적으로 사후수익률을 의미한다.
② 기대수익률은 시장이자율에 비례하고, 자산의 위험에도 비례한다.
③ 기대수익률이 요구수익률보다 높으면, 대상부동산의 수요가 증가하여 요구수익률이 하락한다.
④ 명목이자율로서 무위험이자율은 실질이자율에서 물가상승률을 차감한 값이다.
⑤ 내부수익률이 요구수익률보다 큰 경우나 순현재가치가 1보다 큰 경우에는 투자하지 않는다.

해설
① 기대수익률은 본질적으로 사전수익률을 의미한다.
③ 기대수익률이 요구수익률보다 높으면, 대상부동산의 수요가 증가하여 기대수익률이 하락한다.
④ 실질이자율로서 무위험이자율은 명목이자율에서 물가상승률을 차감한 값이다.
⑤ 내부수익률이 요구수익률보다 큰 경우나 순현재가치가 0보다 큰 경우에는 투자를 채택한다.

정답 ②

필살키 039   부동산투자의 위험과 수익

부동산투자에서 위험과 수익에 관한 설명으로 틀린 것은?

① 다양한 자산들로 분산된 포트폴리오는 체계적 위험을 감소시킨다.
② 위험회피형 투자자는 위험 증가에 따른 보상으로 높은 기대수익률을 요구한다.
③ 동일한 자산들로 구성된 포트폴리오라도 자산들의 구성비중에 따라 포트폴리오의 수익과 위험이 달라진다.
④ 시장상황에 대한 자산가격의 민감도가 높을수록 수익률의 표준편차는 커진다.
⑤ 지분수익률은 지분투자자의 투자성과를 나타낸다.

해설
다양한 자산들로 분산된 포트폴리오는 비체계적 위험을 감소시킨다.

정답 ①

필살키 040   부동산투자

부동산투자에 관한 설명으로 옳은 것은?

① 부동산투자는 부동산이 갖고 있는 고유한 특성이 있지만 환금성, 안전성 측면에서 주식투자와 다르지 않다.
② 부동산은 실물자산이기 때문에 인플레이션 방어능력이 우수하여 디플레이션과 같은 경기침체기에 좋은 투자대상이다.
③ 부동산은 다른 투자상품에 비하여 거래비용의 부담이 크지만 부동산시장은 정보의 대칭성으로 인한 효율적 시장이다.
④ 부동산투자는 부동산의 사회적·경제적·행정적 위치의 가변성 등으로 인해 부동산시장의 변화를 면밀히 살펴야 한다.
⑤ 투자의 금융성이란 투자자가 투자자산을 필요한 시기에 손실 없이 현금으로 전환할 수 있는 안전성의 정도를 말한다.

해설
① 부동산투자는 부동산이 갖고 있는 고유한 특성으로 인해 주식투자에 비해 환금성이 낮으며, 안전성 측면에서는 유리하다.
② 인플레이션과 같은 경기상승기에 좋은 투자대상이다.
③ 부동산시장은 정보의 비대칭성이 존재하지만 효율적 시장이다.
⑤ 투자자가 투자자산을 필요한 시기에 손실 없이 현금으로 전환할 수 있는 안전성의 정도를 투자의 유동성이라고 한다.

정답 ④

필살키 041 포트폴리오의 위험과 효율적 프론티어

포트폴리오의 위험과 효율적 프론티어(efficient frontier)에 관한 설명으로 옳은 것은?

① 포트폴리오에 편입되는 투자안의 수를 늘리면 늘릴수록 체계적인 위험이 감소되는 것을 포트폴리오 효과라고 한다.
② 효율적 프론티어(efficient frontier)상의 투자안일지라도 효율적 프론티어상에 있지 않은 모든 투자안을 지배하는 것은 아니다.
③ 포트폴리오의 투자자산의 수익률이 같은 방향으로 움직이면 상관계수는 양(+)의 값을 가지며, 위험분산효과는 커진다.
④ 포트폴리오 구성을 통해 위험을 분산할 때 투자안 간의 완전 양(+)의 상관관계가 존재한다면 구성자산 수를 늘리면 비체계적 위험을 '0'으로 만들 수도 있다.
⑤ 효율적 프론티어상의 투자안들은 평균-분산 지배원리에 의해서 서로 우열을 가릴 수 있다.

해설
① 포트폴리오에 편입되는 투자안의 수를 늘리면 늘릴수록 <u>비체계적인 위험</u>이 감소되는 것을 포트폴리오 효과라고 한다.
③ 위험분산효과는 <u>작아진다</u>.
④ 완전 음(-)의 상관관계가 존재한다면 구성자산 수를 늘려 비체계적 위험을 '0'으로 만들 수도 있다.
⑤ 효율적 프론티어상의 투자안들은 평균-분산지배원리에 의해서 서로 <u>우열을 가릴 수 없다</u>.

정답 ②

필살키 042 화폐의 시간가치(1)

화폐의 시간가치에 관한 설명으로 틀린 것은?

① 인플레이션, 화폐의 시차선호, 미래의 불확실성은 화폐의 시간가치를 발생시키는 요인이다.
② 감채기금이란 일정기간 후에 일정금액을 만들기 위해 매 기간 납입해야 할 금액을 말한다.
③ 연금의 미래가치란 매 기간마다 일정금액을 불입해 나갈 때, 미래 일정시점에서의 불입금액 총액의 가치를 말한다.
④ 현재가치에 대한 미래가치를 산출하기 위하여 사용하는 이율을 이자율이라 하고, 미래가치에 대한 현재가치를 산출하기 위하여 사용하는 이율을 할인율이라 한다.
⑤ 부동산경기가 침체하는 시기에 상업용 부동산의 수익이 일정함에도 불구하고 부동산가격이 떨어지는 것은 할인율이 낮아지기 때문이다.

해설
부동산경기가 침체하는 시기에 상업용 부동산의 수익이 일정함에도 불구하고 부동산가격이 떨어지는 것은 할인율이 <u>높아지기</u> 때문이다.

정답 ⑤

필살키 043 화폐의 시간가치(2)

화폐의 시간가치 계산에 관한 설명으로 옳은 것은?

① 원금균등분할상환방식에서 매 기간의 상환액을 계산할 경우 저당상수를 사용한다.
② 5년 후에 5억원이 될 것으로 예상되는 토지의 현재가치를 계산할 경우 일시불의 현재가치계수를 사용한다.
③ 일시불의 미래가치계수는 이자율이 상승할수록 작아진다.
④ 연금의 미래가치계수에 일시불의 현재가치계수를 곱하면 일시불의 미래가치계수가 된다.
⑤ 저당상수에 연금의 현재가치계수를 곱하면 일시불의 현재가치가 된다.

해설
① 원리금균등분할상환방식에서 매 기간의 상환액을 계산할 경우 저당상수를 사용한다.
③ 일시불의 미래가치계수는 이자율이 상승할수록 커진다.
④ 연금의 미래가치계수에 일시불의 현재가치계수를 곱하면 연금의 현재가치계수가 된다.
⑤ 저당상수에 연금의 현재가치계수를 곱하면 '1'이 된다.

정답 ②

필살키 044 현금흐름의 측정

부동산투자의 현금흐름 측정에 관한 설명으로 틀린 것은?

① 가능총소득은 단위면적당 추정 임대료에 임대면적을 곱하여 구한 소득이다.
② 유효총소득은 가능총소득에서 공실손실상당액과 불량부채액(충당금)을 차감하고, 기타 수입을 더하여 구한 소득이다.
③ 순영업소득은 유효총소득에서 영업경비를 차감한 소득을 말한다.
④ 세전현금흐름은 지분투자자에게 귀속되는 세전소득을 말하는 것으로, 순영업소득에 부채서비스액(원리금상환액)을 가산한 소득이다.
⑤ 세후현금흐름은 세전현금흐름에서 영업소득세를 차감한 소득이다.

해설
세전현금흐름은 지분투자자에게 귀속되는 세전소득을 말하는 것으로, 순영업소득에 부채서비스액(원리금상환액)을 차감한 소득이다.

정답 ④

필살키 045 순현가법과 내부수익률법

부동산투자분석 중 순현가법과 내부수익률법에 관한 설명으로 틀린 것은?

① 순현재가치(NPV)법이란 투자로부터 발생하는 현재와 미래의 모든 현금흐름을 적절한 할인율로 할인하여 현재가치로 환산하고 이를 통하여 투자의사결정에 이용하는 기법이다.
② 순현가법에서 순현가를 계산할 때 타인자본을 사용하는 경우 현금유출의 현가합은 지분투자액을 의미한다.
③ 순현가법에서 순현가나 내부수익률법에서 내부수익률을 계산하기 위해서는 사전에 요구수익률이 결정되어야 한다.
④ 순현가법은 투자자의 부(富)의 극대화라는 기업의 목표에 부합되는 합리적인 투자안의 평가방법이다.
⑤ 내부수익률이란 순현가를 '0'으로 만드는 할인율이며, 수익성지수를 '1'로 만드는 할인율을 의미한다.

해설
순현가법에서 순현가를 계산하기 위해서는 사전에 요구수익률이 결정되어야 하나, 내부수익률법에서 내부수익률을 구하기 위해서는 사전에 요구수익률이 결정되지 않아도 된다.

정답 ③

필살키 046 부동산투자 타당성 분석기법

부동산투자분석에 관한 내용으로 틀린 것은?

① 동일한 현금흐름을 가지는 투자안이라도 투자자의 요구수익률에 따라 순현재가치는 달라질 수 있다.
② 서로 다른 내부수익률을 가지는 두 자산에 동시에 투자하는 투자안의 내부수익률은 각 자산의 내부수익률을 더한 것과 같다.
③ 동일한 투자안에 대해 내부수익률이 복수로 존재할 수 있다.
④ 내부수익률법에서는 내부수익률과 요구수익률을 비교하여 투자의사결정을 한다.
⑤ 투자규모에 차이가 나는 상호배타적인 투자안을 검토할 때, 순현재가치법과 수익성지수법을 통한 의사결정이 달라질 수 있다.

해설
내부수익률법은 가치의 가산원칙이 성립하지 않으므로 서로 다른 내부수익률을 가지는 두 자산에 동시에 투자하는 투자안의 내부수익률은 각 자산의 내부수익률을 더한 것과 같지 않다.

정답 ②

필살키 047 비율분석법

부동산투자에 관한 설명으로 틀린 것은? (단, 주어진 조건에 한함)

① 영업경비비율은 영업경비를 유효총소득으로 나눈 비율이다.
② 총부채상환비율(DTI)이 높을수록 차입자의 부채상환가능성이 낮아진다.
③ 채무불이행률은 유효총소득으로 영업경비와 부채서비스액을 감당할 수 있는 정도를 나타낸다.
④ 종합자본환원율은 총투자액을 순영업소득으로 나눈 비율이다.
⑤ 지분배당률은 세전현금흐름을 지분투자액으로 나눈 비율이다.

해설
종합자본환원율은 순영업소득을 총투자액으로 나눈 비율이다.

정답 ④

PART 06 부동산금융론

필살키 048 부동산금융

부동산금융에 관한 설명으로 틀린 것은? (단, 주어진 조건에 한함)

① 부동산금융은 부동산의 매입이나 매각, 개발 등과 관련한 자금이나 신용을 조달하거나 제공하는 것을 말한다.
② 부동산이 가지고 있는 고유 특성으로 인하여 금융의 필요성이 중요해지고 있다.
③ 금융기관은 위험을 줄이기 위해 부채감당률이 '1'보다 큰 대출안의 큰 순서대로 대출을 실행한다.
④ 메자닌금융(mezzanine financing)은 부채방식과 지분방식의 특징을 갖고 있는 중간적 성격의 자금조달방법이다.
⑤ 랩어라운드(wrap-around) 대출은 기존대출을 상환하고 신규대출을 별도로 제공하는 방식이다.

해설
랩어라운드 대출은 기업이 필요한 자금을 조달하기 위해 여러 금융기관에서 대출을 받아 이를 하나의 대출상품으로 묶어 관리하는 방식이다. 이는 기존대출을 유지하면서 신규대출을 제공하여 부동산구매자가 부동산을 구매할 수 있도록 하는 금융상품이다.

정답 ⑤

필살키 049 고정금리대출과 변동금리대출

고정금리대출과 변동금리대출에 관한 설명으로 틀린 것은?

① 일반적으로 대출일 기준 시 이자율은 고정금리대출이 변동금리대출보다 높다.
② 시장이자율 상승 시 고정금리대출을 실행한 대출기관은 차입자의 조기상환으로 인한 위험이 커진다.
③ 고정금리 주택담보대출은 차입자가 대출기간 동안 지불해야 하는 이자율이 동일한 형태로 시장금리의 변동에 관계없이 대출 시 확정된 이자율이 만기까지 계속 적용된다.
④ 변동금리 주택담보대출은 이자율 변동으로 인한 위험을 차입자에게 전가하는 방식으로 금융기관의 이자율 변동위험을 줄일 수 있는 장점이 있다.
⑤ 코픽스(cost of funds index)는 은행자금조달비용을 반영한 기준금리로 이전의 CD금리가 은행의 자금조달비용을 제대로 반영하지 못한다는 지적에 따라 도입되었다.

해설
시장이자율 하락 시 고정금리대출을 실행한 대출기관은 차입자의 조기상환으로 인한 위험이 커진다.

정답 ②

필살키 050 　저당의 상환방식(1)

주택금융의 상환방식에 관한 설명으로 틀린 것은?

① 만기일시상환방식은 대출만기 때까지는 원금상환이 전혀 이루어지지 않기에 매월 내는 이자가 만기 때까지 동일하다.
② 원금균등분할상환방식은 대출 초기에 대출원리금의 지급액이 가장 크므로 차입자의 원리금지급 부담도 대출 초기에 가장 크다.
③ 원리금균등분할상환방식은 매기의 대출원리금이 동일하기에 대출 초기에는 대체로 원금상환 부분이 작고 이자지급 부분이 크다.
④ 점증상환방식은 초기에 대출이자를 전부 내고, 나머지 대출원금을 상환하는 방식으로 부(-)의 상환(negative amortization)이 일어날 수 있다.
⑤ 원금균등분할상환방식이나 원리금균등분할상환방식에서 거치기간을 별도로 정할 수 있다.

해설
점증상환방식은 <u>초기 상환액을 크게 낮추고 소득 증가에 따라 체증시키는 상환방식</u>으로 부(-)의 상환이 일어날 수 있다.

정답 ④

필살키 051 　저당의 상환방식(2)

대출상환에 관한 설명으로 틀린 것은? (단, 주어진 조건에 한함)

① 대출조건이 동일할 경우, 대출채권의 듀레이션(duration)은 원리금균등분할상환, 원금균등분할상환, 점증상환, 만기일시상환의 순으로 짧다.
② 원리금균등분할상환의 경우, 매월 원리금을 균등하게 상환하기 때문에 원리금에서 원금과 이자가 차지하는 비중은 상환시기에 따라 다르다.
③ 점증상환에서는 초기에 원리금의 납입액이 이자지급액에 미치지 못할 수 있는데, 이 경우 미상환 이자가 원금에 가산되어 부(-)의 상환이 일어날 수 있다.
④ 만기일시상환은 대출기간 동안 매월 이자만 상환하다가 만기에 일시로 원금을 상환하는 방식이며, 대출만기 시 원금의 일부를 상환하게 한 뒤 대출만기를 연장해주기도 한다.
⑤ 원금균등분할상환의 경우, 매월 상환하는 원리금 상환 부담은 대출 초기에는 많지만 상환금액은 점차 감소한다.

해설
대출조건이 동일할 경우, 대출채권의 듀레이션은 <u>원금균등분할 상환, 원리금균등분할상환</u>, 점증상환, 만기일시상환의 순으로 짧다.

정답 ①

필살키 052   부동산금융의 동원방법

부동산사업을 전개하기 위한 부동산금융의 동원방법에 관한 설명으로 옳은 것은?

① 부동산 신디케이션(syndication)은 부동산의 취득이나 관리·매매·개발 등을 위해 투자자로부터 자금을 확보하여, 투자자가 간접투자하는 형태이다.
② 조인트벤처(joint venture)는 주로 부동산개발업자와 대출기관 사이에 형성되는데, 이때 대출기관은 개발사업에 저당투자자가 아닌 지분파트너(equity partner)로 참여하기 때문에 저당금융방식에 해당한다.
③ 프로젝트 파이낸싱(project financing)은 부동산개발사업을 위해 부동산을 담보로 자금을 확보하는 방안이다.
④ 부동산투자회사(REITs)는 투자자들의 자금을 확보하여 부동산에 투자하여 실적을 배당하는 형태로 일종의 부동산 뮤추얼펀드(mutual fund)이다.
⑤ 부동산투자회사(REITs)는 부동산개발사업 등에 투자자들이 직접투자하는 형태이다.

해설
① 부동산 신디케이션은 투자자가 <u>직접투자</u>하는 방안이다.
② 조인트벤처는 주로 부동산개발업자와 대출기관 사이에 형성되는데, 이때 대출기관은 개발사업에 저당투자자가 아닌 지분파트너로 참여하기 때문에 <u>지분금융방식</u>에 해당한다.
③ 프로젝트 파이낸싱은 <u>사업성</u>을 <u>담보</u>로 자금을 확보하는 방안이다.
⑤ 부동산투자회사에서 투자자는 <u>간접투자</u>하는 형태이다.

정답 ④

필살기 053 프로젝트 금융

프로젝트 금융(PF)에 관한 설명으로 틀린 것은?

① 사업주의 재무상태표에 부채로 표시되어 사업주의 부채비율에 영향을 미친다.
② 프로젝트 자체의 수익성과 향후 현금흐름을 기초로 개발에 필요한 자금을 조달한다.
③ 대출기관은 시행사에게 원리금상환을 요구하고, 시행사가 원리금을 상환하지 못하면 책임준공의 의무가 있는 시공사에게 채무상환을 요구할 수 있다.
④ 금융기관은 부동산개발사업의 사업주와 자금공여 계약을 체결한다.
⑤ 프로젝트 금융의 구조는 비소구금융이 원칙이나, 제한적 소구금융의 경우도 있다.

해설
사업주의 재무상태표에 해당 부채가 표시되지 않기 때문에 사업주의 부채비율에도 영향을 미치지 않는다.

정답 ①

필살기 054 주택연금제도

한국주택금융공사의 주택연금제도에 관한 설명으로 틀린 것은?

① 주택연금은 역모기지(reverse mortgage)에 해당하며 시간이 지남에 따라 대출잔액이 늘어나는 구조이고, 일반적으로 비소구형 대출이다.
② 주택연금은 저당권방식과 신탁방식이 있는데, 저당권방식은 주택소유자가 주택에 저당권을 설정하고 연금방식으로 노후생활자금을 대출받는 방식이며, 신탁방식은 주택소유자와 공사가 체결하는 신탁계약에 따른 신탁등기(소유권이전)를 하고 연금방식으로 노후생활자금을 대출받는 방식이다.
③ 주택연금의 대상주택은 「주택법」 제2조 제1호에 따른 주택, 지방자치단체에 신고된 노인복지주택 및 주거목적 오피스텔 등이다.
④ 한국주택금융공사는 주택연금 담보주택의 가격하락에 대한 위험을 부담할 수 있다.
⑤ 주택담보노후연금(주택연금)을 받을 권리는 양도·압류할 수도 있고 담보로 제공할 수 있다.

해설
주택담보노후연금(주택연금)을 받을 권리는 양도·압류하거나 담보로 제공할 수 없다.

정답 ⑤

필살키 055 부동산증권(1)

다음의 내용에 모두 해당하는 모기지(Mortgage)는?

> - 차입자가 금융기관에 지불하는 저당지불액이 증권발행자를 통하여 투자자에게 그대로 전달되는 형태이다.
> - 기초자산인 모기지 풀(pool)의 현금흐름 및 저당권에 대한 소유권을 나타내는 지분형이다.
> - 금융기관이 유동화중개기관을 통해 발행할 수도 있고, 유동화중개기관을 통하지 않고 자체적으로 유동화전문회사(SPC)를 만들어 발행할 수도 있다.
> - 모기지 소유자는 채무불이행위험, 조기상환위험, 금리위험을 부담할 수 있다.

① 저당이체증권(MPTS)
② 저당담보부채권(MBB)
③ 지불이체채권(MPTB)
④ 다계층증권(CMO)
⑤ 상업용저당증권(CMBS)

해설
저당이체증권은 기초자산인 모기지 풀의 현금흐름 및 저당권에 대한 소유권을 나타내는 지분형증권으로, 차입자가 금융기관에 지불하는 저당지불액(원리금상환액)이 증권발행자를 통하여 투자자에게 그대로 전달되는 형태이다. 저당이체증권은 금융기관이 유동화중개기관을 통해 발행할 수도 있고, 유동화중개기관을 통하지 않고 자체적으로 유동화전문회사를 만들어 발행할 수도 있으며, 저당이체증권의 소유자(투자자)는 채무불이행위험, 조기상환위험, 금리위험을 부담할 수 있다.

정답 ①

필살키 056 부동산증권(2)

부동산증권에 관한 설명으로 옳은 것을 모두 고른 것은?

> ㉠ MPTS(Mortgage Pass-Through Securities)는 채권을 표시하는 증권으로 원리금수취권과 주택저당에 대한 채권을 모두 투자자에게 이전하는 증권이다.
> ㉡ MBB(Mortgage Backed Bond)는 모기지 풀(Pool)에서 발생하는 현금흐름으로 채권의 원리금이 지급되고, 모기지 풀의 현금흐름으로 채권의 원리금지급이 안 될 경우 발행자가 초과부담을 제공하는 채권이다.
> ㉢ CMO(Collateralized Mortgage Obligation)는 원금과 조기상환대금을 받아갈 순서를 정한 증권으로 증권별로 만기가 일치하도록 만든 자동이체형 증권이다.
> ㉣ MPTB(Mortgage Pay-Through Bond)는 채권으로 발행자의 재무상태표에 부채로 표시된다.
> ㉤ MBS(Mortgage Backed Securities)를 통해 금융기관은 자기자본비율(BIS)을 높일 수 있다.

① ㉠, ㉡, ㉢
② ㉠, ㉡, ㉣
③ ㉠, ㉢, ㉤
④ ㉡, ㉣, ㉤
⑤ ㉢, ㉣, ㉤

해설
㉠ MPTS는 지분을 표시하는 증권으로 원리금수취권과 주택저당에 대한 채권을 모두 투자자에게 이전하는 증권이다.
㉢ CMO는 원금과 조기상환대금을 받아갈 순서를 정한 증권으로 증권별로 이자율과 만기를 다르게 만든 증권이다.

정답 ④

필살키 057 부동산투자회사법(1)

「부동산투자회사법」에 근거한 부동산투자회사에 관한 설명으로 틀린 것은?

① 자기관리 부동산투자회사의 설립 자본금은 5억원 이상으로 하며, 위탁관리 부동산투자회사 및 기업구조조정 부동산투자회사의 설립 자본금은 3억원 이상으로 한다.
② 영업인가를 받거나 등록을 한 날부터 6개월이 지난 부동산투자회사의 자본금은 자기관리 부동산투자회사는 70억원 이상, 위탁관리 부동산투자회사 및 기업구조조정 부동산투자회사는 50억원 이상이 되어야 한다.
③ 공인중개사로서 해당 분야에 5년 이상 종사한 사람은 자기관리 부동산투자회사의 자산운용 전문인력이 될 수 있다.
④ 자기관리 부동산투자회사는 그 설립등기일부터 10일 이내에 대통령령으로 정하는 바에 따라 설립보고서를 작성하여 국토교통부장관에게 제출하여야 한다.
⑤ 위탁관리 부동산투자회사는 본점 외의 지점을 설치할 수 있으며, 직원을 고용하거나 상근 임원을 둘 수 있다.

해설

위탁관리 부동산투자회사는 본점 외의 지점을 설치할 수 없으며, 직원을 고용하거나 상근 임원을 둘 수 없다(부동산투자회사법 제11조의2).

정답 ⑤

필살키 058 부동산투자회사법(2)

「부동산투자회사법」상 부동산투자회사에 관한 내용으로 틀린 것은?

① 영업인가를 받거나 등록을 한 날부터 최저자본금준비기간이 지난 자기관리 부동산투자회사의 최저자본금은 70억원 이상이 되어야 한다.
② 최저자본금준비기간이 끝난 후에는 매 분기 말 현재 총자산의 100분의 80 이상을 부동산, 부동산 관련 증권 및 현금으로 구성하여야 한다. 이 경우 총자산의 100분의 70 이상은 부동산(건축 중인 건축물을 포함한다)이어야 한다.
③ 부동산투자회사는 부동산 등 자산의 운용에 관하여 회계처리를 할 때에는 금융감독원이 정하는 회계처리기준에 따라야 한다.
④ 부동산투자회사의 상근 임원은 다른 회사의 상근 임직원이 되거나 다른 사업을 하여서는 아니 된다.
⑤ 위탁관리 부동산투자회사란 자산의 투자·운용을 자산관리회사에 위탁하는 부동산투자회사를 말한다.

해설

부동산투자회사는 부동산 등 자산의 운용에 관하여 회계처리를 할 때에는 금융위원회가 정하는 회계처리기준에 따라야 한다(부동산투자회사법 제25조의2 제1항).

정답 ③

PART 07 부동산개발·관리론

필살카 059 토지이용

토지이용에 관한 설명으로 틀린 것은?

① 동일한 산업경영이라도 그 입지조건이 더 양호한 경우에는 특별한 이익을 얻을 수 있는데, 이를 입지잉여라고 한다.
② 도시스프롤(urban sprawl) 현상은 산발적인 도시의 확대이고 대도시 외곽부에서 발달하는 무계획적 시가지 현상으로, 대도시의 도심지보다는 외곽부에서 더 발생한다.
③ 집약한계란 투입의 한계비용이 한계수입과 일치하는 선까지 투입이 추가되는 경우의 집약도이고, 조방한계는 최적의 조건하에서 겨우 생산비를 감당할 수 있는 산출밖에 얻을 수 없는 집약도이다.
④ 도시지역의 토지가격이 정상지가 상승분을 초과하여 급격히 상승한 경우, 직·주분리 현상을 심화시켜 통근거리가 길어지는 현상이 나타난다.
⑤ 직·주분리의 결과 도심의 주거용 건물이 고층화되는 현상이 나타날 수 있다.

해설
직·주접근의 결과 도심의 주거용 건물이 고층화되는 현상이 나타날 수 있다.

정답 ⑤

필살키 060 도시 및 부동산개발

도시 및 부동산개발에 관한 설명으로 틀린 것은?

① 「도시 및 주거환경정비법」상 "재개발사업"이란 정비기반시설이 열악하고 노후·불량 건축물이 밀집한 지역에서 주거환경을 개선하거나 상업지역·공업지역 등에서 도시기능의 회복 및 상권활성화 등을 위하여 도시환경을 개선하기 위한 사업을 말한다.
② 「개발이익 환수에 관한 법률」상 "개발이익"이란 개발사업의 시행이나 토지이용계획의 변경, 그 밖에 사회적·경제적 요인에 따라 정상지가(正常地價) 상승분을 초과하여 개발사업을 시행하는 자나 토지점유자에게 귀속되는 토지 가액의 증가분을 말한다.
③ 「국토의 계획 및 이용에 관한 법률」상 "용도지역"이란 토지의 이용 및 건축물의 용도, 건폐율, 용적률, 높이 등을 제한함으로써 토지를 경제적·효율적으로 이용하고 공공복리의 증진을 도모하기 위하여 서로 중복되지 아니하게 도시·군관리계획으로 결정하는 지역을 말한다.
④ 「부동산개발업의 관리 및 육성에 관한 법률」상 "부동산개발업"이란 타인에게 공급할 목적으로 부동산개발을 수행하는 업을 말한다.
⑤ 「도시개발법」상 "도시개발사업"이란 도시개발구역에서 주거, 상업, 산업, 유통, 정보통신, 생태, 문화, 보건 및 복지 등의 기능이 있는 단지 또는 시가지를 조성하기 위하여 시행하는 사업을 말한다.

해설
「개발이익 환수에 관한 법률」상 "개발이익"이란 개발사업의 시행이나 토지이용계획의 변경, 그 밖에 사회적·경제적 요인에 따라 정상지가 상승분을 초과하여 개발사업을 시행하는 자(사업시행자)나 토지소유자에게 귀속되는 토지 가액의 증가분을 말한다.

정답 ②

필살키 061 부동산개발사업의 위험(1)

부동산개발에 관한 설명으로 옳은 것을 모두 고른 것은?

> ㉠ 부동산개발사업의 위험은 법률적 위험(legal risk), 시장위험(market risk), 비용위험(cost risk) 등으로 분류할 수 있다.
> ㉡ 공사기간 중 이자율의 변화, 시장침체에 따른 공실의 장기화 등은 법률적 위험으로 볼 수 있다.
> ㉢ 시장성분석 단계에서는 향후 개발될 부동산이 현재나 미래의 시장상황에서 매매되거나 임대될 수 있는지에 대한 경쟁력을 분석한다.
> ㉣ 흡수율분석은 부동산시장의 추세를 파악하는 데 도움을 주는 것으로, 과거의 추세를 정확하게 파악하는 것이 주된 목적이다.
> ㉤ 시장분석에서는 수익과 지출을 예측하여 수익성을 검토하고 최종적인 투자결정을 한다.

① ㉠, ㉢
② ㉡, ㉣
③ ㉠, ㉡, ㉢
④ ㉠, ㉡, ㉤
⑤ ㉢, ㉣, ㉤

해설
㉡ 공사기간 중 이자율의 변화, 시장침체에 따른 공실의 장기화 등은 <u>시장위험</u>으로 볼 수 있다.
㉣ <u>단순히 과거의 추세를 파악하는 것만이 아니라 이를 기초로 개발사업의 미래의 흡수율을 파악하는</u> 데 목적이 있다.
㉤ <u>경제성분석</u>에서는 수익과 지출을 예측하여 수익성을 검토하고 최종적인 투자결정을 한다.

정답 ①

필살키 062 　 부동산개발사업의 위험(2)

부동산개발사업의 위험에 관한 설명이다. ( )에 들어갈 내용이 옳게 연결된 것은?

- (㉠)은 추정된 토지비, 건축비, 설계비 등 개발비용의 범위 내에서 개발이 이루어져야 하는데, 인플레이션 및 예상치 못한 개발기간의 장기화 등으로 발생할 수 있다.
- (㉡)은 용도지역제와 같은 토지이용규제의 변화와 관계기관 인·허가 승인의 불확실성 등으로 야기될 수 있다.
- (㉢)은 개발기간 중 이자율의 변화, 시장침체에 따른 공실의 장기화 등이 원인일 수 있다.

① ㉠ : 시장위험, ㉡ : 계획위험, ㉢ : 비용위험
② ㉠ : 시장위험, ㉡ : 법률위험, ㉢ : 비용위험
③ ㉠ : 비용위험, ㉡ : 계획위험, ㉢ : 시장위험
④ ㉠ : 비용위험, ㉡ : 법률위험, ㉢ : 시장위험
⑤ ㉠ : 비용위험, ㉡ : 법률위험, ㉢ : 계획위험

해설

㉠ <u>비용위험</u>은 추정된 토지비, 건축비, 설계비 등 개발비용의 범위 내에서 개발이 이루어져야 하는데, 인플레이션 및 예상치 못한 개발기간의 장기화 등으로 발생할 수 있다.
㉡ <u>법률위험</u>은 용도지역제와 같은 토지이용규제의 변화와 관계기관 인·허가 승인의 불확실성 등으로 야기될 수 있다.
㉢ <u>시장위험</u>은 개발기간 중 이자율의 변화, 시장침체에 따른 공실의 장기화 등이 원인일 수 있다.

정답 ④

필살키 063   부동산개발의 타당성분석

부동산개발의 타당성분석에 관한 설명으로 틀린 것은?

① 부동산개발 과정에서 시장분석의 목적은 개발과 관련된 의사결정을 하기 위하여 부동산의 특성상 용도별, 지역별로 각각의 수요와 공급에 미치는 요인들과 수요와 공급의 상호관계가 개발사업에 어떠한 영향을 미치는가를 조사·분석하는 것이다.
② 경제성분석은 구체적으로 개발사업의 수익성 여부를 평가한다.
③ 지역경제분석은 지역의 경제활동, 지역인구와 소득 등 대상지역 시장 전체에 대한 총량적 지표를 분석한다.
④ 시장분석은 현재와 미래의 대상부동산에 대한 수요·공급분석을 통해 흡수율분석과 시장에서 분양될 수 있는 가격, 적정개발 규모 등의 예측을 한다.
⑤ 부동산개발 과정의 시장분석은 속성상 일정 지역시장 단위로 분석하므로 지리적·공간적 범위에 국한되는 경향이 있다.

해설
시장성분석은 현재와 미래의 대상부동산에 대한 수요·공급분석을 통해 흡수율분석과 시장에서 분양될 수 있는 가격, 적정개발 규모 등의 예측을 한다.

정답 ④

필살키 064　부동산개발방식

부동산개발방식에 관한 용어의 설명으로 옳게 연결된 것은?

> ㉠ 토지소유자와의 약정에 의해 수익증권을 발행하고 수익증권의 소유자에게 수익을 배당하는 방식
> ㉡ 원래의 토지소유자에게 사업 후 사업에 소요된 비용 등을 제외하고 면적비율에 따라 돌려주는 방식
> ㉢ 공익성이 강하고 대량공급이 가능한 택지개발사업에서 주로 수행하는 방식

① ㉠ : 신탁방식, ㉡ : 환지방식, ㉢ : 공영개발방식
② ㉠ : 신탁방식, ㉡ : 수용방식, ㉢ : 공영개발방식
③ ㉠ : 사업위탁방식, ㉡ : 환지방식, ㉢ : 민간개발방식
④ ㉠ : 사업위탁방식, ㉡ : 수용방식, ㉢ : 민간개발방식
⑤ ㉠ : 컨소시엄 구성방식, ㉡ : 수용방식, ㉢ : 민관협력개발방식

해설
㉠ 토지소유자와의 약정에 의해 수익증권을 발행하고 수익증권의 소유자에게 수익을 배당하는 방식은 <u>신탁방식</u>이다.
㉡ 원래의 토지소유자에게 사업 후 사업에 소요된 비용 등을 제외하고 면적비율에 따라 돌려주는 방식은 <u>환지방식</u>이다.
㉢ 공익성이 강하고 대량공급이 가능한 택지개발사업에서 주로 수행하는 방식은 <u>공영개발방식</u>이다.

정답 ①

필살키 065 민간의 부동산개발방식

민간의 부동산개발방식에 관한 설명으로 틀린 것은?

① 지주공동사업은 토지소유자와 개발업자 간에 부동산개발을 공동으로 시행하는 것으로서 토지소유자는 토지를 제공하고, 개발업자는 개발의 노하우를 제공하여 서로의 이익을 추구하는 형태이다.
② 공사비를 분양금으로 정산하는 사업방식에서는 자금조달은 개발업자가, 사업시행은 토지소유자가 하며, 이익은 토지소유자와 개발업자에게 귀속된다.
③ 토지소유자의 자체사업일 경우에는 자금조달, 사업시행, 이익귀속의 주체는 모두 토지소유자이다.
④ 사업위탁방식은 토지소유자로부터 형식적인 소유권을 이전받은 신탁회사가 토지를 개발·관리·처분하여 그 수익을 수익자에게 돌려주는 방식이다.
⑤ 컨소시엄 구성형은 대규모 개발사업에서 사업의 안정성 확보라는 점에서 장점이 있으나, 사업시행에 시간이 오래 걸리고, 출자회사 간 상호 이해조정이 필요하며, 책임의 회피현상이 있을 수 있다는 단점이 있다.

해설

토지소유자로부터 형식적인 소유권을 이전받은 신탁회사가 토지를 개발·관리·처분하여 그 수익을 수익자에게 돌려주는 방식은 토지신탁형이다.

정답 ④

필살기 066 민간투자사업방식

다음에서 설명하는 민간투자사업방식을 〈보기〉에서 올바르게 고른 것은?

> ㉠ 민간사업자가 시설준공 후 소유권을 공공에게 귀속시키고, 그 대가로 일정기간 동안 시설운영권을 받아 운영수익을 획득하는 방식
> ㉡ 민간사업자가 시설준공 후 소유권을 공공에게 귀속시키고, 그 대가로 받은 시설운영권으로 그 시설을 공공에게 임대하여 임대료를 획득하는 방식
> ㉢ 민간사업자가 시설준공 후 소유권을 취득하여, 일정기간 동안 운영을 통해 운영수익을 획득하고, 그 기간이 만료되면 공공에게 소유권을 이전하는 방식
> ㉣ 민간사업자가 시설준공 후 소유권을 취득하여, 그 시설을 운영하는 방식으로, 소유권이 민간사업자에게 계속 귀속되는 방식

〈보기〉

㉮ BTO(Build-Transfer-Operate) 방식
㉯ BOT(Build-Operate-Transfer) 방식
㉰ BTL(Build-Transfer-Lease) 방식
㉱ BLT(Build-Lease-Transfer) 방식
㉲ BOO(Build-Own-Operate) 방식

① ㉠: ㉮, ㉡: ㉯, ㉢: ㉲, ㉣: ㉰
② ㉠: ㉮, ㉡: ㉰, ㉢: ㉱, ㉣: ㉯
③ ㉠: ㉮, ㉡: ㉰, ㉢: ㉯, ㉣: ㉲
④ ㉠: ㉯, ㉡: ㉮, ㉢: ㉲, ㉣: ㉰
⑤ ㉠: ㉯, ㉡: ㉲, ㉢: ㉮, ㉣: ㉰

해설

㉠ ㉮ BTO 방식에 대한 설명이다.
㉡ ㉰ BTL 방식에 대한 설명이다.
㉢ ㉯ BOT 방식에 대한 설명이다.
㉣ ㉲ BOO 방식에 대한 설명이다.

정답 ③

필살키 067 부동산신탁

부동산신탁에 관한 설명으로 틀린 것은?

① 신탁회사의 전문성을 통해 이해관계자들에게 안전성과 신뢰성을 제공해 줄 수 있다.
② 부동산신탁의 수익자란 신탁행위에 따라 신탁이익을 받는 자를 말하며, 위탁자가 지정한 제3자가 될 수도 있다.
③ 부동산신탁계약에서의 소유권이전은 실질적 이전이 아니라 등기부상의 형식적 소유권이전이다.
④ 신탁재산은 법률적으로 수탁자에게 귀속되지만 수익자를 위한 재산이므로 수탁자의 고유재산 및 위탁자의 고유재산으로부터 독립된다.
⑤ 부동산담보신탁은 저당권 설정보다 소요되는 경비가 많고, 채무불이행 시 부동산 처분절차가 복잡하다.

해설
부동산담보신탁은 저당권 설정보다 소요되는 비용이 적고, 채무불이행 시 부동산 처분절차가 간편하다는 장점이 있다.

정답 ⑤

필살키 068 부동산관리방식

다음에 모두 해당되는 부동산관리방식은?

- 소유주나 기업의 부를 극대화시키기 위하여 부동산의 가치를 증진시킬 수 있는 다양한 방법을 모색하는 적극적인 관리
- 위험분산 차원에서 부동산의 유형과 지역의 혼합, 보유부동산의 개량 및 매각, 개별 부동산의 특성을 고려한 보유기간산정, 레버리지 활용 등
- 포트폴리오(portfolio) 관점에서의 종합적인 관리

① 신탁관리   ② 시설관리
③ 자산관리   ④ 수탁관리
⑤ 직접관리

해설
자산관리(asset management)는 소유주나 기업의 부(富)를 극대화시키기 위하여 부동산의 가치를 증진시킬 수 있는 다양한 방법을 모색하는 적극적인 관리를 말한다. 이는 포트폴리오 관점에서의 종합적인 관리로 위험분산 차원에서 부동산의 유형과 지역의 혼합, 보유부동산의 개량 및 매각, 개별 부동산의 특성을 고려한 보유기간산정, 레버리지 활용 등이 이에 해당한다.

정답 ③

필살키 069 부동산마케팅

부동산마케팅활동에 관한 설명으로 틀린 것은?

① 부동산마케팅은 소비자들이 원하는 필요와 욕구를 반영하여 시장을 세분화하고 이를 바탕으로 부동산의 제품화, 가격산정, 입지선정 및 촉진활동 등 마케팅 전략을 세워서 부동산을 매매하고 임대차하는 일련의 과정을 말한다.
② 시장세분화란 전체 시장을 일정한 기준에 의해 등질적인 세분시장으로 구분하는 과정을 말한다.
③ 표적시장이란 마케팅 환경변화에 대응하여 경쟁사와의 관계에서 자사가 보유한 역량과 자원으로 최대한의 시장성과를 얻을 수 있는 최적의 시장을 말한다.
④ 포지셔닝이란 경쟁우위 달성을 위해 경쟁제품과 다르게 인식되도록 마케팅믹스를 사용하여 고객의 마음속에 제품의 위치를 심어주는 과정을 말한다.
⑤ AIDA원리는 고객의 구매의사 결정단계를 심리적 발전단계에 맞춘 것으로 행동(Action), 관심(Interest), 욕망(Desire), 주목(Attention)의 순서를 거친다.

해설
AIDA원리는 고객의 구매의사 결정단계를 심리적 발전단계에 맞춘 것으로 주목(Attention), 관심(Interest), 욕망(Desire), 행동(Action)의 순서를 거친다.

정답 ⑤

PART 08 부동산감정평가론

필살키 070 감정평가에 관한 규칙상 용어

「감정평가에 관한 규칙」에 관한 내용으로 **틀린** 것은?

① 대상물건에 대한 감정평가액은 시장가치를 기준으로 결정한다.
② 감정평가는 기준시점에서의 대상물건의 이용상황(불법적이거나 일시적인 이용은 제외한다) 및 공법상 제한을 받는 상태를 기준으로 한다.
③ 감정평가는 대상물건마다 개별로 하여야 한다.
④ 감정평가법인등이 토지를 감정평가할 때에는 수익환원법을 적용해야 한다.
⑤ 하나의 대상물건이라도 가치를 달리하는 부분은 이를 구분하여 감정평가할 수 있다.

해설
감정평가법인등이 토지를 감정평가할 때에는 공시지가기준법을 적용해야 한다.

정답 ④

필살키 071 부동산가치의 발생요인

부동산가치의 발생요인에 관한 설명으로 **틀린** 것은?

① 효용(유용성)은 인간의 필요나 욕구를 만족시킬 수 있는 재화의 능력이다.
② 효용(유용성)은 부동산의 용도에 따라 주거지는 쾌적성, 상업지는 수익성, 공업지는 생산성으로 표현할 수 있다.
③ 부동산은 용도적 관점에서 대체성이 인정되고 있기 때문에 절대적 희소성이 아닌 상대적 희소성을 가지고 있다.
④ 유효수요는 구입의사와 지불능력을 가지고 있는 수요이다.
⑤ 이전성은 법률적인 측면이 아닌 경제적인 측면에서의 가치발생요인이다.

해설
부동산의 이전성(양도가능성)이란 부동산의 물리적인 이동이나 경제적 측면의 이전을 말하는 것이 아니라, 부동산의 소유자에 의해 부동산소유권에 대한 명의가 자유롭게 이전될 수 있어야 한다는 것이다. 즉, 이전성이란 경제적인 측면이 아닌 법률적 측면에서 권리의 이전이 가능해야 한다는 것이다.

정답 ⑤

필살키 072 부동산가치의 결정과정

부동산가치의 결정과정에 관한 설명으로 틀린 것은?

① 부동산가치는 효용, 상대적 희소성, 유효수요 등의 요인이 결합하여 발생한다.
② 부동산가치는 수요를 결정하는 요소인 효용과 유효수요, 공급을 결정하는 요소인 상대적 희소성의 상호작용에 의해 발생하게 되는데, 이를 부동산의 가치발생요인이라고 한다.
③ 대상물건에 대한 감정평가액은 시장가치를 기준으로 결정한다.
④ 부동산의 가치형성요인은 부동산가치 발생요인에 영향을 미친다.
⑤ 부동산의 가치형성요인은 부단히 변동하나, 각 요인은 서로 영향을 주지 않는다.

해설
부동산의 가치형성요인은 부단히 변동하며, <u>각 요인은 서로 영향을 주고받는 상호의존성</u>을 가지고 있다.

정답 ⑤

필살키 073 지역분석과 개별분석

감정평가의 지역분석에 관한 내용으로 옳은 것은?

① 인근지역이란 감정평가의 대상이 된 부동산이 속한 지역으로서 부동산의 이용이 동질적이고 가치형성요인 중 지역요인을 공유하는 지역을 말한다.
② 유사지역이란 대상부동산이 속한 지역으로서 인근지역과 유사한 특성을 갖는 지역을 말한다.
③ 동일수급권이란 대상부동산과 수요·공급 관계가 성립하고 가치 형성에 서로 영향을 미치지 않는 관계에 있는 다른 부동산이 존재하는 권역을 말한다.
④ 지역분석은 대상지역 내 토지의 최유효이용 및 대상부동산의 가격을 판정하는 것이다.
⑤ 지역분석은 개별분석 이후에 실시하는 것이 일반적이다.

해설
② 유사지역이란 <u>대상부동산이 속하지 아니하는 지역</u>으로서 인근지역과 유사한 특성을 갖는 지역을 말한다.
③ 동일수급권(同一需給圈)이란 대상부동산과 <u>대체·경쟁 관계가 성립</u>하고 <u>가치 형성에 서로 영향을 미치는 관계</u>에 있는 다른 부동산이 존재하는 권역(圈域)을 말하며, 인근지역과 유사지역을 포함한다.
④ 지역분석은 <u>대상부동산이 속해 있는 지역의 지역요인을 분석하여 해당 지역 내 부동산의 표준적 이용과 가격수준을 판정</u>하는 것을 말한다.
⑤ 개별분석보다 <u>지역분석을 먼저 실시</u>하는 것이 일반적이다.

정답 ①

필살키 074 부동산가치의 제 원칙

부동산가치의 제 원칙에 관한 내용으로 틀린 것은?

① 부동산의 가치가 대체·경쟁관계에 있는 유사한 부동산의 영향을 받아 형성되는 것은 대체의 원칙에 해당된다.
② 부동산의 가치도 경쟁에 의해 결정되며, 경쟁을 통해 초과이윤이 없어지고 적합한 가치가 형성되는 것은 경쟁의 원칙에 해당된다.
③ 부동산의 가치가 부동산을 구성하고 있는 각 요소가 기여하는 정도에 영향을 받아 형성되는 것은 기여의 원칙에 해당된다.
④ 부동산의 가치가 외부적인 요인에 의하여 긍정적 또는 부정적 영향을 받아 형성되는 것은 균형의 원칙에 해당된다.
⑤ 부동산 가치의 제 원칙은 최유효이용의 원칙을 상위원칙으로 하나의 체계를 형성하고 있다.

해설
부동산의 가치가 외부적인 요인에 의하여 긍정적 또는 부정적 영향을 받아 형성되는 것은 <u>외부성의 원칙</u>에 해당된다.

정답 ④

필살키 075 원가법

원가방식에 관한 설명으로 옳은 것을 모두 고른 것은?

> ㉠ 원가법과 적산법은 원가방식에 해당한다.
> ㉡ 재조달원가는 실제로 생산 또는 건설된 방법 여하에 불구하고 도급방식을 기준으로 산정한다.
> ㉢ 대상부동산이 가지는 물리적 특성인 지리적 위치의 고정성에 의해서 경제적 감가요인이 발생한다.
> ㉣ 정액법, 정률법, 상환기금법은 대상부동산의 내용연수를 기준으로 하는 감가수정방법에 해당한다.

① ㉠, ㉡
② ㉢, ㉣
③ ㉠, ㉡, ㉣
④ ㉠, ㉢, ㉣
⑤ ㉠, ㉡, ㉢, ㉣

해설
㉠㉡㉢㉣ 모두 옳은 내용이다.

정답 ⑤

필살키 076 거래사례비교법

감정평가방법 중 거래사례비교법에 관한 설명으로 틀린 것은?

① 거래사례비교법과 관련된 가격원칙은 대체의 원칙이고, 구해진 가액은 비준가액이라 한다.
② 거래사례비교법은 대상부동산과 동질·동일성이 있어서 비교 가능한 사례를 채택하는 것이 중요하다.
③ 거래사례에 사정보정요인이 있는 경우 우선 사정보정을 하고, 거래시점과 기준시점 간의 시간적 불일치를 정상화하는 작업인 시점수정을 하여야 한다.
④ 거래사례는 위치에 있어서 동일성 내지 유사성이 있어야 하며, 인근지역에 소재하는 경우에는 지역요인비교를 하여야 한다.
⑤ 거래사례비교법은 실제 거래되는 가격을 준거하므로 현실성이 있으며 설득력이 풍부하다는 장점이 있다.

해설
거래사례는 위치에 있어서 동일성 내지 유사성이 있어야 하며, 인근지역에 소재하는 경우에는 <u>지역요인비교를 하지 않아도 된다.</u>

정답 ④

필살키 077 자본환원율의 결정방법

수익환원법에서 자본환원율의 결정방법에 관한 설명으로 틀린 것은?

① 조성법은 대상부동산에 관한 위험을 여러 가지 구성요소로 분해하고, 개별적인 위험에 따라 위험할증률을 더해 감으로써 자본환원율을 구하는 방법이다.
② 시장추출법은 대상부동산과 유사한 최근의 거래사례로부터 자본환원율을 찾아낸다.
③ 부채감당법은 매 기간 동안의 현금흐름, 기간 말 부동산의 가치 상승 또는 하락분, 보유기간 동안의 지분형성분의 세 요소가 자본환원율에 미치는 영향으로 구성되어 있다.
④ 물리적 투자결합법은 소득을 창출하는 부동산의 능력이 토지와 건물이 서로 다르며, 분리될 수 있다는 가정에 근거한다.
⑤ 금융적 투자결합법은 지분환원율과 저당환원율을 가중평균하여 자본환원율을 구하는 방법이다.

해설
<u>엘우드(Ellwood)법</u>은 매 기간 동안의 현금흐름, 기간 말 부동산의 가치 상승 또는 하락분, 보유기간 동안의 지분형성분의 세 요소가 자본환원율에 미치는 영향으로 구성되어 있다.

정답 ③

필살키 078 물건별 감정평가

「감정평가에 관한 규칙」상 주된 평가방법으로 수익환원법을 적용해야 하는 것은 모두 몇 개인가?

- 기업가치
- 상표권
- 영업권
- 특허권
- 전용측선이용권
- 과수원

① 2개
② 3개
③ 4개
④ 5개
⑤ 6개

해설
감정평가법인등은 기업가치, 상표권, 영업권, 특허권, 전용측선이용권 등을 감정평가할 때에 수익환원법을 적용해야 한다. 과수원을 감정평가할 때에는 거래사례비교법을 적용해야 한다.

정답 ④

필살키 079 부동산가격공시제도(1)

「부동산 가격공시에 관한 법률」에 따른 부동산가격공시제도에 관한 설명으로 틀린 것은?

① 표준지공시지가는 토지시장에 지가정보를 제공하고 일반적인 토지거래의 지표가 되며, 국가·지방자치단체 등이 그 업무와 관련하여 지가를 산정하거나 감정평가법인등이 개별적으로 토지를 감정평가하는 경우에 그 기준이 된다.
② 표준주택 및 개별주택의 가격은 주택시장의 가격정보를 제공하고, 국가·지방자치단체 등이 과세 등의 업무와 관련하여 주택의 가격을 산정하는 경우에 그 기준으로 활용될 수 있다.
③ 개별공시지가에 이의가 있는 자는 개별공시지가의 결정·공시일부터 30일 이내에 서면으로 시장·군수 또는 구청장에게 이의를 신청할 수 있다.
④ 국토교통부장관은 공동주택가격을 조사·산정하여 중앙부동산가격공시위원회의 심의를 거쳐 공시하고, 이를 관계 행정기관 등에 제공하여야 한다.
⑤ 표준지로 선정된 토지, 조세 또는 부담금 등의 부과대상이 아닌 토지, 그 밖에 대통령령으로 정하는 토지에 대하여는 개별공시지가를 결정·공시하지 아니할 수 있다.

해설
개별주택 및 공동주택의 가격은 주택시장의 가격정보를 제공하고, 국가·지방자치단체 등이 과세 등의 업무와 관련하여 주택의 가격을 산정하는 경우에 그 기준으로 활용될 수 있다.

정답 ②

필살키 080 부동산가격공시제도(2)

「부동산 가격공시에 관한 법률」에 의한 부동산가격공시제도에 대한 내용으로 틀린 것은?

① 표준지에 건물 또는 그 밖의 정착물이 있거나 지상권 또는 그 밖의 토지의 사용·수익을 제한하는 권리가 설정되어 있을 때에는 그 정착물 또는 권리가 존재하지 아니하는 것으로 보고 표준지공시지가를 평가하여야 한다.
② 표준주택을 선정할 때에는 일반적으로 유사하다고 인정되는 일단의 단독주택 및 공동주택에서 해당 일단의 주택을 대표할 수 있는 주택을 선정하여야 한다.
③ 시장·군수 또는 구청장은 공시기준일 이후에 분할·합병 등이 발생한 토지에 대하여는 대통령령이 정하는 날을 기준으로 하여 개별공시지가를 결정·공시하여야 한다.
④ 국토교통부장관은 공시기준일 이후에 토지의 분할·합병이나 건축물의 신축 등이 발생한 경우에는 대통령령으로 정하는 날을 기준으로 하여 비주거용 집합부동산가격을 결정·공시하여야 한다.
⑤ 비주거용 일반부동산에 전세권 또는 그 밖에 비주거용 일반부동산의 사용·수익을 제한하는 권리가 설정되어 있을 때에는 그 권리가 존재하지 아니하는 것으로 보고 적정가격을 조사·산정하여야 한다.

해설
국토교통부장관은 표준주택을 선정할 때에는 일반적으로 유사하다고 인정되는 일단의 단독주택 중에서 해당 일단의 단독주택을 대표할 수 있는 주택을 선정하여야 한다. 공동주택은 표준주택과 개별주택으로 구분하지 않는다.

정답 ②

PART 09 계산문제

필살기 081 수요와 공급함수에서 균형가격과 균형량

A지역 아파트시장의 기존 수요함수는 $2P = -Q_d + 400$, 공급함수는 $P_1 = Q_{s1} + 20$이었다. 이후 수요함수는 변하지 않고 공급함수가 $P_2 = Q_{s2} + 80$으로 변하였다. 다음 설명으로 옳은 것은? [단, x축은 수량, y축은 가격, P는 가격(단위: 만원/m^2), Q_d는 수요량(단위: m^2), Q_s는 공급량(단위: m^2)이며, 다른 조건은 동일함]

① 아파트 공급량의 증가에 따라 공급곡선이 좌측(좌상향)으로 이동한다.
② 기존 아파트시장의 균형가격은 120만원/m^2이다.
③ 공급함수 변화이후, 아파트시장의 균형거래량은 160m^2이다.
④ 공급함수 변화이후, 아파트시장의 균형가격은 20만원/m^2만큼 감소한다.
⑤ 공급함수 변화이후, 아파트시장의 균형거래량은 40m^2만큼 감소한다.

해설

① 아파트 공급량의 감소에 따라 공급곡선이 좌측(좌상향)으로 이동한다.
②③④⑤ 최초(단기) 균형점은 A지역 아파트시장의 기존 수요함수 $2P = -Q_d + 400$ → $P = 200 - \frac{1}{2}Q_d$과 최초의 공급함수 $P_1 = Q_{s1} + 20$이 같은 점에서 결정된다.
즉, $200 - \frac{1}{2}Q_d = 20 + Q_{s1}$으로 $\frac{3}{2}Q = 180$이며, $Q = 120m^2$, $P = 140$만원/m^2이다.
따라서 기존 아파트시장의 균형가격은 140만원/m^2, 균형거래량은 120m^2이다.
그런데 아파트 시장의 새로운 공급함수가 $P_2 = Q_{s2} + 80$이므로
새로운 균형점은 수요함수 $P = 200 - \frac{1}{2}Q_d$과 새로운 공급함수 $P_2 = Q_{s2} + 80$이 같은 점에서 결정된다.
즉, $200 - \frac{1}{2}Q_d = 80 + Q_{s2}$으로 $\frac{3}{2}Q = 120$이며, $Q = 80m^2$, $P = 160$만원/m^2이다.
따라서 공급함수 변화이후, 아파트 시장의 균형가격은 160만원/m^2, 균형거래량은 80m^2이다.
결국 공급함수 변화 이후, 아파트시장의 균형가격은 20만원/m^2만큼 상승하고 균형거래량은 40m^2만큼 감소한다.

정답 ⑤

필살키 082   수요의 가격탄력성과 소득탄력성

A부동산에 대한 수요의 가격탄력성은 0.7이고, 소득탄력성은 3으로 조사되었다. A부동산가격이 1% 상승하고 소득도 1% 증가할 경우, A부동산 수요량의 변화는? (단, A부동산은 정상재이고, 가격탄력성은 절댓값으로 나타내며, 다른 조건은 동일함)

① 1% 증가
② 1% 감소
③ 2.3% 증가
④ 2.3% 감소
⑤ 3.7% 증가

해설

A부동산에 대한 수요의 가격탄력성(ε_d) = $\left|\dfrac{\text{A부동산 수요량변화율}}{\text{A부동산 가격변화율}}\right|$ = $\left|\dfrac{x\%\downarrow}{1\%\uparrow}\right|$ = 0.7이므로

A부동산가격이 1% 상승하면 수요량은 0.7% 감소한다.

그런데 A부동산은 정상재이며, 수요의 소득탄력성($\varepsilon_{d,\,I}$) = $\dfrac{\text{수요량변화율}}{\text{소득변화율}}$ = $\dfrac{x\%\uparrow}{1\%\uparrow}$ = 3이므로

소득이 1% 증가하면 수요량은 3% 증가한다.
따라서 수요의 가격탄력성과 관련하여 수요량은 0.7% 감소하고, 수요의 소득탄력성과 관련하여 수요량은 3% 증가하므로 수요량은 전체적으로 2.3% 증가한다.

정답 ③

필살키 083   수요의 소득탄력성과 교차탄력성

다음과 같이 주어진 자료에 의할 때 소형아파트에 대한 주거용 오피스텔 수요의 교차탄력성은? (단, 다른 모든 조건은 일정하며, 주어진 조건에 한함)

- 가구소득이 5% 상승하고 소형아파트 가격은 6% 상승했을 때, 주거용 오피스텔의 수요는 7% 증가
- 주거용 오피스텔 수요의 소득탄력성은 0.8이며, 주거용 오피스텔과 소형아파트는 대체관계임

① 0.1
② 0.2
③ 0.3
④ 0.4
⑤ 0.5

해설

주거용 오피스텔 수요의 소득탄력성($\varepsilon_{d,\,I}$) = $\dfrac{\text{수요량변화율}}{\text{소득변화율}}$ = $\dfrac{x\%\uparrow}{5\%\uparrow}$ = 0.8이므로

소득이 5% 상승하면 주거용 오피스텔 수요량은 4% 증가한다.
그런데 주거용 오피스텔의 수요량이 7% 증가한다고 했으므로 소형아파트에 대한 주거용 오피스텔 수요의 교차탄력성에서 소형아파트 가격 상승에 따른 주거용 오피스텔의 수요량 증가는 3%라는 의미이다.
그런데 소형아파트 가격이 6% 상승했다고 하였으므로

소형아파트에 대한 주거용 오피스텔 수요의 교차탄력성($\varepsilon_{d,\,YX}$) = $\dfrac{\text{주거용 오피스텔 수요량변화율}}{\text{소형아파트 가격변화율}}$ = $\dfrac{3\%\uparrow}{6\%\uparrow}$ 이다.

따라서 소형아파트에 대한 주거용 오피스텔 수요의 교차탄력성은 0.5이다.

정답 ⑤

필살귀 084 수요·공급함수와 거미집모형

수요함수와 공급함수가 각각 A부동산시장에서는 $Q_d = 200 - P$, $Q_s = 10 + \frac{1}{2}P$이고, B부동산시장에서는 $Q_d = 400 - \frac{1}{2}P$, $Q_s = 50 + 2P$이다. 거미집이론(Cob-web theory)에 의한 A시장과 B시장의 모형 형태의 연결이 옳은 것은? (단, x축은 수량, y축은 가격, 각각의 시장에 대한 P는 가격, Q_d는 수요량, Q_s는 공급량이며, 가격변화에 수요는 즉각 반응하지만 공급은 시간적인 차이를 두고 반응함, 다른 조건은 동일함)

① A: 수렴형, B: 발산형 ② A: 수렴형, B: 순환형
③ A: 발산형, B: 수렴형 ④ A: 발산형, B: 순환형
⑤ A: 순환형, B: 발산형

해설

1. A부동산시장에서는 수요함수가 $Q_d = 200 - P$, 공급함수가 $Q_s = 10 + \frac{1}{2}P$로 주어졌다.

   기울기를 구하기 위해 이를 P에 대해 정리하면 수요함수는 $P = 200 - Q_d$, 공급함수는 $P = -20 + 2Q_s$이다.
   따라서 수요곡선의 기울기 절댓값(1)보다 공급곡선의 기울기 절댓값(2)이 크므로, 수요의 가격탄력성이 공급의 가격탄력성보다 크다는 의미이며, 수렴형이 된다.

2. B부동산시장에서는 수요함수가 $Q_d = 400 - \frac{1}{2}P$, 공급함수가 $Q_s = 50 + 2P$로 주어졌다.

   기울기를 구하기 위해 이를 P에 대해 정리하면 수요함수는 $P = 800 - 2Q_d$, 공급함수는 $P = -25 + \frac{1}{2}Q_s$이다.
   따라서 수요곡선의 기울기의 절댓값(2)이 공급곡선의 기울기의 절댓값$\left(\frac{1}{2}\right)$보다 크므로, 수요의 가격탄력성보다 공급의 가격탄력성이 크다는 의미이며, 발산형이 된다.

정답 ①

필살키 085   개발정보의 현재가치

X노선 신역사가 들어선다는 정보가 있다. 만약 부동산시장이 할당효율적이라면 투자자가 최대한 지불할 수 있는 정보비용의 현재가치는? (단, 제시된 가격은 개발정보의 실현 여부에 의해 발생하는 가격차이만을 반영하고, 주어진 조건에 한함)

- X노선 신역사 예정지 인근에 일단의 A토지가 있다.
- 1년 후 도심에 X노선 신역사가 들어설 확률이 60%로 알려져 있다.
- 1년 후 도심에 X노선 신역사가 들어서면 A토지의 가격은 5억 5,000만원, 신역사가 들어서지 않으면 2억 7,500만원으로 예상된다.
- 투자자의 요구수익률(할인율)은 연 10%이다.

① 5천만원
② 1억원
③ 1억 5천만원
④ 2억원
⑤ 2억 5천만원

해설

1. 1년 후 신역사가 들어설 경우의 기댓값의 현재가치(불확실성하의 현재가치)

$$\frac{(5억\ 5{,}000만원 \times 0.6) + (2억\ 7{,}500만원 \times 0.4)}{1 + 0.1} = 4억원$$

2. 1년 후 신역사가 들어서는 것이 확실할 경우 토지의 현재가치

$$= \frac{5억\ 5{,}000만원}{1 + 0.1} = 5억원$$

3. 정보의 현재가치 = 확실성하의 현재가치 − 불확실성하의 현재가치
   = 5억원 − 4억원 = <u>1억원</u>

정답 ②

필살키 086   레일리(W. Reilly)의 소매인력법칙

A도시와 B도시 사이에 있는 C도시는 A도시로부터 5km, B도시로부터 10km 떨어져 있다. 각 도시의 인구 변화가 다음과 같을 때, 작년에 비해 금년에 C도시로부터 B도시의 구매활동에 유인되는 인구수의 증가는? [단, 레일리(W. Reilly)의 소매인력법칙에 따르고, C도시의 모든 인구는 A도시와 B도시에서만 구매하며, 다른 조건은 동일함]

구분	작년 인구수	금년 인구수
A도시	5만명	5만명
B도시	20만명	30만명
C도시	2만명	3만명

① 6,000명
② 7,000명
③ 8,000명
④ 9,000명
⑤ 10,000명

해설

레일리의 B도시에 대한 A도시의 구매지향비율은 $\frac{B_A}{B_B} = \frac{P_A}{P_B} \times \left(\frac{D_B}{D_A}\right)^2 = \frac{\text{A도시의 인구}}{\text{B도시의 인구}} \times \left(\frac{\text{B도시까지의 거리}}{\text{A도시까지의 거리}}\right)^2$ 이므로

작년의 B도시에 대한 A도시의 구매지향비율은 $\frac{5만명}{20만명} \times \left(\frac{10}{5}\right)^2 = \frac{1}{4} \times 4 = \frac{1}{1}$ 이다.

따라서 작년에 'A도시로의 인구유인비율 : B도시로의 인구유인비율'은 '1 : 1'로, C도시 인구가 2만명이었으므로 A도시는 1만명, B도시는 1만명이었다.

그런데 금년의 B도시에 대한 A도시의 구매지향비율은 $\frac{5만명}{30만명} \times \left(\frac{10}{5}\right)^2 = \frac{1}{6} \times 4 = \frac{2}{3}$ 이다.

따라서 금년에 'A도시로의 인구유인비율 : B도시로의 인구유인비율'은 '2 : 3'으로, C도시 인구가 3만명이었으므로 A도시는 1만 2,000명, B도시는 1만 8,000명이다.

그러므로 작년에 비해 금년에 C도시로부터 B도시의 구매활동에 유인되는 인구수의 증가는 1만명에서 1만 8,000명으로 8,000명이 증가하였다.

정답 ③

필살귀 087 컨버스(P. Converse)의 분기점 모형

어느 지역에 A점포와 B점포가 있다. A점포의 면적은 $1,200\text{m}^2$, B점포의 면적은 $10,800\text{m}^2$이고 A점포와 B점포 사이의 직선거리는 4km이다. 컨버스(P. Converse)의 분기점 모형에 기초할 때, A점포와 B점포의 상권경계지점은 B점포로부터 얼마만큼 떨어진 지점인가? (단, A점포와 B점포는 동일 직선상에 위치하며, 주어진 조건에 한함)

① 1km
② 2km
③ 3km
④ 4km
⑤ 5km

해설

컨버스의 분기점 모형에서 B점포로부터의 분기점 $= \dfrac{\text{A와 B의 거리}}{1 + \sqrt{\dfrac{\text{A의 면적}}{\text{B의 면적}}}}$ 이다.

따라서 B점포로부터의 분기점 $= \dfrac{4}{1 + \sqrt{\dfrac{1,200}{10,800}}} = \dfrac{4}{1 + \sqrt{\dfrac{1}{9}}} = \dfrac{4}{1 + \dfrac{1}{3}}$
$= \underline{3\text{km}}$이다.

정답 ③

필살키 088   자기자본수익률

부동산투자에서 타인자본을 활용하지 않은 경우(㉠)와 타인자본을 40% 활용하는 경우(㉡), 각각의 1년간 자기자본수익률은? (단, 주어진 조건에 한함)

- 부동산 매입가격: 10,000만원
- 1년 후 부동산 처분
- 순영업소득(NOI): 연 500만원(기간 말 발생)
- 보유기간 동안 부동산가격 상승률: 연 2%
- 대출조건: 이자율 연 4%, 대출기간 1년, 원리금은 만기일시상환

① ㉠: 7.0, ㉡: 7.0
② ㉠: 7.0, ㉡: 8.0
③ ㉠: 7.0, ㉡: 9.0
④ ㉠: 7.5, ㉡: 8.0
⑤ ㉠: 7.5, ㉡: 9.0

해설

㉠ 타인자본을 활용하지 않는 경우

1년간 소득이득(순영업소득)은 500만원이고, 1년간 부동산가격 상승률인 2%에 따른 자본이득은 200만원이 존재하므로 총자본수익은 700만원이 된다. 타인자본을 활용하지 않는 경우는 부동산 매입가격 10,000만원을 전액 자기자본으로 충당해야 한다.

∴ 자기자본수익률 = $\dfrac{700만원(= 500만원 + 200만원)}{10,000만원} \times 100(\%) = \underline{7\%}$

㉡ 타인자본을 40% 활용하는 경우

타인자본을 40% 활용하는 경우는 부동산 매입가격 10,000만원 중 자기자본이 6,000만원이고 타인자본이 4,000만원이다.

∴ 자기자본수익률 = $\dfrac{700만원 - (4,000만원 \times 0.04)}{6,000만원} \times 100(\%) = \underline{9\%}$

정답 ③

필살기 089 연금의 현재가치 계산

甲은 부동산자금을 마련하기 위하여 2025년 1월 1일 현재, 3년 동안 매년 연말 30,000,000원을 불입하는 금융상품에 가입했다. 이 금융상품의 이자율이 연 5%라면, 이 금융상품의 현재가치는? (단, 백원 단위 이하는 절사함)

① 42,476,000원 ② 67,472,000원
③ 72,853,000원 ④ 74,795,000원
⑤ 81,697,000원

해설

甲이 가입한 금융상품은 3년 동안 매년 연말 30,000,000원씩 불입하는 투자상품으로 이것의 현재가치를 구하기 위해서 연금의 현가계수가 사용된다. 즉, 30,000,000원 × 연금의 현가계수(3년)로 구한다.

$(1+0.05)^{-3} = \dfrac{1}{(1+0.05)^3} = 0.86383759853$ 이므로

연금의 현가계수(3년) $= \dfrac{1-(1+0.05)^{-3}}{0.05} = 2.7232480294$ 이다.

따라서 해당 금융상품의 현재가치는 30,000,000원 × 2.7232480294 = 약 81,697,440원이다.
그런데 백원 단위 이하는 절사하라고 했으므로 81,697,000원이다.

정답 ⑤

필살키 090 영업의 현금흐름 계산

투자부동산 A에 관한 투자분석을 위해 관련자료를 수집한 내용은 다음과 같다. 이 경우 순영업소득은? (단, 주어진 자료에 한하며, 연간 기준임)

- 유효총소득: 360,000,000원
- 대출원리금 상환액: 50,000,000원
- 수도광열비: 36,000,000원
- 수선유지비: 18,000,000원
- 공실손실상당액·대손충당금: 18,000,000원
- 직원인건비: 80,000,000원
- 감가상각비: 40,000,000원
- 용역비: 30,000,000원
- 재산세: 18,000,000원
- 사업소득세: 3,000,000원

① 138,000,000원
② 157,000,000원
③ 160,000,000원
④ 178,000,000원
⑤ 258,000,000원

해설

투자부동산 A에 관한 수집한 내용 중 영업경비에 해당하는 것은 '수도광열비 36,000,000원, 수선유지비 18,000,000원, 직원인건비 80,000,000원, 용역비 30,000,000원, 재산세 18,000,000원'으로 영업경비는 이를 모두 합한 182,000,000원이다. '대출원리금 상환액, 공실손실상당액·대손충당금, 감가상각비, 사업소득세'는 영업경비에 해당하지 않는다.
따라서 순영업소득=유효총소득 360,000,000원－영업경비 182,000,000원＝<u>178,000,000원</u>이다.

정답 ④

필살키 091   순현가, 수익성지수, 내부수익률

다음 표와 같은 투자사업들이 있다. A~D 사업들은 모두 사업기간이 1년이며, 금년에는 현금지출만 발생하고 내년에는 현금유입만 발생한다고 한다. 할인율이 10%라고 할 때 설명으로 틀린 것은?

사업	금년의 현금지출	내년의 현금유입
A	250만원	605만원
B	200만원	330만원
C	150만원	495만원
D	125만원	275만원

① 사업 A와 C의 순현가(NPV)는 같다.
② 순현가(NPV)가 가장 작은 사업은 B이다.
③ 수익성지수(PI)가 가장 큰 사업은 C이다.
④ 수익성지수(PI)가 가장 작은 사업은 D이다.
⑤ 총투자비가 400만원이라면 사업 A와 C를 수행하는 투자안이 다른 투자안보다 타당성이 더 높다.

해설

사업	금년의 현금지출	내년의 현금유입	현금유입의 현가	순현가 (유입현가 – 유출현가)	수익성지수 ($\frac{유입현가}{유출현가}$)
A	250만원	605만원	$\frac{605}{1+0.1}=550$만원	300만원	2.2
B	200만원	330만원	$\frac{330}{1+0.1}=300$만원	100만원	1.5
C	150만원	495만원	$\frac{495}{1+0.1}=450$만원	300만원	3
D	125만원	275만원	$\frac{275}{1+0.1}=250$만원	125만원	2

따라서 수익성지수(PI)가 가장 작은 사업은 B이다.

정답 ④

필살키 092   비율분석법

비율분석법을 이용하여 산출한 것으로 틀린 것은? (단, 연간 기준이며, 주어진 조건에 한함)

- 주택담보대출액: 2억원
- 주택담보대출의 연간 원리금상환액: 1,000만원
- 부동산가치: 4억원
- 차입자의 연소득: 5,000만원
- 가능총소득: 4,000만원
- 공실손실상당액 및 대손충당금: 가능총소득의 25%
- 영업경비: 가능총소득의 50%

① 담보인정비율(LTV) = 0.5
② 부채감당률(DCR) = 1.0
③ 총부채상환비율(DTI) = 0.2
④ 영업경비비율(OER, 유효총소득 기준) = 0.8
⑤ 채무불이행률(DR) = 1.0

해설

가능총소득	4,000만원
− 공실손실상당액 및 대손충당금	− 1,000만원 (= 4,000만원 × 0.25)
유효총소득	3,000만원
− 영업경비	− 2,000만원 (= 4,000만원 × 0.5)
순영업소득	1,000만원

주택담보대출의 연간 원리금상환액은 부채서비스액을 의미하므로 부채서비스액은 1,000만원이다.

① 담보인정비율(LTV) = $\dfrac{\text{부채잔금(융자액)}}{\text{부동산가치}} = \dfrac{2억원}{4억원} = 0.5\,(50\%)$

② 부채감당률(DCR) = $\dfrac{\text{순영업소득}}{\text{부채서비스액}} = \dfrac{1{,}000만원}{1{,}000만원} = 1.0$

③ 총부채상환비율(DTI) = $\dfrac{\text{연간 부채상환액}}{\text{연간소득액}} = \dfrac{1{,}000만원}{5{,}000만원} = 0.2$

④ 영업경비비율(OER, 유효총소득 기준) = $\dfrac{\text{영업경비}}{\text{유효총소득}} = \dfrac{2{,}000만원}{3{,}000만원} ≒ \underline{0.67}$

⑤ 채무불이행률(DR) = $\dfrac{\text{영업경비 + 부채서비스액}}{\text{유효총소득}} = \dfrac{2{,}000만원 + 1{,}000만원}{3{,}000만원} = 1.0$

정답 ④

필살키 093 · LTV & DTI 제약하의 대출가능액

서울에 거주하는 甲이 다음과 같이 시중은행에서 주택을 담보로 대출을 받고자 할 때 甲이 받을 수 있는 최대 대출가능금액은?

- 대출승인 기준: 담보인정비율(LTV) 60%, 총부채상환비율(DTI) 40%
  (두 가지의 대출승인 기준을 모두 충족시켜야 함)
- 甲의 서울 소재 주택의 담보평가가격: 500,000,000원
- 甲의 연간 소득: 60,000,000원
- 기존 대출: 연간 12,000,000원 부채상환
- 연간 저당상수: 0.12(원리금균등분할상환)

① 100,000,000원
② 150,000,000원
③ 200,000,000원
④ 240,000,000원
⑤ 300,000,000원

해설

1. 담보인정비율(LTV) = $\dfrac{융자액}{부동산가치}$ 이므로, $60\% = \dfrac{x}{500{,}000{,}000원}$

   따라서 LTV에 의한 대출가능액(x)은 300,000,000원이다.

2. 총부채상환비율(DTI) = $\dfrac{연간\ 부채상환액}{연간소득}$ 이므로, $40\% = \dfrac{y}{60{,}000{,}000원}$

   따라서 연간 부채상환액(원리금상환액, y)은 24,000,000원이다.
   저당대부액 × 저당상수 = 부채서비스액이므로

   저당대부액 = $\dfrac{부채서비스액}{저당상수} = \dfrac{24{,}000{,}000원}{0.12} = 200{,}000{,}000원$이다.

3. 두 가지의 대출승인 기준을 모두 충족시켜야 하므로 LTV조건의 300,000,000원과 DTI조건의 200,000,000원 중 적은 200,000,000원이 최대 대출가능금액이 되어야 한다. 그런데 기존 사업자금대출에 의한 연간 부채상환액 12,000,000원이 존재하므로 기존 저당대부액 = $\dfrac{부채서비스액}{저당상수} = \dfrac{12{,}000{,}000원}{0.12} = 100{,}000{,}000원$이다.

   따라서 추가로 대출가능금액은 200,000,000원 − 100,000,000원 = <u>100,000,000원</u>이다.

정답 ①

필살귀 094 원금균등상환방식에서 원리금 구하기

A는 주택 구입을 위해 은행으로부터 연초에 5억원을 대출받았다. A가 받은 대출조건이 다음과 같을 때, 대출금리(㉠)와 3회차에 상환할 원리금(㉡)은? (단, 주어진 조건에 한함)

- 대출금리: 고정금리
- 대출기간: 20년
- 1회차 원리금상환액: 4,500만원
- 원리금 상환조건: 원금균등상환방식, 매년 말 연단위로 상환

① ㉠: 연 4%, ㉡: 4,200만원
② ㉠: 연 4%, ㉡: 4,300만원
③ ㉠: 연 5%, ㉡: 4,200만원
④ ㉠: 연 5%, ㉡: 4,300만원
⑤ ㉠: 연 6%, ㉡: 4,500만원

해설

- 매 기간 원금상환액: 5억원 ÷ 20년 = 2,500만원
- 1회차에 지급해야 할 이자지급액: 4,500만원 − 2,500만원 = 2,000만원
  대출금리(㉠)는 2,000만원 ÷ 5억원 = 0.04(4%) 이다.
- 2회차까지의 원금상환액: 2,500만원 × 2회 = 5,000만원
- 2회차 말 대출잔액: 5억원 − 5,000만원 = 4억 5,000만원
- 3회차 이자지급액: 4억 5,000만원 × 0.04 = 1,800만원

따라서 3회차에 상환할 원리금(㉡)은 2,500만원 + 1,800만원 = 4,300만원이다.

정답 ②

필살키 095 — 원리금균등상환방식에서 원금 구하기

A는 아파트를 구입하기 위해 은행으로부터 연초에 5억원을 대출받았다. A가 받은 대출의 조건이 다음과 같을 때, 대출금리(㉠)와 2회차에 상환할 원금(㉡)은? (단, 주어진 조건에 한함)

- 대출금리: 고정금리
- 대출기간: 20년
- 연간 저당상수: 0.087
- 1회차 원금상환액: 1,350만원
- 원리금상환조건: 원리금균등상환방식, 매년 말 연단위 상환

① ㉠: 연간 5.5%, ㉡: 1,365만원
② ㉠: 연간 6.0%, ㉡: 1,431만원
③ ㉠: 연간 6.0%, ㉡: 1,455만원
④ ㉠: 연간 6.5%, ㉡: 1,065만원
⑤ ㉠: 연간 6.5%, ㉡: 1,260만원

해설

㉠ 원리금균등상환방식에서 원리금을 구하는 공식은 '원리금(저당지불액) = 저당대부액 × 저당상수'이다.
따라서 매회의 원리금(저당지불액)은 5억원 × 0.087 = 4,350만원이다.
또한 1회차에 상환해야 할 원금은 1,350만원이므로
4,350만원 − 이자지급액 = 1,350만원이며, 이자지급액은 3,000만원이다.
따라서 1회차에 지급해야 할 이자지급액은 5억원 × 대출금리 = 3,000만원이며,
대출금리는 3,000만원 ÷ 5억원 = 0.06(6%)이다.
㉡ 1회차 대출잔액(저당잔금)은 5억원 − 1,350만원 = 4억 8,650만원이며,
2회차에 지급해야 할 이자지급액은 4억 8,650만원 × 0.06 = 2,919만원이다.
따라서 2회차 상환해야 할 원금은 4,350만원 − 2,919만원 = 1,431만원이다.

정답 ②

필살키 096 비율임대차방식

A회사는 전년도에 임대면적 $500m^2$의 매장을 비율임대차(percentage lease)방식으로 임차하였다. 계약내용에 따르면, 매출액이 손익분기점 매출액 이하이면 기본임대료만 지급하고, 이를 초과하는 매출액에 대해서는 일정 임대료율을 적용한 추가임대료를 기본임대료에 가산하도록 하였다. 전년도 연 임대료로 총 1억원을 지급한 경우, 해당 계약내용에 따른 추가임대료율은? (단, 연간 기준이며, 주어진 조건에 한함)

- 전년도 매출액: 임대면적 m^2당 100만원
- 손익분기점 매출액: 임대면적 m^2당 50만원
- 기본임대료: 임대면적 m^2당 10만원

① 12.5% ② 15%
③ 17.5% ④ 20%
⑤ 22.5%

해설

- 기본임대료 = 10만원/m^2 × $500m^2$ = 5,000만원
- 매출액 = 100만원/m^2 × $500m^2$ = 5억원
- 손익분기점 매출액 = 50만원/m^2 × $500m^2$ = 2억5,000만원
- 연 임대료 1억원은 기본임대료 5,000만원과 추가임대료를 합한 금액이므로 추가임대료는 5,000만원이다.
- 손익분기점 매출액 초과 매출액은 2억5,000만원(= 5억원 − 2억5,000만원)이므로
  2억5,000만원 × 추가임대료율(x) = 5,000만원이다.
  따라서 추가임대료율(x)은 5,000만원 ÷ 2억5,000만원 = 0.2(20%)이다.

정답 ④

필살키 097   원가법에 의한 적산가액

다음 자료를 활용하여 원가법으로 평가한 대상건물의 가액은? (단, 주어진 조건에 한함)

- 대상건물: 철근콘크리트구조, 다가구주택, 연면적 350 m²
- 기준시점: 2025. 09. 01.
- 사용승인시점: 2015. 09. 01.
- 사용승인시점의 적정한 신축공사비: 1,000,000원/m²
- 건축비지수
  - 기준시점: 115
  - 사용승인시점: 100
- 경제적 내용연수: 50년
- 감가수정방법: 정액법(만년감가기준)
- 내용연수 만료 시 잔존가치 없음

① 313,000,000원
② 322,000,000원
③ 342,000,000원
④ 350,000,000원
⑤ 352,000,000원

해설

- 경과연수는 10년이고 사용승인일의 신축공사비는 1,000,000원/m²이므로 350,000,000원(= 1,000,000원 × 350 m²)이다.
- 건축비지수에 의한 시점수정치는 1.15(= 115/100)이다.
- 재조달원가는 350,000,000원 × 1.15 = 402,500,000원이다.
- 내용연수 만료 시 잔존가치 없으므로 매년의 감가액은 $\frac{402,500,000원}{50년}$ = 8,050,000원이다.
- 감가누계액은 8,050,000원 × 10년(경과연수) = 80,500,000원이다.
따라서 적산가액은 402,500,000원 − 80,500,000원 = <u>322,000,000원</u>이다.

정답 ②

필살키 098 거래사례비교법에 의한 비준가액

다음 자료를 활용하여 거래사례비교법으로 산정한 토지의 비준가액은? (단, 주어진 조건에 한함)

- 대상토지: A시 B구 C동 350번지, 200㎡(면적), 대(지목), 주상용(이용상황), 제2종 일반주거지역(용도지역)
- 기준시점: 2025. 08. 01.
- 거래사례
  - 소재지: A시 B구 C동 340번지
  - 250㎡(면적), 대(지목), 주상용(이용상황)
  - 제2종 일반주거지역(용도지역)
  - 거래가격: 500,000,000원
  - 거래시점: 2025. 02. 01.
- 거래사례는 급매로 인해 정상가격보다 10% 저가로 거래됨
- 지가변동률(A시 B구, 2025. 02. 01. ~ 2025. 08. 01.): 주거지역 5% 상승, 상업지역 4% 상승
- 지역요인: 거래사례와 동일
- 개별요인: 거래사례에 비해 10% 열세
- 상승식으로 계산

① 333,520,000원 ② 378,000,000원
③ 420,000,000원 ④ 450,000,000원
⑤ 465,000,000원

해설

- 거래사례가격은 500,000,000원에 거래되었으며, 사례토지의 면적은 250㎡, 대상토지의 면적은 200㎡이므로 면적비교치는 $\frac{200}{250}$이다.
- 거래사례는 급매로 인해 정상가격보다 10% 저가로 거래되었으므로 사정보정치는 $\frac{100}{90}$이며, 주거지역의 연간 지가상승률은 5%이므로 시점수정치는 1.05이다.
- 지역요인은 거래사례와 동일 지역요인은 비교하지 않아도 되며, 대상토지는 거래사례에 비해 10% 열세하므로 개별요인 비교치는 0.9이다.

따라서 $500,000,000원 \times 1.05 \times 0.9 \times \frac{100}{90} \times \frac{200}{250} = \underline{420,000,000원}$이다.

정답 ③

필살키 099 공시지가기준법

다음 자료를 활용하여 공시지가기준법으로 평가한 대상토지의 시산가액(m^2당 단가)은?

- 대상토지 현황: A시 B구 C동 101번지, 일반상업지역, 상업나지
- 기준시점: 2025. 04. 08.
- 비교표준지: A시 B구 C동 103번지, 일반상업지역, 상업나지
  2025. 01. 01. 기준 표준지공시지가 10,000,000원/m^2
- 지가변동률
  - 2025. 01. 01. ~ 2025. 03. 31.: -5.00%
  - 2025. 04. 01. ~ 2025. 04. 08.: -2.00%
- 지역요인: 비교표준지는 대상토지의 인근지역에 위치함
- 개별요인: 대상토지는 비교표준지 대비 획지조건에서 4% 열세하고, 환경조건에서 5% 우세하며, 다른 조건은 동일함
- 그 밖의 요인 보정: 대상토지 인근지역의 가치형성요인이 유사한 정상적인 거래사례 및 평가사례 등을 고려하여 그 밖의 요인으로 20% 증액 보정함
- 상승식으로 계산할 것
- 산정된 시산가액의 천원 미만은 버릴 것

① 11,144,000원
② 11,168,000원
③ 11,190,000원
④ 11,261,000원
⑤ 11,970,000원

해설

표준지공시지가를 기준으로 평가하므로 사정보정은 필요가 없다. 제시된 자료에 의하면 표준지공시지가는 10,000,000원/m^2, 시점수정치는 2025. 01. 01. ~ 2025. 03. 31.: -5.00%이므로 0.95, 2025. 04. 01. ~ 2025. 04. 08.: -2.00%이므로 0.98, 개별요인 비교치 중 획지조건은 0.96, 환경조건은 1.05이다. 그 밖의 요인으로 20% 증액 보정하면 1.2이다. 이를 계산하면 10,000,000원/m^2 × 0.95 × 0.98 × 0.96 × 1.05 × 1.2 = 11,261,376원/m^2이다. 그런데 산정된 시산가액의 천원 미만은 버리라고 했으므로 11,261,000원/m^2이다.

정답 ④

필살키 100 수익환원법에 의한 수익가액

다음과 같은 조건에서 대상부동산의 수익가액 산정 시 적용할 환원이율(capitalization rate)은? (단, 주어진 조건에 한함)

- 가능총소득(PGI): 연 85,000,000원
- 공실상당액: 가능총소득의 5%
- 재산관리수수료: 가능총소득의 2%
- 유틸리티비용: 가능총소득의 2%
- 관리직원 인건비: 가능총소득의 3%
- 부채서비스액: 연 20,000,000원
- 대부비율: 25%
- 대출조건: 이자율 연 4%로 28년간 매년 원리금균등분할상환(고정금리)
- 저당상수(이자율 연 4%, 기간 28년): 0.06

① 5.61% ② 5.66%
③ 5.71% ④ 5.76%
⑤ 5.81%

해설

주어진 조건으로 순영업소득을 계산한 후 부채감당률을 구하면 부채감당법에 의한 환원이율을 구할 수 있다.

가능총소득	85,000,000원
− 공실상당액	− 4,250,000원 (= 85,000,000원 × 0.05)
유효총소득	80,750,000원
− 영 업 경 비	− 5,950,000원
순영업소득	74,800,000원

[영업경비는 재산관리수수료 170만원(= 85,000,000원 × 0.02), 유틸리티비용 170만원(= 85,000,000원 × 0.02), 관리직원 인건비 255만원(= 85,000,000원 × 0.03)을 합한 595만원이며, 영업소득세, 부채서비스액은 영업경비에서 제외된다.]

부채감당법에 의한 환원이율(자본환원율)은 '부채감당률 × 대부비율 × 저당상수' 공식으로 구한다.

$$\text{부채감당률} = \frac{\text{순영업소득}}{\text{부채서비스액}} = \frac{74,800,000원}{20,000,000원} = 3.74$$

대부비율이 25%(0.25)이며, 저당상수가 0.06이므로
부채감당법에 의한 환원이율(자본환원율) = 3.74 × 0.25 × 0.06 = 0.0561(5.61%)이다.

정답 ①

에듀윌이
너를
지지할게

ENERGY

삶의 순간순간이
아름다운 마무리이며
새로운 시작이어야 한다.

– 법정 스님

MEMO

MEMO

2025 에듀윌 공인중개사 이영방 필살키

발 행 일	2025년 8월 8일 초판
편 저 자	이영방
펴 낸 이	양형남
펴 낸 곳	(주)에듀윌
I S B N	979-11-360-3808-1
등록번호	제25100-2002-000052호
주 소	08378 서울특별시 구로구 디지털로34길 55
	코오롱싸이언스밸리 2차 3층

* 이 책의 무단 인용·전재·복제를 금합니다.

www.eduwill.net
대표전화 1600-6700

여러분의 작은 소리
에듀윌은 크게 듣겠습니다.

본 교재에 대한 여러분의 목소리를 들려주세요.
공부하시면서 어려웠던 점, 궁금한 점,
칭찬하고 싶은 점, 개선할 점, 어떤 것이라도 좋습니다.

에듀윌은 여러분께서 나누어 주신 의견을
통해 끊임없이 발전하고 있습니다.

에듀윌 도서몰 book.eduwill.net
- 부가학습자료 및 정오표: 에듀윌 도서몰 → 도서자료실
- 교재 문의: 에듀윌 도서몰 → 문의하기 → 교재(내용, 출간) / 주문 및 배송

에듀윌 **직영학원**에서 합격을 수강하세요

언제나 전문 학습 매니저와 상담이 가능한 안내데스크

고품질 영상 및 음향 장비를 갖춘 최고의 강의실

재충전을 위한 카페 분위기의 아늑한 휴게실

에듀윌의 상징 노란색의 환한 학원 입구

에듀윌 직영학원 대표전화

공인중개사 학원 02)815-0600	공무원 학원 02)6328-0600	편입 학원 02)6419-0600
주택관리사 학원 02)815-3388	소방 학원 02)6337-0600	부동산아카데미 02)6736-0600
전기기사 학원 02)6268-1400		

공인중개사학원 바로가기

합격하고 꼭 해야 할 것 1

에듀윌 공인중개사
동문회 특권

1. 에듀윌 공인중개사 합격자 모임

2. 성공 DREAM 지원금 가입 자격 부여

3. 동문회 인맥북

업계 최대 네트워크

4. 개업 축하 선물

5. 온라인 커뮤니티

부동산 정보 실시간 공유

6. 오프라인 커뮤니티

지부/기수 정기모임

7. 공인중개사 취업박람회

8. 동문회 주최 실무 특강

9. 프리미엄 복지혜택

숙박/자기계발/의료 및 소식지 무료 구독

10. 마이오피스
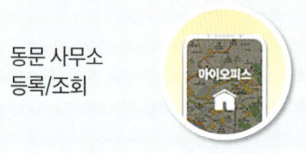
동문 사무소 등록/조회

11. 동문회와 함께하는 사회공헌활동

※ 성공 DREAM 지원금 신청은 에듀윌 공인중개사 VVIP 프리미엄 성공패스 수강 후 2027년까지 공인중개사 최종 합격자에 한해 가능합니다. (상세 내용 홈페이지 유의사항 확인 필수)
※ 본 특권은 회원별로 상이하며, 예고 없이 변경될 수 있습니다.

에듀윌 공인중개사 동문회 | dongmun.eduwill.net
문의 | 1600-6700

합격하고 꼭 해야 할 것 2

에듀윌 부동산 아카데미 강의 듣기

성공 창업의 필수 코스
부동산 창업 CEO 과정

1 튼튼 창업 기초
- 창업 입지 컨설팅
- 중개사무 문서작성
- 성공 개업 실무TIP

2 중개업 필수 실무
- 온라인 마케팅
- 세금 실무
- 토지/상가 실무
- 재개발/재건축

3 실전 Level-Up
- 계약서작성 실습
- 중개영업 실무
- 사고방지 민법실무
- 빌딩 중개 실무
- 부동산경매

4 부동산 투자
- 시장 분석
- 투자 정책

부동산으로 성공하는
컨설팅 전문가 3대 특별 과정

마케팅 마스터
- 데이터 분석
- 블로그 마케팅
- 유튜브 마케팅
- 실습 샘플 파일 제공

디벨로퍼 마스터
- 부동산 개발 사업
- 유형별 절차와 특징
- 토지 확보 및 환경 분석
- 사업성 검토

빅데이터 마스터
- QGIS 프로그램 이해
- 공공데이터 분석 및 활용
- 컨설팅 리포트 작성
- 토지 상권 분석

경매의 神과 함께 '중개'에서 '경매'로 수수료 업그레이드

- 공인중개사를 위한 경매 실무
- 투자 및 중개업 분야 확장
- 고수들만 아는 돈 되는 특수 물권
- 이론(기본) - 이론(심화) - 임장 3단계 과정
- 경매 정보 사이트 무료 이용

실전 경매의 神
안성선
이주왕
장석태

에듀윌 부동산 아카데미 | uland.eduwill.net
문의 | 온라인 강의 1600-6700, 학원 강의 02)6736-0600

꿈을 현실로 만드는
에듀윌

DREAM

공무원 교육
- 선호도 1위, 신뢰도 1위! 브랜드만족도 1위!
- 합격자 수 2,100% 폭증시킨 독한 커리큘럼

자격증 교육
- 9년간 아무도 깨지 못한 기록 합격자 수 1위
- 가장 많은 합격자를 배출한 최고의 합격 시스템

직영학원
- 검증된 합격 프로그램과 강의
- 1:1 밀착 관리 및 컨설팅
- 호텔 수준의 학습 환경

종합출판
- 온라인서점 베스트셀러 1위!
- 출제위원급 전문 교수진이 직접 집필한 합격 교재

어학 교육
- 토익 베스트셀러 1위
- 토익 동영상 강의 무료 제공

콘텐츠 제휴·B2B 교육
- 고객 맞춤형 위탁 교육 서비스 제공
- 기업, 기관, 대학 등 각 단체에 최적화된 고객 맞춤형 교육 및 제휴 서비스

부동산 아카데미
- 부동산 실무 교육 1위!
- 상위 1% 고소득 창업/취업 비법
- 부동산 실전 재테크 성공 비법

학점은행제
- 99%의 과목이수율
- 17년 연속 교육부 평가 인정 기관 선정

대학 편입
- 편입 교육 1위!
- 최대 200% 환급 상품 서비스

국비무료 교육
- '5년우수훈련기관' 선정
- K-디지털, 산대특 등 특화 훈련과정
- 원격국비교육원 오픈

에듀윌 교육서비스 **공무원 교육** 9급공무원/소방공무원/계리직공무원 **자격증 교육** 공인중개사/주택관리사/손해평가사/감정평가사/노무사/전기기사/경비지도사/검정고시/소방설비기사/소방시설관리사/사회복지사1급/대기환경기사/수질환경기사/건축기사/토목기사/직업상담사/전기기능사/산업안전기사/건설안전기사/위험물산업기사/위험물기능사/유통관리사/물류관리사/행정사/한국사능력검정/한경TESAT/매경TEST/KBS한국어능력시험·실용글쓰기/IT자격증/국제무역사/무역영어 **어학 교육** 토익 교재/토익 동영상 강의 **세무/회계** 전산세무회계/ERP정보관리사/재경관리사 **대학 편입** 편입 영어·수학/연고대/의약대/경찰대/논술/면접 **직영학원** 공무원학원/소방학원/공인중개사 학원/주택관리사 학원/전기기사 학원/편입학원 **종합출판** 공무원·자격증 수험교재 및 단행본 **학점은행제** 교육부 평가인정기관 원격평생교육원(사회복지사2급/경영학/CPA) **콘텐츠 제휴·B2B 교육** 교육 콘텐츠 제휴/기업 맞춤 자격증 교육/대학취업역량 강화 교육 **부동산 아카데미** 부동산 창업CEO/공인중개사 경매 마스터/부동산 컨설팅 **주택취업센터** 실무 특강/실무 아카데미 **국비무료 교육(국비교육원)** 전기기능사/전기(산업)기사/소방설비(산업)기사/IT(빅데이터/자바프로그램/파이썬)/게임그래픽/3D프린터/실내건축디자인/웹퍼블리셔/그래픽디자인/영상편집(유튜브) 디자인/온라인 쇼핑몰광고 및 제작(쿠팡, 스마트스토어)/전산세무회계/컴퓨터활용능력/ITQ/GTQ/직업상담사

교육문의 **1600-6700** www.eduwill.net

에듀윌과 함께 시작하면,
당신도 합격할 수 있습니다!

오랜 직장 생활을 마감하며 찾아온 앞날에 대한 막연한 두려움
에듀윌만 믿고 공부해 합격의 길에 올라선 50대 은퇴자

출산한지 얼마 안돼 독박 육아를 하며 시작한 도전!
새벽 2~3시까지 공부해 8개월 만에 동차 합격한 아기엄마

만년 가구기사 보조로 5년 넘게 일하다, 달리는 차 안에서도
포기하지 않고 공부해 이제는 새로운 일을 찾게 된 합격생

누구나 합격할 수 있습니다.
시작하겠다는 '다짐' 하나면 충분합니다.

마지막 페이지를 덮으면,

에듀윌과 함께
공인중개사 합격이 시작됩니다.

공인중개사 1위

15년간 베스트셀러 1위
에듀윌 공인중개사 교재

탄탄한 이론 학습! 기초입문서/기본서/핵심요약집

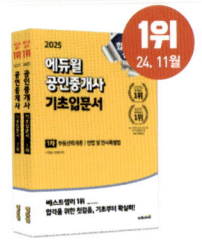

기초입문서(2종)　　　기본서(6종)　　　1차 핵심요약집+기출팩(1종)

출제경향 파악, 실전 엿보기! 단원별/회차별 기출문제집

단원별 기출문제집(6종)　　　회차별 기출문제집(2종)

다양한 문제로 합격점수 완성! 기출응용 예상문제집/실전모의고사

기출응용 예상문제집(6종)　　　실전모의고사(2종)

* 2023 대한민국 브랜드만족도 공인중개사 교육 1위 (한경비즈니스)
* YES24 수험서 자격증 공인중개사 베스트셀러 1위 (2011년 12월, 2012년 1월, 12월, 2013년 1월~5월, 8월~12월, 2014년 1월~5월, 7월~8월, 12월, 2015년 2월~4월, 2016년 2월, 4월, 6월, 12월, 2017년 1월~12월, 2018년 1월~12월, 2019년 1월~12월, 2020년 1월~12월, 2021년 1월~12월, 2022년 1월~12월, 2023년 1월~12월, 2024년 1월~12월, 2025년 1월~6월 월별 베스트, 매월 1위 교재는 다름)
* YES24 국내도서 해당분야 월별, 주별 베스트 기준

에듀윌 공인중개사

합격을 위한 비법 대공개! 합격서&부교재

이영방 합격서 부동산학개론 | 심정욱 합격서 민법 및 민사특별법 | 임선정 합격서 공인중개사법령 및 중개실무 | 김민석 합격서 부동산공시법 | 한영규 합격서 부동산세법

오시훈 합격서 부동산공법 | 신대운 합격서 쉬운민법 | 심정욱 핵심체크 OX 민법 및 민사특별법 | 오시훈 키워드 암기장 부동산공법

핵심 테마를 빠르게 공략하는 단기서

이영방 합격패스 계산문제 부동산학개론 | 심정욱 합격패스 암기노트 민법 및 민사특별법 | 임선정 그림 암기법 공인중개사법령 및 중개실무 | 김민석 테마별 한쪽정리 부동산공시법 | 오시훈 테마별 비교정리 부동산공법

시험 전, 이론&문제 한 권으로 완벽 정리! 필살키

이영방 필살키 | 심정욱 필살키 | 임선정 필살키 | 오시훈 필살키 | 김민석 필살키 | 한영규 필살키 | 신대운 필살키

더 많은 공인중개사 교재

* 해당 교재의 이미지는 변경될 수 있습니다.

공인중개사 1위

공인중개사, 에듀윌을 선택해야 하는 이유

9년간 아무도 깨지 못한 기록
합격자 수 1위

합격을 위한 최강 라인업
1타 교수진

공인중개사

합격만 해도 연 최대 300만원 지급
성공 DREAM 지원금

업계 최대 규모의 전국구 네트워크
동문회

* 2023 대한민국 브랜드만족도 공인중개사 교육 1위 (한경비즈니스)
* KRI 한국기록원 2016, 2017, 2019년 공인중개사 최다 합격자 배출 공식 인증 (2025년 현재까지 업계 최고 기록) * 에듀윌 공인중개사 과목별 온라인 주간반 강사별 수강점유율 기준 (2024년 11월)
* 성공 DREAM 지원금 신청은 에듀윌 공인중개사 VVIP 프리미엄 성공패스 수강 후 2027년까지 공인중개사 최종 합격자에 한해 가능합니다. (상세 내용 홈페이지 유의사항 확인 필수)

에듀윌 공인중개사

1위 에듀윌만의
체계적인 합격 커리큘럼

합격자 수가 선택의 기준, 완벽한 합격 노하우
온라인 강의

① 전 과목 최신 교재 제공
② 업계 최강 교수진의 전 강의 수강 가능
③ 합격에 최적화 된 1:1 맞춤 학습 서비스

쉽고 빠른 합격의 첫걸음 **합격필독서 무료** 신청

최고의 학습 환경과 빈틈 없는 학습 관리
직영학원

① 현장 강의와 온라인 강의를 한번에
② 시험일까지 온라인 강의 무제한 수강
③ 강의실, 자습실 등 프리미엄 호텔급 학원 시설

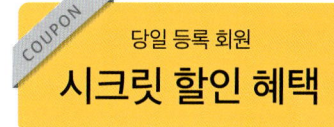 

COUPON 당일 등록 회원 **시크릿 할인 혜택**

설명회 참석 당일 등록 시 **특별 수강 할인권** 제공

친구 추천 이벤트

"**친구 추천**하고 한 달 만에
920만원 받았어요"

친구 1명 추천할 때마다 현금 10만원 제공
추천 참여 횟수 무제한 반복 가능

친구 추천 이벤트 바로가기

※ *a*o*h**** 회원의 2021년 2월 실제 리워드 금액 기준
※ 해당 이벤트는 예고 없이 변경되거나 종료될 수 있습니다.

자세한 내용이 궁금하다면 1600-6700
* 2023 대한민국 브랜드만족도 공인중개사 교육 1위 (한경비즈니스)

공인중개사 1위

합격자 수 1위 에듀윌
7만 건이 넘는 후기

고○희 합격생

부알못, 육아맘도 딱 1년 만에 합격했어요.

저는 부동산에 관심이 전혀 없는 '부알못'이었는데, 부동산에 관심이 많은 남편의 권유로 공부를 시작했습니다. 남편 지인들이 에듀윌을 통해 많이 합격했고, '합격자 수 1위'라는 광고가 좋아 에듀윌을 선택하게 되었습니다. 교수님들이 커리큘럼대로만 하면 된다고 해서 믿고 따라갔는데 정말 반복 학습이 되더라고요. 아이 둘을 키우다 보니 낮에는 시간을 낼 수 없어서 밤에만 공부하는 게 쉽지 않아 포기하고 싶을 때도 있었지만 '에듀윌 지식인'을 통해 합격하신 선배님들과 함께 공부하는 동기들의 위로가 큰 힘이 되었습니다.

이○용 합격생

군복무 중에 에듀윌 커리큘럼만 믿고 공부해 합격

에듀윌이 합격자가 많기도 하고, 교수님이 많아 제가 원하는 강의를 고를 수 있는 점이 좋았습니다. 또, 커리큘럼이 잘 짜여 있어서 잘 따라만 가면 공부를 잘 할 수 있을 것 같아 에듀윌을 선택했습니다. 에듀윌의 커리큘럼대로 꾸준히 따라갔던 게 저만의 합격 비결인 것 같습니다.

안○원 합격생

5개월 만에 동차 합격, 낸 돈 그대로 돌려받았죠!

저는 야쿠르트 프레시매니저를 하다 60세에 도전하여 합격했습니다. 심화 과정부터 시작하다 보니 기본이 부족했는데, 교수님들이 하라는 대로 기본 과정과 책을 더 보면서 정리하며 따라갔던 게 주효했던 것 같습니다. 합격 후 100만 원 가까이 되는 큰 돈을 환급받아 남편이 주택관리사 공부를 한다고 해서 뒷받침해 줄 생각입니다. 저는 소공(소속 공인중개사)으로 활동을 하고 싶은 포부가 있어 최대 규모의 에듀윌 동문회 활동도 기대가 됩니다.

다음 합격의 주인공은 당신입니다!

더 많은
합격 비법

* 본 합격수기는 실제 수강생의 솔직한 의견을 포함하고 있습니다. (이벤트 혜택을 제공받았음)
* 에듀윌 홈페이지 게시 건수 기준 (2025년 6월 기준)
* 2023 대한민국 브랜드만족도 공인중개사 교육 1위 (한경비즈니스)

에너지 에듀윌이 너를 지지할게
ENERGY

시작하는 방법은
말을 멈추고
즉시 행동하는 것이다.

– 월트 디즈니(Walt Disney)

➕ **합격할 때까지 책임지는 개정법령 원스톱 서비스!**

법령 개정이 잦은 공인중개사 시험. 일일이 찾아보지 마세요!
에듀윌에서는 필요한 개정법령만을 빠르게! 한번에! 제공해 드립니다.

에듀윌 도서몰 접속
(book.eduwill.net) ▶ 우측 정오표
아이콘 클릭 ▶ 카테고리 공인중개사
설정 후 교재 검색

개정법령
확인하기

2025
에듀윌 공인중개사
신대운
필살키
최종이론&마무리100선
민법 및 민사특별법

합격의
문을 여는
마지막
열쇠

eduwill

마지막까지 포기하지 않고 합격의 길로 이끌어드리겠습니다.

공인중개사 시험은 누구나 준비할 수 있지만 누구나 취득할 수 있는 자격증은 아닙니다. 즉 전문자격증의 위상에 걸맞게 철저한 시험전략을 세우고 공부해야 취득할 수 있는 시험입니다.

1차 과목에 들어가는 민법은 일단 분량이 많고 법적 해석을 요구하는 파트가 많아서 법적 사고가 필요한 과목입니다. 따라서 처음에는 강의를 들으면서 리걸마인드를 키우는 훈련이 필요하지만 결국 객관식 시험이기 때문에 시험을 준비하고 합격하기 위해서는 민법 과목에서 가장 많이 출제되는 중요 파트의 판례와 조문을 집중적으로 공부해야 합니다.

정리되지 않은 지식은 시험장에서 무의미하며 정리된 지식이 많다고 해도 문제를 푸는 기술이 없다면 시험에 합격하는 것은 어려운 일입니다.

약력
- 現 에듀윌 민법 및 민사특별법 전임 교수
- 前 EBS 민법 및 민사특별법 강사
- 前 한국토지주택공사 민법 및 민사특별법 강사

저서
에듀윌 공인중개사 쉬운민법, 합격서, 필살키 집필

신대운T 인스타그램
(@shindaewoon_no1)

이번에 출간된 필살키는 매년 시험에 반복적으로 나오는 테마 중에서 올해 시험에 출제가 예상되는 판례와 법조문을 시험 막판에 쉽게 정리하여 합격할 수 있게 필수적인 내용들만 담았습니다.

본서의 특징은 다음과 같습니다.

1. 출제가능성이 있는 판례와 조문들만 최종이론으로 압축하여 정리했습니다.

2. 출제가능성이 있는 문제 100선을 엄선했습니다.

3. 최종이론과 100선 문제가 유기적으로 연결되어 최종정리하는 과정에서 가장 효율적인 교재로 집필했습니다.

수험생활은 힘든 과정이지만 분명 끝이 있는 과정입니다. 그리고 그 끝은 좋은 결과로 이어져야 합니다. 이 필살키 교재가 합격이라는 좋은 결과로 이끄는 등대가 될 것임을 확신하며, 합격하는 순간까지 여러분들과 함께하겠습니다.

본서가 출간될 수 있도록 허락해주신 에듀윌 대표님과 출판사 직원분들, 쉽지 않은 인생길에서 항상 저를 응원해주고 위안과 사랑이 되는 아내와 딸에게 감사드립니다.

필살키 구성 및 특장점

더 간결하게 핵심만 모은 **최종이론**

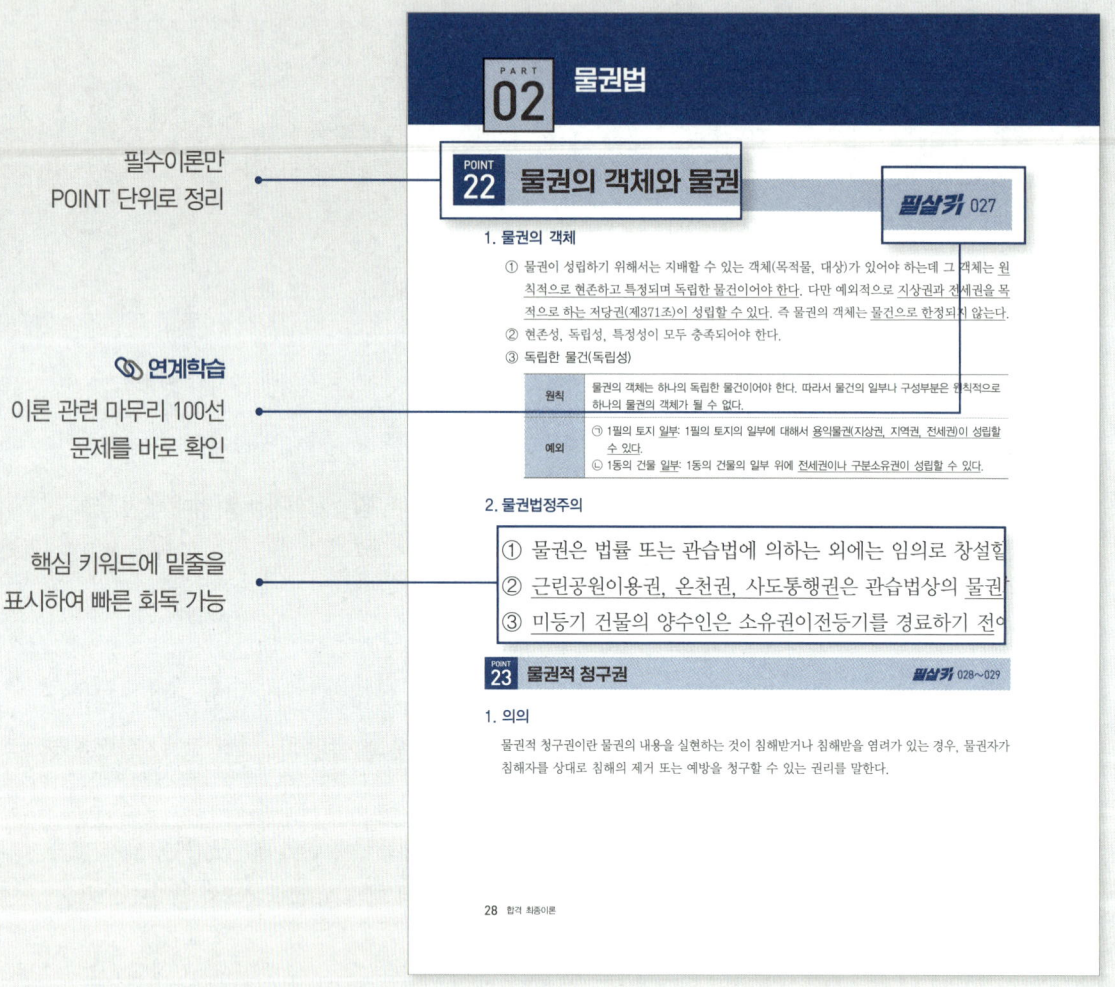

- 필수이론만 POINT 단위로 정리
- 연계학습 이론 관련 마무리 100선 문제를 바로 확인
- 핵심 키워드에 밑줄을 표시하여 빠른 회독 가능

☑ 필살키만의 3가지 특장점

필 수이론만 담았다!
복잡한 머릿속을 단기간에 정리할 수 있도록 방대한 이론을 요약하고 또 요약했습니다.

살 을 덧붙이는 연계학습 구성!
필살키 문제에 [2025 에듀윌 신대운 합격서]의 페이지를 표기하여 더 상세한 이론을 신속히 확인할 수 있습니다.

키 (기)적의 마무리 100선!
올해 가장 출제가 유력해 보이는 문제만을 수록하여 합격을 위한 마지막 마무리를 할 수 있습니다.

꼭 필요한 문제만 담은 **마무리 100선**

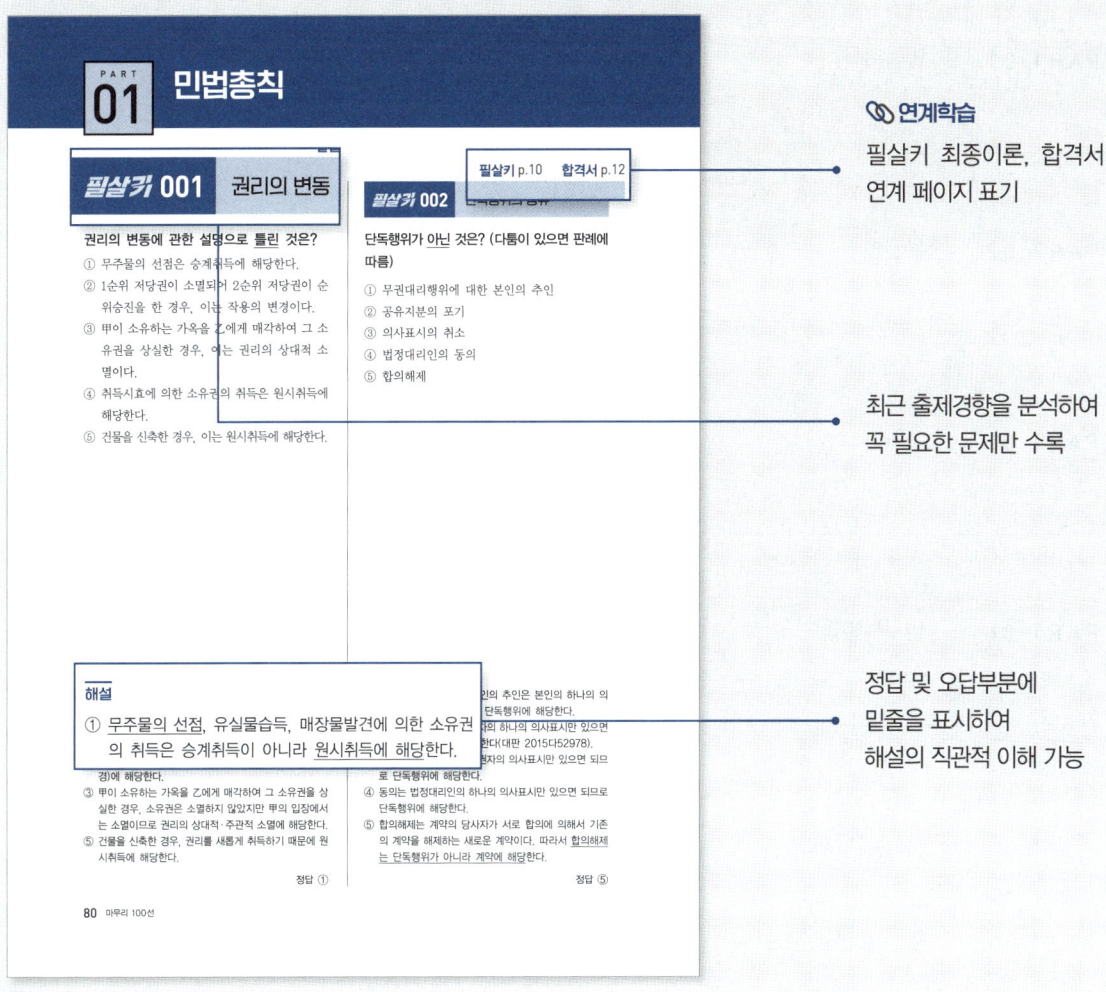

☑ 합격자들의 3가지 필살키 활용 TIP

TIP 1 단권화
필살키 교재를 최종 요약집으로 만들고 다회독하였어요!
— 합격자 장**

TIP 2 다회독
마무리 100선을 3번 이상 반복 학습한 것이 제 합격의 비결입니다!
— 합격자 나**

TIP 3 정답 키워드 찾기
정답 및 오답 키워드를 찾는 연습을 반복했더니 답이 보이기 시작했어요~
— 합격자 김**

필살키 차례

	합격 최종이론	마무리 100선
PART 01　민법총칙	10	80
PART 02　물권법	28	93
PART 03　계약법	52	112
PART 04　민사특별법	66	126

필살키 200% 활용법!

에듀윌 공인중개사 홈페이지(land.eduwill.net)에서 필살키를 교재로 활용하는 강의를 함께 수강해보세요!

합격
최종이론

PART 01 민법총칙

POINT 01 권리의 변동(법률행위의 목적, 법률효과)

필살키 001

1. 권리의 발생(취득)

① 권리를 취득하는 모습은 원시취득과 승계취득으로 구별된다.
② 원시취득: 새롭게 발생하는 것
   예 건물의 신축, 시효취득, 선의취득, 무주물 선점, 유실물습득, 매장물 발견, 부합, 혼화, 가공
③ 승계취득: 타인의 권리를 이어받는 것

이전적 승계		권리가 동일성을 유지하면서 권리의 주체가 바뀌는 것을 말한다.
	특정승계	하나(특정)의 법률상 원인에 의해서 하나(특정)의 권리가 이전하는 것을 말한다. 예 매매, 증여, 교환
	포괄승계	하나의 법률상 원인에 의해서 수개의 권리(의무)가 이전하는 것을 말한다. 예 상속, 포괄유증, 회사의 합병
설정적 승계		권리의 주체는 바뀌지 않고 권리의 일부가 이전되는 것을 말한다. 예 저당권의 설정, 전세권의 설정

2. 권리의 변경

권리가 그 동일성을 유지하면서 그 주체·내용·작용에 변경이 생기는 것을 말한다.

> **+PLUS 작용의 변경**
> 작용의 변경이란 권리가 가진 힘, 즉 효력의 세기가 변경되는 것이므로 효력의 변경이라고 한다.
> 예 순위승진의 원칙에 의해서 2번 저당권이 1번 저당권으로 순위가 승진하여 효력이 변경되는 것, 임대차관계가 등기가 되어 효력이 변경되는 것

3. 권리의 소멸(상실)

① 절대적·객관적 소멸: 예 목적물의 멸실로 소유권이 소멸되는 것
② 상대적·주관적 소멸: 예 매매에서 매도인의 입장에서 소유권이 소멸되는 것

POINT 02 단독행위

1. 의의
단독행위란 권리주체가 행하는 하나의 의사표시만으로 성립하는 법률행위를 말한다.

2. 종류
① 상대방 있는 단독행위 ⇨ 도달주의를 취한다.
  예 **동**의, **철**회, **상**계, **추**인, **취**소, **해**제, **해**지, **공**유지분의 포기, **합**유지분의 포기, **취**득시효이익의 **포**기, 채무면제
  ※ 암기팁: 동철이가 상추먹고 취해해 공합취포의 채무를 면제했다
② 상대방 없는 단독행위 ⇨ 표백주의를 취한다.
  예 **유**언(유증), **재**단법인 설립행위, 권리의 **포**기(소유권의 포기), 상속의 포기
  ※ 암기팁: 유재포

POINT 03 목적의 실현 가능성

※ 실현가능성 유·무는 법률행위성립 시 기준

1. 원시적(객관적, 전부) 불능 ⇨ 무효
당사자가 의도하는 법률행위의 목적이 법률행위 성립 당시에 이미 불가능한 경우를 원시적 불능이라고 한다. 원시적 불능인 법률행위는 원칙적으로 무효이다. 따라서 계약에 따른 이행청구권은 발생하지 않으며 채무불이행문제도 발생하지 않는다. 다만 예외적으로 그 계약이 무효일지라도 일정한 요건 하에서 계약체결상의 과실책임(제535조, 손해배상책임)이 발생할 수 있다.

2. 후발적 불능 ⇨ 유효
① 당사자가 의도하는 법률행위의 목적이 법률행위 성립 이후 그 이행 전에 불가능한 경우를 후발적 불능이라고 한다. 다만 후발적 불능인 법률행위는 법률행위 성립 당시에는 실현 가능했으므로 무효가 아니라 유효이다.
② 채무자에게 귀책사유가 있는 경우: 채무불이행의 문제가 발생한다. 따라서 해제권과 손해배상청구권이 발생한다.
③ 채무자에게 귀책사유가 없는 경우: 쌍무계약에서 위험부담(제537조·제538조)의 문제가 발생한다.

POINT 04 목적의 적법(적중판례) 필살키 003~004

① 「공인중개사법」상 개업공인중개사가 중개의뢰인과 직접거래를 하는 행위를 금지하는 규정은 단속규정에 해당한다.
② 「부동산등기특별조치법」상 중간생략등기를 금지하는 규정은 단속규정에 해당한다.
③ 중개보수 상한 규정은 강행법규(효력규정)에 해당한다. 따라서 상한을 초과하는 보수약정은 무효인데 전부가 무효가 아니라 초과 부분만 무효이다.
④ 중개사무소 개설등록에 관한 (구)「부동산중개업법」 관련 규정들(공인중개사 자격없이 중개업을 하고 중개보수약정을 하는 경우의 효력 제한)은 강행법규(효력규정)에 해당한다. 따라서 이에 위반한 약정은 무효이다.
⑤ 「부동산 실권리자명의 등기에 관한 법률」상 명의신탁 약정에 기초한 물권변동에 관한 규정은 효력규정에 해당한다.
⑥ 「부동산 거래신고 등에 관한 법률」상 일정한 구역 내의 토지매매에 대하여 허가를 요하는 규정은 효력규정에 해당한다.

POINT 05 이중매매 필살키 005

1. 이중매매가 유효인 경우 ⇨ 원칙

① 먼저 등기한 매수인이 소유권을 취득한다.
② 제1매수인과 매도인 사이의 법률관계: 제1매수인은 매도인에게 채무불이행책임을 물을 수 있다. 따라서 최고 없이 해제할 수 있고, 손해배상(불능 당시 시가 기준, 이행이익배상청구)을 청구할 수 있다.

2. 이중매매가 무효인 경우 ⇨ 예외

① 매도인의 배임행위에 제2매수인이 적극가담한 경우: 절대적 무효
② 제1매수인과 제2매수인 사이의 법률관계
   ㉠ **불법행위책임**: 제2매수인의 행위는 반사회질서 법률행위로서 불법행위에 해당하므로 제1매수인은 제2매수인에게 직접 불법행위로 인한 손해배상청구권을 행사할 수 있다.
   ㉡ **채권자대위권**: 제1매수인은 단순히 채권자에 불과하므로 직접 말소등기를 청구하지는 못하고 매도인의 말소등기나 이전등기청구권을 대위행사한 후 순차적으로 이전등기청구권을 행사해서 이전등기를 경료할 수 있다.
③ 제2매수인과 거래한 선의의 제3자: 제2매수인의 무효등기가 말소되지 않고 있는 사이에 매매계약을 체결하고 이전등기까지 경료한 제3자는 선의이더라도 보호받지 못한다. 즉, 선의의 제3자가 이중매매계약의 유효를 주장할 수 없다.

POINT 06 불공정한 법률행위(폭리행위)

필살키 006~007

1. 객관적 요건

① 급부와 반대급부 사이에 현저한 불균형이 존재해야 한다.
② 증여계약과 같이 아무런 대가 관계없이 당사자 일방이 상대방에게 일방적인 급부를 하는 법률행위는 불공정한 법률행위에 해당하여 무효가 될 수 없다. 즉 불공정한 법률행위에 관한 규정은 부담 없는 증여의 경우에는 적용될 수 없다.
③ 급부와 반대급부 사이에 현저한 불균형의 판단기준 및 시기: 불공정한 법률행위에 해당하는지는 법률행위가 이루어진 시점을 기준(계약체결 당시 기준)으로 약속된 급부와 반대급부 사이의 객관적 가치를 비교 평가하여 판단해야 할 문제이다.

2. 주관적 요건

① 피해자에게 궁박, 경솔, 무경험 중 어느 하나가 존재하면 충분하다.
② 궁박은 경제적·물질적 궁박뿐만이 아니라 정신적·심리적 궁박도 포함하며, 무경험은 거래일반(특정 영역 아님)에 대한 경험부족을 의미한다.
③ 대리인에 의하여 법률행위가 이루어진 경우, 경솔과 무경험은 대리인을 기준으로 하여 판단하고 궁박은 본인을 기준으로 판단한다.
④ 불공정한 법률행위가 성립하기 위해서는 폭리행위의 악의, 즉 이용의사가 필요하다.

+ PLUS 객관적 요건과 주관적 요건을 누가 입증해야 할까?(입증책임)

객관적 요건이 존재한다고 해서 주관적 요건이 당연히 추정되지는 않으며, 급부와 반대급부의 현저한 불균형이 존재하더라도 당사자의 궁박, 경솔, 무경험의 존재가 추정되지 않는다. 따라서 법률행위의 무효를 주장하는 자가 객관적 요건과 주관적 요건을 모두 입증해야 한다.

3. 적용범위(판례)

① 부제소합의에 대해서도 특별한 사정이 없는 한 불공정한 법률행위가 적용될 수 있기 때문에 불이익을 입는 당사자로 하여금 불공정성을 소송 등 사법적 구제수단을 통하여 주장하지 못하도록 하는 부제소합의 역시 다른 특별한 사정이 없는 한 무효이다.
② 불공정한 법률행위에 해당하여 무효인 경우에도 무효행위의 전환에 관한 「민법」 제138조가 적용될 수 있다.
③ 불공정한 법률행위는 절대적 무효이므로 추인하더라도 추인의 효과는 발생하지 않는다.
④ 경매에 대해서는 불공정한 법률행위가 적용되지 않는다.

POINT 07 통정한 허위의 의사표시(제108조)

필살키 008~009

1. 의의

통정한 허위의 의사표시란 상대방과 짜고(통정) 하는 진의 아닌 의사표시를 말한다.

2. 적용범위

통정허위표시가 성립하기 위해서는 상대방과 통정(합의)을 해야 하므로 상대방이 있는 법률행위에 대해서만 적용된다.
① 계약: 적용된다.
② 상대방이 있는 단독행위: 적용된다.
※ 상대방 없는 단독행위는 통정의 상대방이 없으므로 적용되지 않는다.

3. 효과

(1) 채권자에 대한 관계

① 허위표시도 채권자취소권의 대상이 된다. 채무자의 법률행위가 통정허위표시인 경우에도 채권자취소권의 대상이 되고, 채권자취소권의 대상으로 된 채무자의 법률행위라도 통정허위표시의 요건을 갖춘 경우에는 무효라고 할 것이다.
② 채권자는 무효를 주장하고 채무자의 말소등기청구권을 대위할 수 있다.

(2) 허위표시의 당사자 간의 법률관계

① 허위표시는 무효이다.
② 무효이므로 권리는 변동되지 않는다(물권은 변동되지 않는다).
③ 부당이득반환청구권(제746조)과의 관계
　㉠ 통정한 허위의 의사표시는 불법이 아니므로 불법원인급여규정(제746조)이 적용되지 않기 때문에 부당이득반환청구권이 인정된다.
　㉡ 강제집행을 면할 목적으로 부동산에 허위의 근저당권설정등기를 경료하는 행위는 「민법」제103조의 선량한 풍속 기타 사회질서에 위반한 사항을 내용으로 하는 법률행위로 볼 수 없다.

(3) 제3자와의 관계

① 제3자에 대한 쟁점(제3자에 해당하기 위한 요건)
　㉠ 허위표시에 의하여 가짜의 외형이 형성되어야 한다.
　㉡ 허위표시에 의하여 외형상 형성된 법률관계, 즉 가짜의 외형을 기초로 해서 별개의 법률원인에 의하여 실질적으로 새로운 법률상 이해관계를 맺어야 한다.
　㉢ 허위표시의 당사자와 포괄승계인 이외의 자이어야 한다.

② 제3자의 구분

제3자에 해당하는 자	㉠ 가장양수인으로부터 목적부동산을 양수(매수)한 자 ㉡ 가장양수인으로부터 소유권이전등기청구권 보전을 위한 가등기를 경료받은 자 ㉢ 가장양수인으로부터 저당권을 설정받은 자 ㉣ 가장양수인에 대한 압류채권자 ㉤ 가장저당권설정행위에 의한 저당권의 실행에 의해서 부동산을 경락받은 자 ㉥ 가장소비대차의 대주가 파산선고를 받은 경우에 그 파산관재인 ㉦ 통정한 허위표시에 의하여 외형상 형성된 법률관계로 생긴 채권을 가압류한 경우, 그 가압류권자
제3자에 해당하지 않는 자	㉠ 가장 제3자를 위한 계약에서 수익자 ㉡ 가장양수인의 상속인 ㉢ 채권의 가장양도에서 채무자

+ PLUS 제3자의 선의에 대한 쟁점

1. 제3자가 보호받기 위해서는 선의만으로는 부족하고 무과실까지 인정되어야 할까?
   ⇨ 제3자는 선의이면 족하고 무과실은 요건이 아니다.
2. 제3자가 보호받기 위해서는 선의임을 요하는데 스스로 선의임을 입증해야 할까?(입증책임)
   ⇨ 제3자의 선의는 추정되므로 제3자가 스스로 선의임을 입증할 책임은 없고, 무효주장자가 제3자의 악의를 입증해야 한다.

(4) 전득자에 대한 관계

① 선의의 제3자로부터 승계한 전득자는 선의·악의를 불문하고 보호받는다.
② 악의의 제3자로부터 승계한 전득자는 선의인 경우에 한하여 보호받는다.

POINT 08 착오로 인한 의사표시[제109조] *필살키* 010~011

1. 의의

착오에 의한 의사표시는 의사와 표시의 불일치를 표의자가 모르고 한 의사표시를 말한다.

2. 동기의 착오 ※ 의사결정의 원인인 동기에 착오가 있는 경우

① 원칙: 취소할 수 없다.
② 예외: 동기의 착오일지라도 상대방 보호가치가 없는 경우라면 예외적으로 취소가 인정된다.
   ㉠ 동기가 표시된 경우에는 취소할 수 있다. ⇨ 동기를 당해 의사표시의 내용으로 삼을 것을 상대방에게 표시하고 의사표시의 해석상 법률행위의 내용으로 되어 있다고 인정되면 충분하고 당사자들 사이에 별도로 그 동기를 의사표시의 내용으로 삼기로 하는 합의까지 이루어질 필요는 없다.
   ㉡ 동기의 착오가 상대방에 의해서 유발된 경우(유발된 동기의 착오)에는 취소할 수 있다.
      ⇨ 상대방에 의해 유발된 동기의 착오는 동기가 표시되지 않은 경우에도 취소할 수 있다.

3. 취소권 발생의 요건   ※ 착오자를 보호하기 위해서 취소권을 인정한다.

① 법률행위(의사표시) 내용에 착오가 있어야 한다. ⇨ 의사와 표시가 불일치하고 표의자가 몰라야 한다.

② 법률행위 내용의 중요부분에 착오가 있어야 한다. ⇨ 주관적·객관적 현저성이 있어야 한다.

　㉠ 경제적 불이익(재산상의 손해)이 있어야 한다. ⇨ 착오에 의한 의사표시로 표의자가 경제적 불이익을 입지 않은 경우에는 중요부분의 착오가 아니기 때문에 착오를 이유로 그 의사표시를 취소할 수 없다.

　㉡ 중요부분 착오의 구체적인 유형에 관한 적중판례

> 중요부분의 착오와 관련하여 토지의 현황 및 경계에 관한 착오, 재건축설계용역계약에서 재건축 조합측의 건축사 자격 유·무에 관한 착오 등은 중요부분의 착오에 해당한다. 그러나 시가에 관한 착오, 지적이나 지분의 근소한 부족은 동기의 착오에 불과하고 중요부분의 착오에 해당하지 않는다.

③ 표의자에게 중대한 과실이 없어야 한다.

> 중대한 과실과 관련하여 공장 부지를 매입하면서 공장을 건축할 수 있는지 여부를 관할 관청에 알아보지 않은 것은 중대한 과실이 인정되지만 재건축설계용역계약에서 재건축 조합 측에서 건축사 자격 유·무에 관해서 확인하지 않은 것, 고려청자인 줄 알고 매수했는데 모조품인 경우 등은 중대한 과실이 인정되지 않는다.

+PLUS 중대한 과실이 있는 경우

1. 원칙: 취소할 수 없다.
2. 예외: 상대방이 표의자의 착오를 알면서 이용한 경우에는 표의자에게 중대한 과실이 있더라도 취소가 인정된다.

④ 임의규정이므로 취소권 배제사유가 없어야 한다. ⇨ 당사자가 특약을 통해서 취소권을 배제할 수 있으므로 취소권이 발생하기 위해서는 취소권 배제사유가 없어야 한다. 따라서 당사자가 착오를 이유로 의사표시를 취소하지 않기로 약정한 경우, 표의자는 의사표시를 취소할 수 없다.

4. 입증책임

(1) 중요부분의 착오 ⇨ 착오자가 입증해야 한다.

착오가 존재한다는 사실, 그 착오가 법률행위 내용의 중요부분에 해당한다는 사실은 취소권 발생의 적극적 요건이므로 취소권을 행사하기를 원하는, 즉 효과 발생을 원하지 않는 표의자(법률행위의 효력을 부인하는 자)가 증명해야 한다.

(2) 중대한 과실 ⇨ 상대방이 입증해야 한다.

표의자에게 중대한 과실이 존재한다는 사실은 취소권 발생의 저지 사유이므로 취소당하기를 원하지 않는, 즉 효과 발생을 원하는 상대방이 증명해야 한다.

5. 착오의 효과 ➡ 취소권의 발생

착오자가 취소하는 것은 법률의 규정(제109조)에 의해서 허용되는 것으로 위법성이 없으므로 불법행위에 의한 손해배상책임을 부정한다. 따라서 표의자가 착오를 이유로 의사표시를 취소한 경우, 취소된 의사표시로 인해 손해를 입은 상대방은 불법행위를 이유로 손해배상을 청구할 수 없다.

6. 다른 제도와의 관계

(1) 제109조 착오와 담보책임과의 관계 ➡ 별개의 제도(선택할 수 있다)

① 매매계약 내용의 중요부분에 착오가 있는 경우 매수인은 매도인의 하자담보책임이 성립하는지와 상관없이 착오를 이유로 매매계약을 취소할 수 있다.
② 매도인의 하자담보책임이 성립하더라도 착오를 이유로 한 매수인의 취소권은 배제되지 않는다.

(2) 해제와 착오 취소와의 관계

매도인이 매수인의 중도금 지급채무 불이행을 이유로 매매계약을 적법하게 해제한 후라도 매수인은 착오를 원인으로 그 계약을 취소할 수 있다. 즉 착오를 이유로 취소권을 행사하여 계약 전체를 무효로 할 수 있다.

POINT 09 사기·강박에 의한 의사표시(제110조)   필살키 012~013

1. 사기에 의한 의사표시

(1) 사기자의 고의

기망행위를 통해서 표의자를 착오에 빠지게 하려는 고의와 착오에 빠진 상태에서 의사표시를 하게 하려는 고의가 필요하다. 따라서 고의가 아닌 과실이 개입되었다면 사기에 의한 의사표시는 성립하지 않는다. 즉 사기를 이유로 취소할 수 없다.

(2) 기망행위

① 교환계약의 당사자가 목적물의 시가를 묵비(고지×)한 경우에는 기망행위가 아니다. 일방 당사자가 자기가 소유하는 목적물의 시가를 묵비하여 상대방에게 고지하지 아니하거나 혹은 허위로 시가보다 높은 가액을 시가라고 고지하였다 하더라도 이는 상대방의 의사결정에 불법적인 간섭을 한 것이라고 볼 수 없다.
② 아파트분양자가 아파트단지 인근에 공동묘지가 조성되어 있다는 사실을 분양계약자에게 고지하지 않은 경우와 쓰레기매립장이 건립된다는 것을 고지하지 않은 경우에는 기망행위에 해당한다.

(3) 착오

기망행위를 통해서 착오에 빠져야 하며, 동기의 착오라도 무방하다. 즉 동기의 착오인 경우에도 사기를 이유로 취소할 수 있다.

2. 강박에 의한 의사표시

(1) 강박자의 고의
표의자를 강박행위를 통해서 공포심에 빠지게 하려는 고의와 공포심에 빠진 상태에서 의사표시를 하게 하려는 고의가 필요하다.

(2) 강박행위
① 강박의 종류나 방법을 불문하고 재산적, 비재산적인 것도 불문한다.
② 상대방 또는 제3자의 강박에 의하여 의사결정의 자유가 완전히 박탈된 상태에서 이루어진 의사표시는 무효라고 볼 수 밖에 없으나, 강박이 의사결정의 자유를 완전히 박탈하는 정도에 이르지 아니하고 이를 제한하는 정도에 그친 경우에는 그 의사표시는 취소할 수 있음에 그치고 무효라고까지 볼 수 없다.

3. 효과 ⇨ 제3자에 의한 사기·강박(제110조 제2항)
① 상대방 없는 의사표시에 대해서 제3자가 사기·강박을 행한 경우 ⇨ 표의자는 언제나 취소할 수 있다.
② 상대방 있는 의사표시에 대해서 제3자가 사기·강박을 행한 경우 ⇨ 상대방이 제3자의 사기·강박 사실에 대해서 선의 그리고 무과실이라면 표의자에게 취소권이 인정되지 않고 상대방이 제3자의 사기·강박 사실에 대해서 알았거나(악의) 또는 알 수 있었을 경우(과실)에 표의자에게 취소권이 인정된다.
③ 제3자에 의한 사기·강박에서 제3자에 해당하는 자 ⇨ 단순히 상대방의 피용자이거나 상대방이 사용자책임을 져야 할 관계에 있는 피용자에 지나지 않는 자는 상대방과 동일시할 수는 없어 이 규정에서 말하는 제3자에 해당한다.
④ 제3자에 의한 사기·강박에서 제3자에 해당하지 않는 자 ⇨ 상대방의 대리인 등 상대방과 동일시할 수 있는 자의 사기나 강박은 제3자의 사기·강박에 해당하지 아니한다. 따라서 대리인의 기망행위에 의해 계약이 체결된 경우, 계약의 상대방은 본인이 선의이더라도 계약을 취소할 수 있다.

4. 적용범위(강박과 소송행위)
소송행위에는 「민법」 제110조 규정(사기, 강박)이 적용되지 않기 때문에 강박에 의해 이루어진 소송행위는 원칙적으로 취소할 수 없다.

5. 다른 제도와의 관계 ⇨ 제110조와 불법행위와의 관계
① **취소와 손해배상청구권**: 법률행위가 사기에 의한 것으로서 취소되는 경우에 그 법률행위가 동시에 불법행위를 구성하는 때에는 취소의 효과로 생기는 부당이득반환청구권과 불법행위로 인한 손해배상청구권은 경합하여 병존하는 것이므로, 채권자는 어느 것이라도 선택하여 행사할 수 있지만 중첩적으로 행사할 수는 없다.

② 제3자의 사기로 계약을 체결한 경우, 피해자는 그 계약을 취소하지 않고 제3자에게 불법행위로 인한 손해배상청구권을 행사할 수 있다. 즉 제3자의 사기로 인하여 매매계약을 체결하여 손해를 입은 자가 제3자에게 손해배상을 청구하기 위해서는 먼저 매매계약을 취소할 필요는 없다.

POINT 10 임의대리인의 대리권의 범위

필살키 014~015

대리권이 있는 경우	① 부동산의 소유자로부터 매매계약을 체결할 대리권을 수여받은 대리인은 특별한 사정이 없는 한 그 매매계약에서 약정한 바에 따라 중도금이나 잔금을 수령할 권한도 있다. ② 매매계약의 체결과 이행에 관하여 포괄적으로 대리권을 수여받은 대리인은 특별한 다른 사정이 없는 한 상대방에 대하여 약정된 매매대금 지급기일을 연기하여 줄 권한도 가진다.
대리권이 없는 경우	① 특별한 다른 사정이 없는 한 본인을 대리하여 금전소비대차 내지 그를 위한 담보권설정계약을 체결할 권한을 수여받은 대리인에게 본래의 계약관계를 해제할 대리권까지 있다고 볼 수 없다. ② 대여금의 영수권한만 위임받은 대리인이 대여금채무의 일부를 면제하려면 그에 관한 특별수권이 있어야 한다. 즉 일부면제에 대한 대리권은 없다.

POINT 11 대리권의 제한

필살키 014~015

> 제119조(각자대리)
> 대리인이 수인인 때에는 각자가 본인을 대리한다. 그러나 법률 또는 수권행위에 다른 정한 바가 있는 때에는 그러하지 아니하다.

① 의의: 대리인이 수인인 때에는 각자가 본인을 대리한다. 즉 각자대리가 원칙이다.
② 위반의 효과: 무권대리
③ 임의규정: 특약을 통해서 다르게 정할 수 있으므로 임의규정에 해당한다.

POINT 12 대리권의 소멸

필살키 014~015

(1) 임의대리와 법정대리의 공통된 소멸사유(제127조)

> 제127조(대리권의 소멸사유) 대리권은 다음 각 호의 어느 하나에 해당하는 사유가 있으면 소멸된다.
> ① 본인의 사망
> ② 대리인의 사망, 성년후견의 개시 또는 파산   ※ 한정후견의 개시: 대리권 소멸×

PART 01 민법총칙 19

(2) 임의대리에 특유한 소멸사유(제128조)

> **제128조(임의대리의 종료)**
> 법률행위에 의하여 수여된 대리권은 전조의 경우 외에 그 원인된 법률관계의 종료에 의하여 소멸한다. 법률관계의 종료 전에 본인이 수권행위를 철회한 경우에도 같다.

POINT 13 대리행위의 하자

필살키 014~015

1. 원칙

대리인을 기준으로 판단한다. ⇨ 진의 아닌 의사표시, 통정한 허위의 의사표시, 착오에 의한 의사표시, 사기·강박에 의한 의사표시에 있어서의 의사표시의 하자의 기준은 본인이 아니라 대리인을 기준으로 판단한다. 그리고 어느 사정을 알았거나 과실로 알지 못한 것으로 인하여 영향을 받을 경우에도 대리에 있어서 효과의사는 대리인이 결정하고 행위자가 대리인이기 때문에 그 사실 유·무는 본인이 아니라 대리인을 기준으로 판단한다.

2. 구체적인 사례

① 대리인이 상대방으로부터 사기·강박을 당한 경우, 본인은 대리행위를 취소할 수 있다.
② 상대방이 대리인으로부터 사기·강박을 당한 경우, 설령 본인이 그 사실에 대해서 선의 그리고 무과실이라도 상대방은 법률행위를 취소할 수 있다.

POINT 14 대리인의 능력

필살키 014~015

① 권리능력, 의사능력이 필요하다.
② 행위능력은 요하지 않는다. ⇨ 대리인은 행위능력자임을 요하지 않는다(제117조). 즉 제한능력자라도 유효하게 대리행위를 할 수 있으므로 본인은 대리인이 대리행위를 할 당시 제한능력자였음을 이유로 대리행위를 취소할 수 없다.

POINT 15 복대리

필살키 016

1. 의의

① 복대리인은 대리인 자신의 권한 범위 내에서 대리인 자신의 이름으로 선임한 본인의 대리인이다.

② 복대리인도 역시 본인의 대리인이다. 따라서 복대리인은 그 권한 내에서 대리인이 아니라 본인을 대리한다.

2. 임의대리인의 복임권과 책임범위

(1) 복임권
① 원칙: 복임권이 없다. ⇨ 임의대리인은 원칙적으로 복임권이 없다.
② 예외: 본인의 승낙이 있거나 부득이한 사유가 있는 때에는 예외적으로 복대리인을 선임할 수 있다. 여기서 승낙은 명시적이든 묵시적이든 상관이 없다. 즉 묵시적 승낙도 포함한다.

(2) 책임범위
① 원칙: 임의대리인이 본인의 승낙을 얻어 복대리인을 선임한 경우에는 본인에 대하여 선임·감독에 관한 책임이 있다.
② 예외: 책임이 경감된다. ⇨ 본인의 지명에 의하여 복대리인을 선임한 경우에는 책임이 경감된다. 즉 그가 부적임자 또는 불성실한 자라는 사실을 알면서도 본인에게 통지를 하지 않았거나 해임을 게을리 한 경우에만 책임을 진다.

3. 법정대리인의 복임권과 책임범위

(1) 복임권
법정대리인은 언제나 복임권이 있다. 즉 자신의 책임으로 복대리인을 선임할 수 있다.

(2) 책임범위
① 원칙: 무과실책임을 진다. ⇨ 복대리인의 행위에 대해서 자신의 선임·감독의 과실 여부를 떠나서 모든 책임을 지는 것이 원칙이다.
② 예외: 책임이 경감된다. ⇨ 부득이한 사유로 복대리인을 선임한 때에는 선임·감독상의 과실이 있는 때에만 책임을 진다.

4. 복대리인의 대리권 범위 및 존속, 현명

① 복대리인은 대리인이 선임했으므로 선임한 대리인의 대리권 범위에 구속된다. 따라서 복대리인의 대리권은 대리인의 대리권 범위를 초과하지 못한다.
② 선임한 대리인의 대리권의 존재에 의존한다. 따라서 대리인의 대리권이 소멸하면 복대리인의 대리권도 소멸한다.
③ 대리인이 선임했으므로 대리인의 지시·감독을 받는다.
④ 복대리인은 본인의 대리인이므로 대리행위를 할 때 본인의 이름을 현명한다. 따라서 복대리인은 그 권한 내에서 대리인의 이름이 아니라 본인의 이름으로 법률행위를 한다.
⑤ 복대리인도 대리인이므로 본인이나 제3자에 대하여 대리인과 동일한 권리·의무가 있다.
⑥ 복대리인도 대리인이므로 일정한 요건하에서 표현대리가 성립할 수 있다

POINT 16 [계약의] 무권대리

필살키 017~018*

※ 유동적 무효이므로 대리인과 상대방 사이의 매매계약은 원칙적으로 본인에게 효력이 없다.

1. 본인의 추인권(追認權) ⇨ 선의의 상대방이 철회하기 전까지 추인 가능

의의	본인이 무권대리행위의 효과를 자신이 받겠다는 의사를 표시하는 것을 말한다.
법적성질	의사표시, 상대방의 동의나 승낙 요하지 않는 단독행위, 형성권
상대방	무권대리인, 상대방, 승계인 ※ 상대방에 대해서 특별한 제한은 없다.
	무권대리인의 상대방에게 추인한 경우: ① 확정적 유효: 본인과 상대방은 서로에 대해서 계약의 이행을 청구할 수 있다. ② 확정적 유효가 되었으므로 상대방은 더 이상 철회하지 못한다.
	무권대리인에게 추인한 경우: ① 원칙: 본인이 무권대리인에게 추인한 경우에 상대방이 추인이 있었던 사실을 알지 못한 때에는 본인은 상대방에게 추인의 효과를 주장하지 못한다. ② 예외: 만약 상대방이 추인사실을 알았다면 본인은 상대방에게 추인의 효과를 주장할 수 있다.
방법	명시적, 묵시적 추인이 인정된다. ※ 특별한 제한은 없다.
행사시기	무권대리인에게 대리권이 없다는 사실을 몰랐던 선의의 상대방이 무권대리행위를 철회하기 전까지 본인은 추인할 수 있다.
효과	확정적 유효 ⇨ 본인의 추인이 있으면 무권대리행위는 처음부터 유효한 대리행위를 한 것으로 본다 (무권대리행위의 추인은 다른 의사표시가 없는 한 소급효가 인정된다).

2. 상대방의 최고권(催告權) ⇨ 유동적 무효상태에서만 인정

의의	상대방은 본인이 추인할지 또는 거절할지 궁금하기 때문에 확답을 해달라고 독촉(촉구)할 수 있는데 이것을 최고권이라고 한다.
요건	선의·악의를 불문한다.
상대방	본인에게 최고한다.
행사시기	본인이 추인권이나 추인거절권을 행사하기 전까지 인정된다. 즉 유동적 무효상태에서만 행사할 수 있다.
효과	당사자의 의사가 아니라 법률의 규정에 의한 효과가 발생한다. 상대방이 상당한 기간을 정해서 본인에게 최고했음에도 그 기간 내에 본인이 아무런 확답을 발하지 않으면(발신주의를 취한다) 추인거절로 본다. 즉 유동적 무효기 확정적 무효기 된다.

3. 상대방의 철회권(撤回權) ⇨ 본인이 추인하기 전까지만 철회가 가능

의의	무권대리인과 거래한 계약을 확정적으로 무효로 하는 의사표시를 말한다.
요건	선의인 경우에만 인정된다.
상대방	본인, 무권대리인
행사시기	본인이 추인하기 전까지 가능하다.
효과	무효로 확정된다(확정적 무효). 따라서 본인은 더 이상 추인하지 못한다.

4. 상대방에 대한 무권대리인의 책임(제135조)

※ 제135조 책임은 무과실책임이므로 무권대리행위가 무권대리인의 과실 없이 제3자의 기망 등 위법행위로 야기된 경우에도, 특별한 사정이 없는 한 무권대리인은 상대방에게 책임을 진다.

(1) 상대방이 무권대리인에게 책임을 주장하기 위한 요건

① 본인의 추인을 얻지 못해야 한다.
② 상대방은 철회권을 행사하지 않아야 한다. 선의의 상대방이 무권대리행위를 철회한 경우에는 무권대리인에게 책임을 물을 수 없다.
③ 상대방이 대리인에게 대리권이 없음을 알지 못하고, 또한 알지 못하는 데 과실이 없어야 한다. 즉 선의 그리고 무과실이어야 한다.
④ 대리인이 대리권이 있음을 입증하지 못해야 한다.
⑤ 대리인은 제한능력자가 아니어야 한다. 즉 행위능력자이어야 한다. 만약 대리인이 제한능력자라고 한다면 책임을 물을 수 없다.

(2) 효과

상대방은 무권대리인에게 계약의 이행 또는 손해배상을 청구할 수 있다(선택채권).

※ 무권대리인이 선택하는 것이 아니라 상대방이 선택한다.

5. 무권대리인이 본인의 지위를 승계(상속)한 경우

① 추인거절권이나 무효를 주장하지 못한다. ⇨ 무권대리인이 추인거절권을 주장하여 무권대리행위의 무효를 주장하는 것은 신의칙에 반하여 허용되지 않는다.
② 이미 상대방에게 소유권이전등기가 경료된 경우, 무권대리인이 상대방에게 말소등기를 청구하거나 상대방이 점유하여 사용하고 있는 경우에 점유로 인한 부당이득반환을 청구하는 것은 신의칙에 반하여 허용되지 않는다.

POINT 17 무효행위의 추인 *필살키* 020~022

의의	당사자가 무효임을 알고 유효로 하려는 의사가 있는 경우에는 추인에 의해서 그때부터 새로운 법률행위로 인정할 수 있는데, 이것을 무효행위의 추인이라고 한다.
요건	당사자는 성립한 법률행위가 무효임을 알고서 추인해야 하고 무효원인이 소멸한 후에 해야 효력이 있다.
효과 원칙	소급효가 없다. ⇨ 무효인 법률행위는 당사자가 무효임을 알고 추인할 경우 새로운 법률행위를 한 것으로 간주할 뿐이고 소급효가 없는 것이므로 무효인 가등기를 유효한 등기로 전용키로 한 약정은 그때부터 유효하고 이로써 위 가등기가 소급하여 유효한 등기로 전환될 수 없다.
효과 예외	특약으로 소급효를 인정할 수 있다.
한계	강행규정에 위반한 법률행위(토지거래허가구역 내의 매매에서 허가 관련 규정 위반), 반사회질서 법률행위(제103조), 불법조건이 붙어 있는 법률행위, 불공정한 법률행위(제104조)로 무효인 경우에는 추인이 인정되지 않기 때문에 추인이 있더라도 추인의 효과가 없다. 즉 유효로 되지 않는다.

POINT 18 토지거래허가와 관련한 유동적 무효에 대한 쟁점 *필살키* 019

※ 허가를 받기 전까지는 유동적 무효이지만 허가를 받으면 소급해서 확정적 유효가 된다.
① 허가받기 전에는 무효이므로 매수인은 대금지급의무가 없다.
② 매매계약의 당사자는 서로에게 허가신청절차에 협력할 의무가 있으므로 상대방에 대해서 협력의무이행을 청구할 수 있고 협력의무불이행 시(협력 안 하면) 법원에 소구(訴求)할 수 있다. 그리고 협력의무불이행을 원인으로 손해배상을 청구할 수 있다. 그러나 매매계약자체를 해제하지는 못한다.
③ 유동적 무효 상태인 매매계약에 있어서도 당사자 사이의 매매계약은 매도인이 계약금의 배액을 상환하고 계약을 해제함으로써 적법하게 해제된다. 그리고 허가를 받은 경우에도 이행의 착수가 아니므로 계약금에 기한 해제는 인정된다.
④ 유동적 무효상태에서 허가구역이 지정해제되었거나 지정기간이 만료되었음에도 재지정을 하지 않으면 더 이상 관할 행정청으로부터 토지거래허가를 받을 필요가 없이 확정적으로 유효가 된다.
⑤ 당사자 쌍방이 토지거래허가신청을 하지 않기로 하는 의사를 명백히 표시한 경우, 매매계약은 확정적 무효가 된다.

POINT 19 취소권자 및 상대방, 효과

1. 취소권자

① 제한능력자: 제한능력자는 취소할 수 있는 법률행위를 단독으로 취소할 수 있다. 다만, 단독으로 추인할 수는 없다.
② 착오 또는 사기·강박에 의하여 의사표시를 한 자
③ 대리인
  ㉠ 법정대리인: 제한능력자가 자신의 동의 없이 행한 법률행위에 대해서 취소할 수 있다.
  ㉡ 임의대리인: 원칙적으로 대리행위를 취소하지 못한다. 다만 본인으로부터 취소권행사에 관한 별도의 대리권수여가 있어야, 즉 수권행위가 있어야 비로소 취소할 수 있다.
④ 승계인
  ㉠ 취소할 수 있는 법률행위로부터 발생한 법률관계의 승계인으로서 포괄승계인과 특정승계인 모두를 포함한다.
  ㉡ 법률관계의 승계 없이 취소권만의 승계는 인정되지 않는다. 취소권은 취소에 의하여 보호하려는 법률상의 지위를 떠나서 독립하여 존재할 수는 없기 때문이다.

2. 상대방

① 취소할 수 있는 법률행위의 상대방이 확정된 경우, 그 취소는 그 상대방에 대한 의사표시로 하여야 한다.
② 법률행위에 의하여 취득된 권리가 제3자에게 이전된 경우, 취소의 의사표시는 원래의 상대방에게 해야 한다. 제3자에 대해서 하는 것이 아니다.

3. 취소의 효과

(1) 소급적 무효

취소된 법률행위는 처음부터 무효인 것으로 본다.

(2) 이행한 급부의 반환문제(부당이득반환의무)

① 의의: 급부를 이행한 경우에는 불법원인급여가 아닌 한 받은 급부를 서로에게 반환해야 할 의무가 있다. 이것을 부당이득반환의무라고 한다.
② 제한능력자에 대한 특별규정(제141조 단서)
  ㉠ 선의·악의 불문하고 현존이익의 반환 ▷ 제한능력을 원인으로 법률행위가 취소된 경우에는 제한능력자를 보호하기 위해서 부당이득반환 범위의 일반원칙인 제748조의 특별예외규정을 두어 취소사유에 대한 선의·악의를 불문하고 그 행위로 인하여 받은 이익이 현존하는 한도에서 상환할 책임만 진다.

ⓒ 제한능력자의 책임을 제한하는 「민법」 제141조 단서는 의사능력의 흠결을 이유로 법률행위가 무효가 되는 경우에도 유추적용되어야 한다. 따라서 의사능력이 없는 자도 선의·악의를 불문하고 그 행위로 인하여 받은 이익이 현존하는 한도에서 상환할 책임만 진다.

4. 취소권의 행사기간(제척기간) ⇨ 법원의 직권조사사항이다.

> 제146조(취소권의 소멸)
> 취소권은 추인할 수 있는 날로부터 3년 내에 법률행위를 한 날로부터 10년 내에 행사하여야 한다.

POINT 20 조건

필살키 023~025

1. 의의

조건이란 법률행위의 효력의 발생 또는 소멸을 장래의 불확실한 사실의 성부(成否)에 의존케 하는 법률행위의 부관을 말한다. 즉 법률행위 성립과는 관계가 없다.

2. 기본 쟁점

① 조건은 당해 법률행위를 구성하는 의사표시의 일체적인 내용을 이루는 것이므로, 조건의사와 그 표시가 필요하다. 따라서 조건의사가 있더라도 그것이 외부에 표시되지 않으면 법률행위의 동기에 불과할 뿐이며, 조건이 되지 않는다.
② 조건은 장래의 사실이어야 하므로 과거나 현재의 사실은 조건이 될 수 없다.
③ 조건은 불확실한 사실이어야 하므로 확실한 사실은 조건이 될 수 없다.
④ 조건은 당사자가 임의로 부가한 것이어야 한다. 따라서 법정조건은 엄밀한 의미에서 조건이 아니다.

3. 종류

(1) 정지조건과 해제조건

> 제147조(조건성취의 효과)
> ① 정지조건 있는 법률행위는 조건이 성취한 때로부터 그 효력이 생긴다.
> ② 해제조건 있는 법률행위는 조건이 성취한 때로부터 그 효력을 잃는다.
> ③ 당사자가 조건성취의 효력을 그 성취 전에 소급하게 할 의사를 표시한 때에는 그 의사에 의한다.

(2) 가장조건

가장조건이란 형식적으로는 조건처럼 보이지만 실질적으로는 조건으로서의 요건을 충족하지 못해서 조건으로 인정받지 못하는 경우의 조건을 말한다.

> 제151조(불법조건, 기성조건)
> ① 조건이 선량한 풍속 기타 사회질서에 위반한 것인 때에는 그 법률행위는 무효(절대적 무효)로 한다.
> ② 조건이 법률행위의 당시 이미 성취한 것인 경우에는 그 조건이 정지조건이면 조건 없는 법률행위로 하고 해제조건이면 그 법률행위는 무효로 한다.
> ③ 조건이 법률행위의 당시에 이미 성취할 수 없는 것인 경우에는 그 조건이 해제조건이면 조건 없는 법률행위로 하고 정지조건이면 그 법률행위는 무효로 한다.

4. 조건부 법률행위의 효력(조건성취 후의 효력)

① 원칙: 소급효가 없다.
② 예외: 당사자가 소급하게 할 의사를 표시한 때에는 그 의사에 의한다. ⇨ 소급효가 인정

POINT 21 기한

필살키 023~025

1. 의의

기한은 법률행위의 당사자가 그 효력의 발생, 소멸 또는 채무의 이행을 장래에 발생하는 것이 확실한 사실에 의존하게 하는 부관을 말한다.

2. 종류(시기와 종기)

> 제152조(기한도래의 효과)
> ① 시기 있는 법률행위는 기한이 도래한 때로부터 그 효력이 생긴다.
> ② 종기 있는 법률행위는 기한이 도래한 때로부터 그 효력을 잃는다.

3. 기한부 법률행위의 효력(기한도래 후의 효력)

언제나 소급효가 없다. ⇨ 법률행위에 기한이 붙은 경우에는 기한이 도래한 때로부터 그 효력이 발생하거나 소멸한다. 즉 소급효가 인정되지 않는다. 이것은 절대적이며 당사자의 특약에 의해서도 소급효를 인정할 수 없다.

4. 기한의 이익과 포기

> 제153조(기한의 이익과 그 포기)
> ① 기한은 채무자의 이익을 위한 것으로 추정한다.
> ② 기한의 이익은 이를 포기할 수 있다. 그러나 상대방의 이익을 해하지 못한다.

5. 기한의 이익 상실   ※ 암기팁: 기상형

기한이익 상실특약은 특별한 사정이 없는 한 형성권적 기한이익 상실특약으로 추정된다.

PART 02 물권법

POINT 22 물권의 객체와 물권법정주의   필살키 027

1. 물권의 객체

① 물권이 성립하기 위해서는 지배할 수 있는 객체(목적물, 대상)가 있어야 하는데 그 객체는 원칙적으로 현존하고 특정되며 독립한 물건이어야 한다. 다만 예외적으로 지상권과 전세권을 목적으로 하는 저당권(제371조)이 성립할 수 있다. 즉 물권의 객체는 물건으로 한정되지 않는다.
② 현존성, 독립성, 특정성이 모두 충족되어야 한다.
③ 독립한 물건(독립성)

원칙	물권의 객체는 하나의 독립한 물건이어야 한다. 따라서 물건의 일부나 구성부분은 원칙적으로 하나의 물권의 객체가 될 수 없다.
예외	㉠ 1필의 토지 일부: 1필의 토지의 일부에 대해서 용익물권(지상권, 지역권, 전세권)이 성립할 수 있다. ㉡ 1동의 건물 일부: 1동의 건물의 일부 위에 전세권이나 구분소유권이 성립할 수 있다.

2. 물권법정주의

① 물권은 법률 또는 관습법에 의하는 외에는 임의로 창설할 수 없다.
② 근린공원이용권, 온천권, 사도통행권은 관습법상의 물권으로 인정되지 않는다.
③ 미등기 건물의 양수인은 소유권이전등기를 경료하기 전에는 소유권을 취득하지 못하고 소유권에 준하는 관습법상 물권을 취득하지도 못한다.

POINT 23 물권적 청구권   필살키 028~029

1. 의의

물권적 청구권이란 물권의 내용을 실현하는 것이 침해받거나 침해받을 염려가 있는 경우, 물권자가 침해자를 상대로 침해의 제거 또는 예방을 청구할 수 있는 권리를 말한다.

2. 「민법」의 규정

구분	물권의 객체(대상)	반환청구권	방해제거청구권	방해예방청구권
점유권	동산, 부동산	○(제204조)	○(제205조)	○(제206조)
소유권	동산, 부동산	○(제213조)	○(제214조)	○(제214조)
지상권	토지	○	○	○
지역권	토지	×	○	○
전세권	부동산(토지, 건물)	○	○	○
유치권	동산, 부동산, 유가증권	○	○	○
		근거: 유치권이 아니라 점유권에 기한 물권적 청구권		
질권	동산	○	○	○
저당권	부동산, 지상권, 전세권	×	○	○

3. 소유권에 기한 방해배제·예방청구권(제214조)

① **비용청구**: 소유자가 침해자에 대하여 방해제거 행위 또는 방해예방 행위를 하는 데 드는 비용을 청구할 수 있는 권리는 제214조에 포함되어 있지 않으므로, 소유자가 제214조에 기하여 방해배제 비용 또는 방해예방 비용을 청구할 수는 없다.

② **방해배제청구권**: 방해원인을 제거 ⇨ 제214조의 소유권에 기한 방해배제청구는 현재 계속되고 있는 방해의 원인을 제거하는 것을 내용으로 한다.

③ **금전청구(불법행위원인 손해배상청구)**: 방해결과의 제거

4. 성질

① 소유권과 물권적 청구권은 운명을 함께하므로 분리해서 양도하지 못하고 함께 이전, 소멸한다. 즉 물권과 물권적 청구권은 언제나 운명을 함께하므로 물권적 청구권만 따로 존속한다던가 물권적 청구권만을 독립하여 양도할 수는 없다.

② 부동산매매계약이 합의 해제되면, 매수인에게 이전되었던 소유권은 당연히 매도인에게 복귀하는 것이므로, 합의해제에 따른 매도인의 원상회복청구권(말소등기청구권)은 소유권에 기한 물권적 청구권이라 할 것이고, 따라서 이는 소멸시효의 대상이 되지 않는다.

5. 발생 및 행사요건

① 침해자의 귀책사유(고의 또는 과실)는 요건이 아니다.
② 청구권자(물권자)
  ㉠ 미등기건물의 매수인은 물권적 청구권을 행사할 수 없다.
  ㉡ 소유권을 상실한 종전소유자는 물권적 청구권을 행사할 수 없다. ⇨ 물권적 청구권을 행사할 수 있는 청구권자는 현재의 물권자이므로 물권이 이전되면 물권적 청구권도 이전하므로 소유권을 상실한 종전소유자는 더 이상 물권적 청구권을 행사할 수 없다.
③ 상대방
  ㉠ 물권적 청구권의 상대방은 현재의 점유자(직접점유자, 간접점유자)로서 방해상태를 현재 지배하고 있는 자이다.
  ㉡ 무단신축된 미등기건물의 매수인: 매금을 지급하고 점유하고 있는 매수인은 상대방이 될 수 있다.
  ㉢ 점유보조자(회사의 직원, 경비원): 점유자가 아니기 때문에 상대방이 될 수 없다.
  ㉣ 무단건물의 임차인: 건물이 그 존립을 위한 토지사용권을 갖추지 못하여 토지의 소유자가 건물의 소유자에 대하여 당해 건물의 철거 및 그 대지의 인도를 청구할 수 있는 경우에라도 건물소유자가 아닌 사람이 건물을 점유하고 있다면 토지소유자는 그 건물 점유를 제거하지 아니하는 한 위의 건물 철거 등을 실행할 수 없다. 따라서 토지소유자는 자신의 소유권에 기한 방해배제로서 건물점유자에 대하여 건물로부터의 퇴출(퇴거)을 청구할 수 있다. 그리고 이는 건물점유자가 건물소유자로부터의 임차인으로서 그 건물임차권이 이른바 대항력을 가진다고 해서 달라지지 아니한다.

POINT 24 등기의 추정력   필살키 030

① 소유권이전등기가 경료되어 있는 경우에는 그 등기명의자는 제3자에 대하여서 뿐만 아니라 그 전 소유자에 대하여도 적법한 등기원인에 의하여 소유권을 취득한 것으로 추정된다.
② 소유권이전등기청구권의 보전을 위한 가등기가 있는 경우에도 소유권이전등기를 청구할 적법한 법률관계가 있다고 추정되지 않는다.
③ 근저당권설정등기가 있는 경우, 피담보채권의 존재는 추정되지만 피담보채권의 성립을 위한 법률행위(기본계약)의 존재는 추정되지 않는다.
④ 소유권이전등기가 부적법하게 말소된 경우, 말소된 등기의 명의자는 여전히 적법한 소유자로 추정된다.
⑤ 건물 소유권보존등기의 명의자가 그 건물을 신축한 것이 아니라면 그 등기의 권리추정력은 깨진다.

POINT 25 법률의 규정에 의한 부동산물권변동

※ 등기 없이도 물권은 변동한다.

1. 상속

① 상속에 의한 부동산물권의 변동은 이전등기 시가 아니라 피상속인의 사망 시에 발생한다.
② 상속은 피상속인의 사망으로 개시되므로 상속에 의한 부동산물권의 변동은 등기 없이도 피상속인이 사망한 때 즉시 발생한다.
③ 포괄적 유증이나 합병도 포괄승계에 의한 부동산물권의 취득이므로 등기를 요하지 않는다.

2. 공용징수 ⇨ 국가의 권력행위에 의한 물권변동

① 협의수용: 협의에서 정한 시기에 물권이 변동된다.
② 재결수용: 보상금 지급을 정지조건으로 하여 재결에서 정한 수용개시일에 물권이 변동된다.

3. 판결 ⇨ 국가의 권력행위에 의한 물권변동   ※ 등기를 요하지 않는 판결은 형성판결만 의미한다.

① 형성판결: 판결확정 시 물권이 변동된다.   예 공유물 분할판결
② 이행판결: 소유권이전등기절차를 이행하라는 이행판결이 확정된 때에는 판결확정 시에 부동산물권이 변동되는 것이 아니라 이전등기 시에 부동산물권이 변동된다.

4. 경매 ⇨ 국가의 권력행위에 의한 물권변동

① 국가기관이 행하는 공경매를 의미한다.
② 물권의 변동은 이전등기 시가 아니라 매수인(경락인)이 매각대금(경락대금)을 완납한 때 발생한다. 즉 매수인은 매각대금 완납 시에 부동산 물권을 취득한다.

5. 기타 법률의 규정에 의한 물권변동 ⇨ 등기 없이 물권이 변동된다.

① 건물의 신축 ⇨ 등기 없이 취득한다.
② 법정지상권의 취득, 관습법상 법정지상권의 취득 ⇨ 등기 없이 취득하지만 처분 시 등기를 요한다.
③ 원인행위 실효(무효, 취소, 해제, 합의해제, 해제조건부 법률행위에서 해제조건의 성취)에 의한 물권의 복귀 ⇨ 등기 없이 물권이 복귀한다.
④ 피담보채권의 소멸로 인한 저당권의 소멸 ⇨ 등기 없이 당연히 소멸한다.
⑤ 혼동에 의한 물권의 소멸 ⇨ 등기 없이 당연히 소멸한다.
⑥ 존속기간 만료로 인한 용익물권(전세권)의 소멸 ⇨ 등기 없이 당연히 소멸한다.
⑦ 건물전세권에서 법정갱신의 효과 ⇨ 등기 없이 당연히 갱신효과가 발생한다.
⑧ 구분소유권의 취득 ⇨ 구분건물이 구조상·이용상 독립성이 있고 구분행위가 인정된다면 구분등기 없이도 구분소유권은 성립한다.

6. 제187조의 예외

부동산 소유권의 점유취득시효는 법률의 규정(제245조 제1항)에 의한 부동산물권의 취득이지만 소유권을 취득하기 위해서는 등기를 요한다.

POINT 26 점유의 추정력 필살키 033~035

1. 자주점유 및 평온·공연, 선의 점유의 추정

> 제197조(점유의 태양)
> ① 점유자는 소유의 의사로 선의, 평온 및 공연하게 점유한 것으로 추정한다.
> ② 선의의 점유자라도 본권에 관한 소에 패소한 때에는 그 소가 제기된 때로부터 악의의 점유자로 본다.

① 자주점유는 추정되므로 점유자 스스로 자주점유를 입증할 책임은 없다.
② 무과실은 추정되지 않으므로 점유자 스스로 무과실을 입증해야 한다.

2. 점유계속의 추정

동일인이 전후 양 시점에 점유한 것이 증명된 때에만 적용되는 것이 아니고 전후 양 시점의 점유자가 다른 경우에도 점유의 승계가 입증되는 한 점유계속은 추정된다.

3. 점유의 분리·병합

① 점유의 분리·병합의 선택: 점유자의 승계인은 자기의 점유만을 주장하거나 자기의 점유와 전 점유자의 점유를 아울러 주장할 수 있다.
② 병합 시 하자의 승계: 전 점유자의 점유를 아울러 주장하는 경우에는 그 하자도 승계한다.

POINT 27 점유자와 회복자의 관계 필살키 036~038

1. 점유자의 과실(果實)취득권(제201조) ⇨ 선의·악의 구별실익이 있다.

(1) 선의점유자 ⇨ 과실취득권이 있다.

① 선의점유자는 천연과실과 법정과실을 포함해서 모두 취득할 수 있다.
② 건물을 사용함으로써 얻는 이득은 그 건물의 과실에 준하는 것이므로, 선의의 점유자는 그 점유·사용으로 인한 이득을 반환할 의무는 없다.

③ 선의점유자는 과실취득권이 있기 때문에 수취한 과실에 대해서 부당이득반환의무는 없다.
  ㉠ 선의의 점유자는 회복자에 대하여 점유·사용으로 인한 이익(과실)을 반환할 의무가 없다. 그리고 선의 점유자에게 설령 과실(過失)이 있는 경우에도 과실수취권이 인정되므로 부당이득반환의무는 없다.
  ㉡ 그러나 회복자에게 손해가 발생한 경우 불법행위 책임을 져야 한다. 즉 선의의 점유자가 과실취득권이 있다하여도 불법행위로 인한 손해배상책임이 배제되는 것은 아니다.

(2) 악의점유자 ▷ 과실취득권이 없다.   ※ 은비, 폭력점유자도 동일하다.

① 과실취득권이 없기 때문에 수취한 과실에 대해서 부당이득반환의무가 있다(이자+지연손해금을 가산해야 한다).
② 악의의 점유자는 수취한 과실(果實)을 반환하여야 하며 소비하였거나 과실(過失)로 인하여 훼손 또는 수취하지 못한 경우에는 그 과실(果實)의 대가를 보상하여야 한다(제201조 제2항). 따라서 훼손 또는 수취하지 못한 경우에도 점유자에게 과실(過失)이 없다면 과실의 대가를 보상할 의무는 없다.

(3) 선의점유자의 과실취득권(제201조 제1항)의 적용 여부

① 매매계약이 무효·취소된 경우: 적용된다. 따라서 선의점유자인 매수인은 과실취득권이 있다.
② 매매계약이 해제된 경우: 적용되지 않는다. 따라서 선의점유자인 매수인도 과실취득권이 없다.
  ※ 원상회복규정이 적용된다.

2. 점유물의 멸실·훼손에 대한 책임(제202조) ▷ 선의·악의 구별실익이 있다.

구분		책임 범위
선의점유자	자주점유	소유의사가 있는 선의점유자(선의의 자주점유자)는 이익이 현존하는 한도에서, 현존이익배상책임을 진다.
	타주점유	소유의사가 없는 선의점유자(선의의 타주점유자)는 손해전부를 배상해야 한다. 따라서 점유물이 점유자의 책임 있는 사유로 멸실된 경우, 소유의 의사가 없는 점유자는 선의인 경우에도 손해의 전부를 배상해야 한다.
악의점유자		① 자주점유든 타주점유든 불문하고 언제나 손해전부를 배상해야 한다. 따라서 악의의 점유자가 책임 있는 사유로 점유물을 멸실한 때에는 현존이익의 범위가 아니라 손해전부를 배상하여야 한다. ② 악의의 점유자는 받은 이익에 이자를 붙여 반환하고 그 이자의 이행지체로 인한 지연손해금까지 지급하여야 한다.

3. 점유자의 비용상환청구권(제203조) ⇨ 선의·악의를 불문하고 인정된다.

※ 회복자로부터 반환청구를 받거나 반환한 때 비용상환청구권을 행사할 수 있다.

(1) 필요비(必要費) ⇨ 선의·악의를 불문하고 청구할 수 있다.

① 점유자는 그의 무단점유에 대한 선의·악의 또는 소유의 의사 유·무를 불문하고 점유물을 회복자에게 반환할 때에 필요비 상환을 청구할 수 있다.
② 선의점유자가 과실을 취득한 경우에는 통상의 필요비는 청구하지 못하고 특별필요비와 유익비만을 청구할 수 있을 뿐이다. 그러나 악의점유자는 특별한 사정이 없는 한 통상의 필요비를 청구할 수 있다.
③ 가액증가가 현존할 필요는 없다.
④ 상환기간을 허여할 수 없다.

(2) 유익비(有益費) ⇨ 선의·악의를 불문하고 청구할 수 있다.

① 점유자는 가액의 증가가 현존한 경우에 한하여 회복자의 선택에 좇아 그 지출금액이나 증가액의 상환을 청구할 수 있다.
② 법원은 회복자의 청구에 의하여 상당한 상환기간을 허여할 수 있다. 이 경우 유치권은 성립하지 않는다.

POINT 28 부동산소유권의 점유취득시효 일반론

필살카 039~040

1. 취득시효의 객체(대상, 취득시효가 인정되는 범위)

① 시효취득의 목적물은 타인의 부동산임을 요하지 않고 자기 소유의 부동산이라도 시효취득의 목적물이 될 수 있다.
② 1필의 토지 일부에 대해서도 점유취득시효가 인정된다. 다만 그 일부분에 대해서 소유권을 취득하기 위해서는 등기를 해야 하는데 분필절차를 통해서 등기를 경료해야 한다. 그러나 1필의 토지 일부에 대한 등기부 취득시효는 인정되지 않는다.
③ 국유재산은 원칙적으로 취득시효의 대상이 되지 않는다. 다만, 예외적으로 국유재산 중 일반재산(종전에는 잡종재산이라고 했음)은 취득시효의 대상이 된다. 그러나 일반재산에 대해서는 취득시효가 인정되지만 등기 전에 다시 행정재산으로 전환된 경우에는 취득시효를 주장할 수 없다.
④ 공유지분에 대해서도 취득시효가 가능하다.
⑤ 집합건물의 공용부분은 취득시효에 의한 소유권취득의 대상이 될 수 없다.

> **+PLUS** 권리별 취득시효 인정 여부
> 1. 취득시효가 인정되는 권리: 소유권, 지상권, 지역권(계속되고 표현된 지역권), 분묘기지권은 취득시효가 인정된다.
> 2. 취득시효가 인정되지 않는 권리: 점유권, 유치권, 저당권은 취득시효의 대상이 아니다.

2. 성립요건 ⇨ 20년, 평온, 공연, 자주점유(소유의사)

① 점유를 해야 한다.
② 직접점유뿐만이 아니라 간접점유를 통해서도 취득시효가 가능하다.
③ 자주점유는 추정되기 때문에 점유자는 스스로 자주점유를 증명할 책임이 없다.

3. 시효완성의 효과

① 소유권이전등기청구권(채권)을 취득한다.
② 취득시효완성자는 등기를 경료해야 소유권을 취득한다.
③ 원시취득이다. ⇨ 승계취득×
④ 소급효가 인정된다. ⇨ 소유권 취득의 효과는 점유를 개시한 때로 소급한다.
⑤ 미등기부동산: 부동산의 점유자가 점유취득시효 기간의 완성만으로 소유권을 취득하지는 못하고 등기해야 소유권을 취득한다.

POINT 29 부동산 점유취득시효의 유형별 쟁점정리   필살키 039~040

※ 甲은 소유자, 乙은 점유자, 丙은 제3자이다.

(1) 시효완성자(乙)와 시효완성 당시 소유자(甲) 사이의 법률관계

① 취득시효는 법률의 규정(제245조 제1항)에 의한 소유권의 취득으로 부당이득이 아니므로 甲은 乙에게 20년간의 점유·사용에 대한 이익에 대해서 부당이득반환청구권을 행사할 수 없다.
② 시효완성자 乙의 점유는 위법성이 없으므로 甲은 乙에게 불법행위로 인한 손해배상청구권을 행사할 수 없다.
③ 乙은 甲에게 소유권이전등기절차의 이행을 청구할 수 있고 甲은 이에 응할 의무가 있으므로 甲이 乙에 대하여 그 대지에 대한 불법점유임을 이유로 그 지상건물의 철거와 대지의 인도를 청구할 수는 없다.
④ 甲명의의 등기가 무효등기인 경우에는 甲은 소유권이전등기청구의 상대방이 될 수 없다.

(2) 시효완성 전에 소유자(甲)가 변경된 경우의 법률관계

① 시효완성 전에 甲이 제3자 丙에게 처분하여 丙이 소유권을 취득한 경우에도 <u>점유자 乙의 취득시효는 중단되지 않기 때문에 20년이 경과하면 취득시효는 완성되는 것이고 시효완성자 乙은 丙에게 시효완성을 주장할 수 있다.</u>

② 취득시효기간의 만료 전에 등기부상의 소유명의가 변경되었다 하더라도 이로써 종래의 점유상태의 계속이 파괴되었다고 할 수 없으므로 이는 <u>취득시효의 중단사유가 될 수 없다.</u>

(3) 시효완성 후 등기 전에 소유자(甲)가 제3자(丙)에게 처분하여 이전등기까지 경료된 경우

① 시효완성자(乙)와 제3자(丙) 사이의 법률관계
  ㉠ 원칙: 시효완성자 乙은 제3자 丙에게 <u>시효완성을 주장할 수 없다.</u>
  ㉡ 예외: 시효완성자 乙은 제3자 丙에게 <u>시효완성을 주장할 수 있다.</u>
    ⓐ 제3자 등기가 무효인 경우에 시효완성을 주장할 수 있다. ⇨ 제3자 명의의 등기가 <u>원인무효인 경우에는 점유자는</u> 취득시효완성 당시의 소유자를 <u>대위하여 위 제3자 앞으로 경료된 원인무효인 등기의 말소를 구함과 아울러 위 소유자에게 취득시효완성을 원인으로 한 소유권이전등기를 청구할 수 있다.</u>
    ⓑ 제3자가 <u>상속인</u>인 경우 乙은 상속인을 상대로 <u>직접 소유권이전등기청구권을 행사할 수 있다.</u>
    ⓒ 취득시효완성 후 그 등기 전에 제3자에게 소유권이전등기가 경료되었다가 그 후 <u>취득시효완성 당시의 소유자 甲에게로 소유권이 회복된 경우, 시효완성자 乙은 甲에게 소유권이전등기청구권을 행사할 수 있다.</u>
    ⓓ 재취득시효: 소유자가 변동된 시점을 기산점으로 삼아도 다시 취득시효의 점유기간이 경과한 경우에는 점유자로서는 제3자 앞으로의 소유권 변동 시를 새로운 점유취득시효의 기산점으로 삼아 <u>2차의 취득시효의 완성을 주장할 수 있다.</u> 그리고 새로이 2차의 취득시효가 개시되어 그 취득시효기간이 경과하기 전에 등기부상의 소유명의자가 다시 <u>변경된 경우에도 시효는 중단되지 않으므로 취득시효를 주장할 수 있다.</u>

② 시효완성자(乙)와 시효완성 당시 소유자(甲) 사이의 법률관계
  ㉠ 채무불이행책임: 소유자와 시효취득자 사이에 <u>계약상의 채권·채무관계가 성립하는 것은 아니므로</u> 그 부동산을 처분한 소유자에게 <u>채무불이행 책임을 물을 수 없다.</u>
  ㉡ 불법행위책임
    ⓐ 甲이 乙의 시효완성 사실을 모르고 제3자 丙에게 처분한 경우: 시효완성자 乙은 시효완성 당시의 소유자 甲에게 <u>불법행위책임을 물을 수 없다.</u>
    ⓑ 甲이 乙의 시효완성 사실 알고 처분한 경우: 시효완성자 乙은 시효완성 당시의 소유자 甲에게 <u>불법행위책임을 물을 수 있다.</u>

(4) 시효완성 후 등기 전에 시효완성자(乙)가 제3자(丙)에게 처분하고 점유를 승계해준 경우

① 점유를 승계한 丙은 甲을 상대로 소유권이전등기청구권을 직접 행사할 수 있을까? ⇨ 丙은 乙의 취득시효 완성의 효과를 주장하여 甲에게 직접 이전등기청구권을 행사할 수는 없고 단지 시효완성자 乙의 소유권이전등기청구권을 대위행사할 수 있다.

② 시효완성자 乙이 취득한 소유권이전등기청구권의 소멸시효 진행 여부
   ㉠ 시효완성자가 계속 점유·사용하고 있는 경우: 소멸시효는 진행하지 않는다.
   ㉡ 시효완성자가 제3자에게 처분하여 점유를 상실한 경우: 乙이 점유를 상실한 경우에는 그때부터 소멸시효는 진행한다. 그러나 점유를 상실했다고 해서 이미 취득한 소유권이전등기청구권이 즉시 소멸하는 것은 아니고 10년이 경과하면 소멸한다.

(5) 적중판례

> 시효취득자가 원소유자에 의하여 그 토지에 설정된 근저당권의 피담보채무를 변제하는 것은 시효취득자가 용인하여야 할 그 토지상의 부담을 제거하여 완전한 소유권을 확보하기 위한 것으로서 그 자신의 이익을 위한 행위라 할 것이니, 위 변제액 상당에 대하여 원소유자에게 대위변제를 이유로 구상권을 행사하거나 부당이득을 이유로 그 반환청구권을 행사할 수는 없다.

 공유

1. 공유지분

① 지분의 처분: 지분처분의 자유가 있다. 그러나 합유지분의 처분은 합유자 전원동의를 요한다.
② 지분의 탄력성
   ㉠ 공유자가 그 지분을 포기하거나 상속인 없이 사망한 경우: 지분은 다른 공유자에게 각 지분비율로 귀속한다.
   ㉡ 상속인이 있는 경우: 상속인에게 공유지분이 상속된다. 그러나 합유에서는 지분의 상속이 인정되지 않고 잔존합유자의 합유가 된다.
   ㉢ 지분을 포기하는 경우: 공유지분의 포기는 법률행위(단독행위)에 해당하기 때문에 등기해야 지분포기의 효과가 생긴다.

2. 공유물의 보존행위

각자 단독으로 할 수 있다. ⇨ 합유에서도 동일하다.

3. 공유물의 관리행위

① 관리행위는 지분의 과반수로 결정한다. 그러나 합유에서는 합유자 과반수로 결정한다.
② 과반수의 지분을 가진 공유자가 그 공유물의 특정 부분(공유물 전부)을 배타적으로 사용·수익하기로 정하는 것은 공유물의 관리방법으로서 적법하다.
③ 공유물에 대해서 임대차계약을 체결하거나 임대차계약을 해지하는 행위도 관리행위에 해당한다.
④ 과반수 지분권자가 단독으로 공유물의 전부를 제3자에게 임대한 경우
  ㉠ 임차인의 점유는 적법하다.
  ㉡ 다른 공유자는 임차인을 상대로 공유물의 반환이나 부당이득반환을 청구할 수 없다. 다른 공유자는 과반수 지분권자를 상대로 자기지분 범위 내에서 지료 상당액에 대한 부당이득반환을 청구할 수 있다.

4. 공유물의 변경·처분행위

① 전원동의를 요한다. ⇨ 합유에서도 동일하다.
② 공유자는 다른 공유자의 동의 없이 공유물을 처분하거나 변경하지 못한다. 즉 공유물을 처분하거나 변경하기 위해서는 공유자 전원의 동의가 있어야 한다.
③ 공유토지 위에 건물을 신축하는 행위는 공유물의 관리행위를 넘어서는 행위이다.

5. 공유지분권의 주장

대외관계	① 원인행위 없이 제3자에게 이전등기가 경료된 경우, 각 공유자는 보존행위를 근거로 단독으로 등기 전부의 말소등기를 청구할 수 있다.
	② 제3자가 공유물을 불법점유하고 있는 경우
	  ㉠ 각 공유자는 보존행위를 근거로 단독으로 공유물 전부에 대해서 반환을 청구할 수 있고 방해배제청구권을 행사할 수 있다.
	  ㉡ 각 공유자는 제3자에게 불법행위를 원인으로 손해배상청구권이나 부당이득반환청구권을 행사할 수 있는데 이때 손해배상액이나 부당이득액 전부에 대해서 청구할 수는 없고 각 지분비율 범위 내에서 청구할 수 있다.

대내관계	① 공유자 중 1인의 단독명의로 이전등기가 경료되어 있는 경우, 나머지 공유자 중 1인은 등기전부에 대해서 말소등기를 청구할 수는 없고 자신의 지분비율 범위 내에서만 말소등기를 청구하거나 현재의 등기명의자의 지분을 뺀 나머지 전부에 대해서 말소등기를 청구할 수 있다.
	② 공유자 중 1인이 공유물 전부를 배타적으로 점유하여 사용·수익하고 있는 경우, 나머지 공유자가 공유물 전부에 대해서 반환을 청구할 수 있을까?
	  ㉠ 현재 점유자의 지분이 과반수 지분에 미달(소수지분)하는 공유자인 경우, 나머지 공유자(소수지분권자)는 공유물을 점유하고 있는 소수지분권자를 상대로 공유물 전부에 대해서 반환, 인도를 청구할 수 없고 방해제거를 청구할 수 있다.
	  ㉡ 현재 점유자의 지분이 과반수 지분의 공유자인 경우, 과반수 지분의 공유자가 공유물전부를 배타적으로 점유·사용하고 있다면 이는 관리방법으로서 적법하므로, 과반수에 미달하는 나머지 공유자는 과반수 지분권자에게 공유물의 반환이나 방해배제를 청구할 수 없다. 다만 각자의 지분 비율 범위 내에서 부당이득반환청구권을 행사할 수 있다.

6. 공유물의 분할 ⇨ 분할자유가 있다.

① 분할청구의 자유: 각 공유자는 언제든지 자유롭게 공유물의 분할을 청구할 수 있다.
② 분할의 제한(분할금지 특약): 공유자는 5년 내의 기간으로 분할하지 아니할 것을 약정할 수 있다. 다만 공유물분할금지의 약정은 갱신할 수 있는데 그 기간은 갱신한 날로부터 5년을 넘지 못한다.
③ 분할청구권의 법적성질: 공유자의 분할청구권은 형성권이다. 공유물 분할 절차(협의 분할, 재판상 분할)에 공유자 전원이 참여해야 하므로 공유자 중 어느 한 사람이라도 분할절차에 참여하지 않고 한 공유물 분할은 무효이다.
④ 분할의 방법
  ㉠ 원칙: 협의분할 ⇨ 분할의 방법은 제한이 없으므로 협의를 통해서 현물분할, 대금분할, 가격배상분할 중 하나를 선택할 수 있다.
  ㉡ 예외: 재판상 분할 ⇨ 협의가 성립되지 아니한 경우에 한해서만 인정된다. 따라서 공유자 간에 이미 분할의 협의가 성립한 경우에는 더 이상 공유물 분할 소는 허용되지 않는다.
    ⓐ 원칙: 현물분할
    ⓑ 예외: 대금분할
    ⓒ 공유물 분할판결은 형성판결이므로 판결확정 시에 소유권의 변동이 생긴다(제187조).

POINT 31 지상권

필살키 044~046

1. 담보지상권

저당권이 설정된 나대지의 담보가치 하락을 막기 위해 저당권자 명의의 지상권이 설정된 경우, 피담보채권이 변제로 소멸한 경우, 저당권이 소멸하고 지상권도 소멸한다.

2. 성질 및 객체

① 1필의 토지 전부, 일부에 성립할 수 있다.
② 지상권설정계약 당시 지상물이 존재하지 않아도 지상권은 성립할 수 있다. 그리고 지상물이 전부멸실된 경우에도 지상권은 소멸하지 않고 존속할 수 있다.

3. 존속기간

① 최단존속기간에 관한 제한규정이 있다. ⇨ 30년, 15년, 5년
② 최장존속기간에 관한 제한규정이 없다.
③ 지상권의 존속기간을 영구로 약정하는 것도 허용된다.

4. 지상권의 처분

① 지상권자에게 지상권 처분의 자유가 인정된다.
② **지상권의 양도 및 토지임대**
  ㉠ 지상권자는 타인에게 그 권리를 양도하거나 그 권리의 존속기간 내에서 그 토지를 임대할 수 있다(제282조).
  ㉡ 지상권자에게 지상권 처분의 자유는 절대적으로 보장된다. 따라서 지상권설정자의 의사에 반해서도 양도할 수 있다.

5. 지료의 지급

① 지료지급은 지상권의 성립요소가 아니기 때문에 유상·무상의 지상권 모두 가능하다.
② 당사자 간에 지료지급에 대해서 약정이 있는 경우에 유상의 지상권이 성립하므로 지상권자는 지료지급의무를 부담한다.
③ **지료연체의 효과**
  ㉠ 지상권자가 2년 이상의 지료를 지급하지 아니한 때에는 지상권설정자는 지상권의 소멸을 청구할 수 있다(제287조).
  ㉡ 지상권이 저당권의 목적인 경우의 지상권소멸청구의 효력발생시기: 지상권이 저당권의 목적인 경우, 지료연체를 이유로 한 지상권소멸청구는 저당권자에게 통지하면 즉시 그 효력이 생기는 것이 아니라 저당권자에게 통지한 후 상당한 기간이 경과함으로써 그 효력이 생긴다.
  ㉢ 지료연체가 토지소유권양도 전·후에 걸쳐서 이루어진 경우 토지의 양수인이 지상권자의 지료지급이 2년 이상 연체되었음을 이유로 지상권소멸청구를 함에 있어서 종전소유자에 대한 연체기간의 합산을 주장할 수 없고 양수인(특정인)에 대한 관계에서 2년분 이상이 되어야 지상권소멸을 청구할 수 있다.

POINT 32 지역권

1. 기본 쟁점

(1) 요역지와 승역지는 반드시 1필의 토지이어야 할까?

요역지는 반드시 1필의 토지이어야 하지만 승역지는 1필의 토지 전부 또는 일부라도 관계없다. 따라서 1필의 토지 일부를 위해서는 지역권은 성립할 수 없지만 지역권의 대상은 승역지이므로 1필의 토지 일부에 지역권은 성립할 수 있다.

(2) 존속기간

존속기간에 대해서는 명문규정이 없으므로 영구무한의 지역권설정도 가능하다.

(3) 지역권에 기한 물권적 청구권

방해제거청구권과 방해예방청구권은 인정되지만(제214조가 준용된다) 반환청구권은 인정되지 않는다. 따라서 승역지의 점유가 침탈된 때에도 지역권자는 승역지의 반환을 청구할 수 없다.

2. 부종성

> **제292조(부종성)**
> ① 지역권은 요역지 소유권에 부종하여 이전하며 또는 요역지에 대한 소유권 이외의 권리의 목적이 된다. 그러나 다른 약정이 있는 때에는 그 약정에 의한다.
> ② 지역권은 요역지와 분리하여 양도하거나 다른 권리의 목적으로 하지 못한다.

3. 불가분성

(1) 취득상의 불가분성

> **제295조(취득과 불가분성)**
> ① 공유자의 1인이 지역권을 취득한 때에는 다른 공유자도 이를 취득한다.
> ② 점유로 인한 지역권취득 기간의 중단은 지역권을 행사하는 모든 공유자에 대한 사유가 아니면 그 효력이 없다.

(2) 소멸상의 불가분성

> **제296조(소멸시효의 중단, 정지와 불가분성)**
> 요역지가 수인의 공유인 경우에 그 1인에 의한 지역권 소멸시효의 중단 또는 정지는 다른 공유자를 위하여 효력이 있다.

4. 지역권의 취득(발생)

① 지역권설정계약과 등기를 하게 되면 지역권이 성립한다.
② 취득시효
  ㉠ 소유권뿐만이 아니라 지역권에 대해서도 취득시효가 인정되는데 모든 지역권이 아니라 계속되고 표현된 지역권에 대해서만 취득시효가 인정된다(제294조).
  ㉡ 취득시효를 통해서 지역권을 취득하기 위해서는 등기를 해야 한다(제187조의 예외).
③ 통행지역권의 취득시효
  ㉠ 통행지역권을 시효취득하려면 요역지의 소유자가 타인의 소유인 승역지 위에 통로를 개설하여 그 통로를 사용하는 상태가 제245조에 규정된 기간 동안 계속되어야 한다.
  ㉡ 통행지역권은 토지의 소유자 또는 지상권자, 전세권자 등 토지사용권을 가진 자에게 인정되는 권리라 할 것이므로 위와 같은 권리자가 아닌 토지의 불법점유자는 통행지역권의 시효취득 주장을 할 수 없다.

POINT 33 전세권

필살키 049~051

1. 기본 쟁점

① 용익물권과 담보물권의 성질을 모두 가지고 있다.
② 존속기간이 만료하면 용익물권의 성질은 말소등기 없이도 당연히 소멸한다.
③ 전세권의 객체(목적물): 1필의 토지 일부에 대해서 1동의 건물 일부에 대해서도 전세권이 성립할 수 있다.

2. 전세금

① 전세권은 전세금 지급이 성립요소이다. 따라서 전세금 지급이 없는 한 전세권은 성립할 수 없으므로 전세금을 지급하지 않는다는 특약은 무효이다. 다만 목적물의 인도는 성립요소가 아니다.
② 전세금의 지급이 반드시 현실적으로 수수되어야만 하는 것은 아니고 기존의 채권으로 전세금의 지급에 갈음할 수도 있다.
③ 존속기간 중에 목적물의 소유권이 이전되었고 이후 전세권이 소멸한 경우, 목적물의 신소유자가 전세권설정자의 지위에서 전세금 반환의무를 부담한다. 이 경우 구소유자는 전세권설정자 지위를 상실했으므로 더 이상 전세금반환의무도 부담하지 않는다.

3. 존속기간

(1) 약정을 하는 경우

최장기간 제한은 토지·건물전세 모두 10년이고, 최단기간 제한은 1년으로 건물전세에만 있다.

> **제312조(전세권의 존속기간)**
> ① 전세권의 존속기간은 10년을 넘지 못한다. 당사자의 약정기간이 10년을 넘는 때에는 이를 10년으로 단축한다.
> ② 건물에 대한 전세권의 존속기간을 1년 미만으로 정한 때에는 이를 1년으로 한다.
> ③ 전세권의 설정은 이를 갱신할 수 있다. 그 기간은 갱신한 날로부터 10년을 넘지 못한다.

(2) 약정이 없는 경우

> **제313조(전세권의 소멸통고)**
> 전세권의 존속기간을 약정하지 아니한 때에는 각 당사자는 언제든지 상대방에 대하여 전세권의 소멸을 통고할 수 있고 상대방이 이 통고를 받은 날로부터 6월이 경과하면 전세권은 소멸한다.

(3) 법정갱신

① 건물전세에 대해서만 인정된다. ⇨ 법정갱신은 토지전세에서는 인정되지 않고 건물전세에서만 인정되며 법정갱신 되면 존속기간은 전전세와 동일한 것이 아니라 정함이 없는 것으로 본다. 따라서 제313조에 의해서 각 당사자는 언제든지 전세권 소멸을 통고할 수 있고 통고를 받은 날로부터 6월이 경과하면 전세권은 소멸한다.
② 등기 없이 갱신의 효과가 발생하고, 즉 등기 없이 전세권이라는 물권을 취득하고 물권이므로 등기 없이도 전세권설정자나 제3자에게 대항할 수 있다.

4. 효력

전세권자는 목적물의 현상을 유지하고 그 통상의 관리에 속한 수선을 하여야 한다.

5. 전세권 소멸 후의 법률관계

① 동시이행관계: 전세권설정자의 전세금반환의무와 전세권자의 목적물 인도 및 전세권설정등기의 말소등기의무는 동시이행의 관계에 있다.
② 건물 일부에 대해서만 전세권이 설정된 경우, 전세권자의 우선변제권과 경매청구권에 관한 쟁점
  ㉠ 건물 일부에 대해서만 전세권을 가지는 자가 그 건물 전부에 대해서 경매를 청구할 수 있을까? ⇨ 전세권이 설정된 부분(건물 일부)에 대해서만 경매를 신청할 수 있고 전세권이 설정되지 않은 부분에 대해서는 경매를 신청할 수 없다. 즉 건물 전부에 대해서 경매를 신청할 수는 없다.
  ㉡ 건물 전부에 대하여 후순위권리자 기타 채권자보다 전세금의 우선변제를 받을 권리가 있다.

③ 부속물매수청구권 ⇨ 존속기간 만료 후에 청구할 수 있다.
  ㉠ 전세권설정자의 동의를 얻어 부속, 전세권설정자로부터 매수한 부속물에 대해서 인정된다.
  ㉡ 전세권설정자: 부속물매수청구권이 인정된다.
  ㉢ 전세권자: 부속물매수청구권이 인정된다.
④ 비용상환청구권: 유익비상환청구권만 인정되고 필요비상환청구권은 인정되지 않는다.
⑤ 지상물소유목적의 토지전세권자는 지상물매수청구권을 행사할 수 있다(임차인의 지상물매수청구권 규정을 유추 적용).

POINT 34 유치권

필살카 052~056

1. 법적 성질

① 유치권도 담보물권이므로 부종성, 수반성, 불가분성은 인정된다. 그러나 우선변제권이 없으므로 물상대위성은 인정되지 않는다.
② 점유는 유치권의 성립요소이자 존속요건이다. 따라서 점유를 상실하면 유치권은 소멸한다.

2. 성립요건

(1) 목적물에 관한 요건

유치권은 타인소유에 속하는 동산, 부동산, 유가증권에 대해서 성립할 수 있다. 다만 자기소유물건에 대해서는 유치권이 성립할 수 없다.

(2) 채권에 관한 요건

① 채권이 존재해야 한다. ⇨ 임대차 종료 시에 임차인이 건물을 원상으로 복구하여 임대인에게 명도하기로 약정한 경우, 비용상환청구권의 포기특약이므로 임차인은 유치권을 주장할 수 없다.
② 채권은 변제기가 도래해야 한다. 따라서 유익비에 대해서 법원에서 상환기간을 허여한 경우, 유치권을 주장할 수 없다.
③ 목적물과 채권 사이에 견련성이 인정되어야 한다.

(3) 견련성이 인정되지 않는 경우, 유치권의 피담보채권이 될 수 없다.

① 임차보증금반환채권: 임차인의 임차보증금반환청구권은 견련성이 인정되지 않으므로 유치권은 성립하지 않는다.
② 권리금반환채권: 임차인의 권리금반환청구권은 견련성이 인정되지 않으므로 유치권은 성립하지 않는다.

③ 건축자재대금채권: 공사현장에 시멘트와 모래 등의 건축자재를 공급한 사안에서, 甲의 건축자재대금채권은 매매계약에 따른 매매대금채권에 불과할 뿐 건물 자체에 관하여 생긴 채권이라고 할 수는 없다.

(4) 채권자가 목적물을 점유하고 있어야 한다.

① 유치권의 본질은 목적물을 점유하는 것이므로 유치권이 성립하기 위해서는 채권자가 목적물을 점유를 해야 한다. 그리고 점유는 직접점유이든 간접점유이든 불문한다. 즉 간접점유를 통해서도 유치권은 성립할 수 있다.
② 채권자가 간접점유하고 있고 제3자가 아닌 채무자가 직접점유를 하는 경우에는 유치권은 성립하지 않는다.
③ 목적물에 관한 채권이 먼저 발생하였고 후에 점유를 취득한 경우에도 유치권은 성립한다. 그리고 먼저 점유를 취득한 이후에 채권이 발생한 경우에도 유치권은 성립한다.

(5) 당사자 간에 유치권배제특약이 없어야 한다.

① 당사자 간에 유치권배제특약이 있다면 이 특약은 유효이므로 유치권은 성립하지 않는다.
② 유치권을 사후에 포기한 경우: 포기의사표시시 즉시 소멸하고 제3자도 유치권포기특약의 효력을 주장할 수 있다.

3. 효력

(1) 유치권자의 권리

① 목적물을 유치할 권리(인도거절권, 점유할 권리)
　㉠ 유치권은 물권이므로 채무자뿐만 아니라 모든 사람에게 유치권을 주장할 수 있다.
　㉡ 유치권자는 경락인에게 목적물의 인도를 거절할 수 있다. 다만 경락인은 채무자가 아니므로 유치권자는 경락인에게 적극적으로 피담보채권의 변제를 청구할 수는 없다.
② 경매권과 간이변제충당권

> **제322조(경매, 간이변제충당)**
> ① 유치권자는 채권의 변제를 받기 위하여 유치물을 경매할 수 있다. ※ 우선변제×, 다른 채권자들과 동순위
> ② 정당한 이유 있는 때에는 유치권자는 감정인의 평가에 의하여 유치물로 직접 변제에 충당할 것을 법원에 청구할 수 있다. 이 경우에는 유치권자는 미리 채무자에게 통지하여야 한다.

③ 과실수취권

> **제323조(과실수취권)**
> ① 유치권자는 유치물의 과실을 수취하여 다른 채권보다 먼저 그 채권의 변제에 충당할 수 있다. 그러나 과실이 금전이 아닌 때에는 경매하여야 한다.
> ② 과실은 먼저 채권의 이자에 충당하고 그 잉여가 있으면 원본에 충당한다.

④ 비용상환청구권: 유치권자가 유치권 행사 중에 비용을 투입한 경우에도 비용상환을 청구할 수 있다.
⑤ 유치물의 사용권: 유치권자는 채권을 담보하기 위해서, 즉 채무자로부터 채권을 변제받기 위해서 단지 채무자소유물건을 점유하고 있는 것에 불과하므로 유치물을 사용할 권리가 없는 것이 원칙이다. 다만 예외적으로 다음의 경우에는 유치물을 사용할 수 있다.

> ㉠ 채무자의 승낙이 있는 경우에는 사용, 대여, 담보제공할 수 있다.
> ㉡ 유치권자는 채무자의 승낙이 없어도 유치물의 보존에 필요한 사용은 할 수 있다.
>   ⓐ 공사대금채권에 기하여 유치권을 행사하는 자가 스스로 유치물인 주택에 거주하며 사용하는 것은 주택의 보존에 도움이 되는 행위이므로 보존행위에 해당한다. 따라서 채무자는 의무위반을 이유로 채권자에게 유치권소멸을 청구할 수 없다.
>   ⓑ 유치권자가 그가 점유한 건물(주택)에 거주·사용하는 경우, 설령 그것이 보존에 필요한 행위이더라도 유치권자에게 유치물의 사용, 수익권은 없으므로 차임에 상당한 이득을 소유자에게 반환해야 한다.

(2) 유치권자의 의무

① 선량한 관리자의 주의의무: 유치권자는 선량한 관리자의 주의로 유치물을 점유해야 한다(제324조 제1항). 즉 유치권자는 자신의 물건과 동일한 주의가 아니라 타인소유물건이므로 조금 더 주의를 가지고 그 물건을 점유해야 한다는 의미이다. 이를 선관주의의무라고 한다. 그러나 자기소유물건을 점유하고 있는 소유권자는 선관주의의무를 부담하지 않는다.
② 무단 사용, 대여, 담보제공금지 의무: 유치물이 자신소유의 물건이 아니므로 유치권자는 채무자의 승낙 없으면 유치물을 사용하거나 대여하거나 또는 담보제공을 하지 못한다.
③ 유치권자가 의무를 위반한 경우 유치권은 당연히 소멸하는 것이 아니라 채무자가 유치권소멸을 청구하면 유치권은 비로소 소멸된다.

4. 소멸

(1) 소멸시효

① 유치권은 채권과 독립해서 소멸시효에 걸리지 않는다.
② 유치권자가 유치권을 행사하고 있을지라도 별도로 채권에 대해서 권리를 행사하지 않으면 채권의 소멸시효는 진행한다.

(2) 유치권에 특유한 소멸사유

① 유치권자의 의무 위반 시 채무자가 유치권소멸청구권을 행사하면 유치권은 소멸한다.
② 타담보 제공에 의한 유치권소멸청구(제327조)
   ㉠ 채무자는 상당한 담보를 제공하고 유치권소멸을 청구할 수 있다(제327조).
   ㉡ 채무자가 다른 담보를 제공하고 유치권소멸을 청구하는 경우 유치권자의 승낙이 있어야만 유치권이 소멸한다.

③ 점유의 상실(제328조)
  ㉠ 유치권자가 점유를 상실했다면 유치권은 소멸한다.
  ㉡ 점유의 상실로 유치권은 일단 소멸한다. 그러나 유치물의 점유가 제3자에 의하여 침탈된 경우, 유치권자가 점유물반환청구권을 행사하여 점유를 회수하면 유치권은 소멸하지 않았던 것으로 된다.

5. 경매와 유치권

① 유치권이 먼저 성립한 이후에 목적물이 압류가 된 경우에는 유치권자는 경락인에게 대항할 수 있다.
② 압류 이후에 유치권이 성립한 경우에는 유치권자는 경락인에게 대항할 수 없다.
③ 목적물을 점유한 이후에 압류가 되었고 이후 채권이 발생한 경우에도 유치권은 성립하지만 유치권자는 경락에게 대항할 수 없다.

POINT 35 저당권

필살키 057~059

1. 종합

① 약정 담보물권이므로 등기가 되어야 한다.
② 우선변제권이 있다.
③ 부종성, 수반성, 불가분성, 물상대위성이 모두 인정된다.
  ㉠ 저당권은 채권과 분리하여 양도할 수 없다.
  ㉡ 저당권으로 담보한 채권이 소멸하면 저당권도 소멸한다.
④ 물상대위성(物上代位性)(제342조·제370조)
  ㉠ 물상대위권을 행사하기 위해서는 담보목적물에 갈음하는 금전, 기타물건이 지급 또는 인도되기 전에 압류하여야 하는데 압류로 대위물의 특정성이 유지되므로 압류는 반드시 저당권자 자신에 의해서 행해질 필요가 없으므로 다른 채권자(제3자)가 압류한 경우에도 특정성이 유지되므로 물상대위가 인정된다.
  ㉡ 전세권을 저당권의 목적으로 한 경우 저당권자에게 물상대위권이 인정된다.
  ㉢ 저당권설정자에게 대위할 물건이 인도된 후에 저당권자가 그 물건을 압류한 경우 물상대위권을 행사할 수 없다.
  ㉣ 저당권자는 저당목적물의 소실로 인하여 저당권설정자가 취득한 화재보험금청구권에 대하여 물상대위권을 행사할 수 있다.
  ㉤ 저당권이 설정된 토지가 「공익사업을 위한 토지 등의 취득 및 보상에 관한 법률」에 따라 협의취득된 경우, 저당권자는 그 보상금에 대하여 물상대위권을 행사할 수 없다.

⑤ 저당권의 객체: 부동산뿐만이 아니라 지상권, 전세권에 대해서도 저당권이 성립할 수 있다. 그러나 지역권에 저당권을 설정할 수 없고 토지의 일부나 건물의 일부에도 저당권을 설정할 수 없다.

2. 저당권의 효력이 미치는 목적물의 범위(임의규정) ※ 특약으로 다르게 정할 수 있다.

(1) 부합물

원칙	① 저당권설정 전·후를 불문하고 저당권의 효력은 부합물에 미친다. ② 건물의 엘리베이터, 주유소 부지의 지하에 설치된 유류저장탱크 등은 부합물에 해당한다.
예외	법률에 특별한 규정(제256조 단서, 권원에 의해서 부속시킨 경우)이 있거나 설정행위에 다른 약정이 있는 경우에는 미치지 않는다.

(2) 종물

원칙	주물에 대해서 저당권이 설정된 경우, 저당권의 효력은 종물에도 미친다(제358조 본문). 예 주유소 건물(주물)과 주유기(종물)
예외	법률에 특별한 규정이 있거나 설정행위에 다른 약정, 즉 특약이 있고 그 특약을 등기한 경우(부동산등기법 제75조)에는 제3자에게 대항할 수 있다.

(3) 종된 권리

① 종물에 준하여 취급해서 종된 권리에 대해서도 저당권의 효력이 미친다.
② 건물 소유 목적으로 지상권, 전세권이 설정되어 지상권자, 전세권자가 건물을 소유하고 있고 건물에 대해서 저당권이 설정된 경우, 저당권의 효력은 건물뿐만 아니라 종된 권리인 지상권, 전세권에 대해서도 미친다.
③ 전유부분에 저당권이 설정되었다면 저당권의 효력은 대지사용권에도 미친다.

(4) 과실

원칙	저당권이 설정된 경우 저당목적물에 대한 사용, 수익권은 저당권설정자에게 있으므로 과실에 대해서는 저당권의 효력이 미치지 않는다. 여기서의 과실은 천연과실, 법정과실을 불문한다.
예외	압류 이후 과실에 대해서 미친다. ⇨ 저당부동산에 대한 압류가 있은 후에 저당권설정자가 그 부동산으로부터 수취한 과실 또는 수취할 수 있는 과실에 미친다. 따라서 저당부동산에 대한 압류가 있으면 압류 이전에 저당권설정자의 저당부동산에 관한 차임채권(과실)에는 저당권의 효력이 미치지 않는다.

3. 저당권이 설정된 토지 위의 건물에 대한 일괄경매청구권(제365조)

(1) 의의
① 일괄경매청구권이란 토지를 목적으로 저당권을 설정한 후, 즉 나대지 상태에서 저당권이 설정된 후 저당권설정자가 그 토지 위에 건물을 축조·소유하고 있는 경우 저당권자는 토지와 함께 그 건물에 대하여도 경매를 청구할 수 있는 권리를 말한다.
② 토지의 경락대금만으로 채권 전부의 변제가 가능하더라도 일괄경매를 청구할 수 있다.

(2) 요건
① 저당권설정 당시 토지 위에 건물이 존재하지 않았어야 한다. 즉 나대지 상태에서 저당권이 설정되어야 한다.
② 저당권설정자가 건물을 축조하고 소유하고 있어야 한다.
　㉠ 제3자가 축조한 경우나 저당권설정자가 축조했을지라도 제3자에게 처분하여 경매 당시 제3자가 소유하고 있다면 일괄경매청구권은 인정되지 않는다.
　㉡ 제3자나 용익물권자가 건물을 축조했을지라도 경매 전에 저당권설정자가 건물의 소유권을 취득했다면 일괄경매청구권은 인정된다.

(3) 효과
① 저당권자는 토지와 건물을 함께 일괄해서 경매를 청구할 수 있다.
② 일괄경매청구권이 인정되는 경우에도 토지와 건물은 각 별개의 독립된 부동산이므로 저당권의 효력은 토지에 대해서만 미치고 건물에 대해서는 미치지 않는다. 따라서 토지 매각대금으로부터만 우선변제권이 인정되고 건물의 매각대금으로부터는 우선변제권이 인정되지 않는다.

4. 제3취득자

(1) 의의
(근)저당권이 설정된 후 저당목적물의 소유권, 지상권 또는 전세권을 취득한 자를 제3취득자라고 한다. 따라서 후순위저당권자나 물상보증인은 제3취득자에 해당하지 않는다.

(2) 제3취득자의 보호
① 경매인이 될 수 있는 지위: 제3취득자도 경매절차에서 매수인(경락인)이 될 수 있다(제363조). 즉 저당물의 소유권을 취득한 제3자는 그 저당물의 경매에서 경매인이 될 수 있다.
② 제3취득자의 변제권
　㉠ 저당부동산에 대하여 소유권, 지상권 또는 전세권을 취득한 제3자는 저당권자에게 그 부동산으로 담보된 채권을 변제하고 저당권 소멸을 청구할 수 있다. 다만 변제기 전의 변제는 허용되지 않으므로 최소한 변제기가 도래해야 변제할 수 있다.
　㉡ 지연배상에 대해서는 1년분만 변제하면 충분하다.

③ **제3취득자의 비용상환청구권**: 제3취득자가 부동산에 보존비용이나 개량비용을 지출한 경우, 즉 필요비나 유익비를 지출한 경우에는 점유자의 비용상환청구권 규정(제203조 제1항·제2항)에 의해 저당물의 경매대가에서 우선상환 받을 수 있다.

5. 물권적 청구권

저당권의 침해가 있으면 저당권자는 그 침해에 대해서 방해제거 또는 방해예방을 청구할 수 있다. 다만 반환청구권은 인정되지 않는다.

POINT 36 근저당

(1) 근저당권의 효력이 미치는 피담보채권의 범위는 지연배상은 1년분에 한정되지 않고 채권최고액 범위 내에서 무제한 담보된다. 그리고 근저당권의 실행비용은 계속적 거래관계를 통해서 발생한 채권이 아니므로 채권최고액에 포함되지 않지만 별도로 우선변제를 받을 수 있다.

(2) 피담보채권의 확정(경매신청을 한 경우)
① 경매를 신청한 근저당권자의 채권은 경매신청 시에 채권이 확정되지만 경매를 신청하지 않은 근저당권자의 채권은 매각대금 완납 시에 확정된다.
② 경매신청을 하여 경매개시결정이 있은 후에 경매신청이 취하되었다고 하더라도 채무확정의 효과가 번복되는 것은 아니다.
③ 근저당에서 피담보채권의 확정시기에 대한 판단은 선순위인지 후순위인지는 문제되지 않고 누가 경매를 신청했는지가 중요하다. 즉 경매를 신청했다는 것은 더 이상 거래할 의사가 없음을 표시한 것이므로 경매신청 시까지 발생한 채권이 피담보채권으로 확정된다.
 ㉠ **선순위 근저당권자가 경매를 신청한 경우**: 경매를 신청한 선순위 근저당권자의 피담보채권은 경매신청 시에 확정되고 경매를 신청하지 않은 후순위 근저당권자의 피담보채권은 매각대금 완납 시에 확정된다.
 ㉡ **후순위 근저당권자가 경매를 신청한 경우**: 경매를 신청한 후순위 근저당권자의 피담보채권은 경매신청 시에 확정되고 경매를 신청하지 않은 선순위 근저당권자의 피담보채권은 매각대금 완납 시에 확정된다.

(3) 결산기의 채무총액이 채권최고액을 초과하는 경우에 변제 범위와 말소청구

① 근저당설정자가 채무자인 경우: 채무자는 채무총액(전액)을 변제하고 말소등기 청구할 수 있다.

② 물상보증인: 근저당권의 물상보증인은 제357조에서 말하는 채권의 최고액만을 변제하면 근저당권설정등기의 말소청구를 할 수 있고 채권최고액을 초과하는 부분의 채권액까지 변제할 의무가 있는 것이 아니다.

③ 제3취득자: 근저당부동산에 대하여 소유권을 취득한 제3자는 피담보채무가 확정된 이후에 그 확정된 피담보채무를 채권최고액의 범위 내에서 변제하고 근저당권의 소멸을 청구할 수 있다.

PART 03 계약법

POINT 37 계약의 종류

1. 쌍무계약과 편무계약

쌍무계약	① 매매, 교환, 임대차, 고용, 도급, 조합, 화해, 유상의 소비대차·위임·임치 ② 채무 간의 견련성이 인정되므로 동시이행항변권과 위험부담문제가 발생한다.
편무계약	증여, 사용대차, 현상광고, 무상의 소비대차·위임·임치

2. 유상계약과 무상계약

유상계약	① 쌍무계약 + 현상광고계약 ② 구별실익은 유상계약에는 매매에 관한 규정, 특히 담보책임 규정이 준용된다.
무상계약	증여, 사용대차계약

+PLUS 쌍무계약과 유상계약 그리고 편무계약과 무상계약의 관계

1. 쌍무계약은 모두 유상계약이지만, 모든 유상계약이 쌍무계약인 것은 아니다. 현상광고계약은 유상계약이지만 편무계약이기 때문이다. ⇨ 쌍무계약은 유상계약에 포함된다.
2. 무상계약은 모두 편무계약이지만, 모든 편무계약이 무상계약인 것은 아니다. 현상광고계약은 편무계약이지만 유상계약이기 때문이다. ⇨ 무상계약은 편무계약에 포함된다.

3. 낙성계약(諾成契約)과 요물계약(要物契約)

낙성계약	당사자 간에 청약과 승낙의 합의만 있으면 성립하는 계약을 말한다. 전형계약 중에서 현상광고계약을 제외한 나머지 14가지 계약이 모두 낙성계약이다.
요물계약	① 청약과 승낙의 합치 이외에 물건의 인도 또는 지정행위를 완료해야 성립하는 계약을 말한다. 15가지 전형계약 중에서는 현상광고계약만이 요물계약이다. ② 현상광고계약, 대물변제계약, 계약금계약, 보증금계약

4. 예약과 본계약

예약	① 장래 일정한 계약을 체결할 것을 미리 약정하는 계약을 말한다. ② 장차 본계약을 체결할 의무(채무)를 발생시키는 계약이므로 언제나 채권계약이다.
본계약	예약에 의하여 장차 맺어질 계약을 말한다.

POINT 38 계약의 성립

1. 계약의 성립요건

① 합의(합치): 계약이 성립하기 위해서는 청약과 승낙의 객관적 합치 + 주관적 합치가 있어야 한다.
② 불합의
　㉠ 계약은 성립하지 않는다.
　㉡ 무효와 취소의 문제는 발생할 수 없다.
　㉢ 계약체결상 과실책임은 발생할 수 없다(계약이 성립했는데 무효인 경우에 발생한다).

2. 청약

(1) 의의

청약이란 그에 대응하는 상대방의 의사표시, 즉 승낙과 결합하여 일정한 내용의 계약을 성립시킬 것을 목적으로 하는 구체적·확정적 의사표시를 말하며, 계약의 내용을 결정할 수 있을 정도의 사항을 포함시키는 것이 필요하다.

(2) 요건

① 청약은 장래에 계약의 당사자가 될 특정인에 의해서 행해지는 의사표시이지만 청약자가 반드시 명시되어야 하는 것은 아니다.
② 청약의 상대방 ⇨ 특정인, 불특정다수인
청약의 상대방은 특정인이든 불특정다수인이든 관계없다. 즉 특정인, 불특정다수인을 불문한다. 따라서 불특정다수인에 대한 청약도 유효하다.

(3) 효력

① 의사표시의 효력발생시기

> **제111조(의사표시의 효력발생시기)**
> ① 상대방이 있는 의사표시는 상대방에게 도달한 때에 그 효력이 생긴다.
> ② 의사표시자가 그 통지를 발송한 후 사망하거나 제한능력자가 되어도 의사표시의 효력에 영향을 미치지 아니한다.

② **청약의 구속력**: 청약의 의사표시가 상대방에게 도달하여 청약의 효력이 발생하면 청약자는 원칙적으로 청약의 의사표시를 마음대로 철회할 수 없다. 다만 예외적으로 청약자가 처음부터 미리 철회의 자유를 유보해 둔 경우 또는 상대방에게 도달하기 전에는 철회가 인정된다.

> **제527조(계약의 청약의 구속력)**
> 계약의 청약은 이를 철회하지 못한다.

3. 승낙

(1) 승낙의 자유
① 청약을 받은 사람은 승낙을 할지 안할지에 대해서 자유가 있으므로 당연히 회답해야 할 의무도 없다.
② 청약자가 미리 정한 기간 내에 이의를 하지 아니하면 승낙한 것으로 간주한다는 뜻을 청약 시 표시하였다고 하더라도 이는 상대방을 구속하지 아니하고 그 기간은 경우에 따라 단지 승낙기간을 정하는 의미를 가질 수 있을 뿐이다.
③ 청약자가 청약에 "일정기간 내에 이의를 제기하지 않으면 승낙한 것으로 본다."는 뜻을 표시한 경우, 이의 없이 그 기간이 경과해도 그 계약은 성립하지 않는다.

(2) 승낙의 상대방 ⇨ 특정인(청약자)
승낙의 의사표시는 반드시 청약자, 즉 특정인에게 행해져야 하므로 승낙의 상대방은 특정인이다.

(3) 연착된 승낙
① 늦게 발송한 경우: 승낙기간이 지나서 도착했으므로 승낙으로서 효력은 없다. 다만 승낙했다는 것은 계약을 체결할 의사가 있었던 것으로 보이므로 청약자가 연착된 승낙을 새로운 청약으로 보아 승낙하면 계약은 성립할 수 있다.
② 충분히 일찍 발송했는데 연착된 경우
  ㉠ 청약자가 연착통지를 한 경우: 청약자가 연착의 통지를 한 경우에는 승낙의 통지는 그대로 연착이 된 것이므로 계약은 성립하지 않는다. 다만 새로운 청약으로 볼 수 있다.
  ㉡ 청약자가 연착통지를 하지 않은 경우: 청약자가 연착의 통지를 하지 않았다면 더 이상 보호가치가 없고 충분히 일찍 발송한 승낙자는 보호가치가 있으므로 연착되지 않은 것으로 보아 계약은 그대로 성립하는데 승낙의 통지를 발송한 때 성립한다.

(4) 변경을 가한 승낙
청약을 받은 자가 청약에 대하여 그대로 승낙하지 않고 그 청약에 대해서 조건을 붙이거나 변경을 가하여 승낙한 때에는 그 청약의 거절과 동시에 새로 청약한 것으로 본다.

(5) 계약의 성립시기
① 대화자 간의 계약: 승낙의 의사표시가 상대방에게 도달한 때 계약은 성립한다.
② 격지자 간의 계약
  ㉠ 승낙의 통지를 발송한 때 성립한다. ※ 암기팁: 격승발
  ㉡ 격지자 간의 계약에서 청약의 의사표시는 도달주의를 취하지만 승낙의사표시는 발신주의를 취한다.

POINT 39 위험부담(제537조·제538조)

1. 의의

위험부담이란 쌍무계약에서 당사자 일방의 채무(급부의무)가 채무자 자신의 책임 없는 사유로 후발적 불능이 되어 소멸하는 경우, 채권자가 부담하고 있는 채무(반대급부의무)가 함께 소멸하는지, 아니면 소멸하지 않고 존재하는지의 문제를 말한다. 즉 채무자가 채권자에게 대가(반대급부)를 청구할 수 있는지의 문제이다.

2. 기본 쟁점

① 위험부담의 문제는 쌍무계약에서 발생에서 그리고 후발적 불능에서 발생한다.
② 후발적 불능이 채무자에게 책임 없는 사유로 발생한 경우이어야 한다.
③ 위험부담에 관한 규정(제537조·제538조)은 임의규정에 불과하므로 당사자 간에 특약이 있으면 특약이 우선하고 특약이 없는 경우에 한하여 적용된다.

3. 원칙 ⇨ 채무자위험부담주의(제537조)

> **제537조(채무자위험부담주의)**
> 쌍무계약의 당사자 일방의 채무가 당사자 쌍방의 책임 없는 사유로 이행할 수 없게 된 때에는 채무자는 상대방의 이행을 청구하지 못한다.

요건	① 후발적 불능이어야 한다. ② 쌍무계약이어야 한다. ③ 쌍방의 책임 없는 사유로 후발적 불능이 되어야 한다.
효과	① 채무자는 상대방의 이행을 청구하지 못한다(대금지급을 청구×). ② 채무자(매도인)가 채권자(매수인)에게 가지고 있던 대금지급청구권(대가청구권)도 소멸하므로 이미 받아둔 계약금은 부당이득이므로 반환해야 한다. 즉 매수인은 계약금의 반환을 청구할 수 있다. ③ 판례는 대상청구권을 인정하고 있다. [예] 甲소유 토지에 대해서 乙과 매매계약을 체결하고 계약금과 중도금을 지급한 이후 甲소유 토지가 수용되어 불능이 되었고 甲이 토지에 대신해서 수용보상금청구권(대상)을 취득한 경우, 乙은 잔금을 지급하면서 甲에게 수용보상금청구권의 양도를 청구할 수 있다.

4. 예외 ⇨ 채권자위험부담주의(제538조)

> **제538조(채권자귀책사유로 인한 이행불능)**
> ① 쌍무계약의 당사자 일방의 채무가 채권자의 책임 있는 사유로 이행할 수 없게 된 때에는 채무자는 상대방의 이행을 청구할 수 있다. 채권자의 수령지체 중에 당사자 쌍방의 책임 없는 사유로 이행할 수 없게 된 때에도 같다.
> ② 전항의 경우에 채무자는 자기의 채무를 면함으로써 이익을 얻은 때에는 이를 채권자에게 상환하여야 한다.

요건	① 후발적 불능이어야 한다. ② 쌍무계약이어야 한다. ③ 채권자의 책임 있는 사유로 불능이 되어야 한다. ④ 채권자의 수령지체 중에 당사자 쌍방의 책임 없는 사유로 불능이 되어야 한다.
효과	① 채무자는 상대방에게 이행을 청구할 수 있다. 즉 채무자는 채무를 면하지만 채권자에게 대가를 청구할 수 있다. ② 채무자는 자기의 채무를 면함으로써 이익을 얻은 때에는 이를 채권자에게 상환하여야 한다.

POINT 40 제3자를 위한 계약

필살키 070~072

1. 기본 쟁점

① 보상관계(기본관계): 요약자와 낙약자의 관계
② 대가관계(원인관계): 요약자와 수익자의 관계

2. 제3자를 위한 계약의 성립 ⇨ 유효한 계약 + 제3자 수익약정

채권자(요약자)와 채무자(낙약자)가 계약의 당사자이고 제3자(수익자)는 당사자가 아니다.

3. 요약자(채권자)의 지위

① 요약자는 채권자이므로 채무자(낙약자)에게 제3자에 대한 채무를 이행할 것을 청구할 수 있다.
② 제3자의 권리가 확정된 후라도, 즉 제3자가 수익의 의사를 표시한 이후에도 낙약자의 채무불이행이 있는 경우에는 제3자 동의 없이도 계약을 해제할 수 있고 원상회복 청구권을 행사할 수 있다.
③ 원상회복이나 부당이득반환은 당사자인 요약자와 낙약자 사이에 발생한다. 따라서 낙약자와 요약자 사이의 법률관계, 즉 기본관계를 이루는 계약이 무효이거나 해제된 경우 그 계약관계의 청산은 계약의 당사자인 낙약자와 요약자 사이에 이루어져야 하므로, 특별한 사정이 없는 한 낙약자가 이미 제3자에게 급부한 것이 있더라도 낙약자는 계약해제 등에 기한 원상회복 또는 부당이득을 원인으로 제3자를 상대로 그 반환을 청구할 수 없다.

4. 낙약자(채무자)의 지위

① 최고권: 채무자(낙약자)는 제3자에게 계약에 따른 이익을 받을지에 대해서 상당한 기간을 정해서 최고(독촉)할 수 있다. 그리고 채무자가 그 기간 내에 아무런 확답을 받지 못한 때에는 수익 거절의 의사를 표시한 것으로 본다.
② 항변권: 제3자의 급부청구에 대해 채무자(낙약자)는 채권자(요약자)와의 계약에 기한 항변, 즉 기본관계(보상관계)에 기한 항변으로 제3자(수익자)에게 대항할 수 있다.

5. 수익자(제3자)의 지위

① 제3자는 계약의 당사자가 아니므로 계약체결 당시 반드시 현존하거나 특정되지 않아도 된다. 따라서 태아 또는 설립 중인 법인을 위해서도 제3자를 위한 계약은 성립할 수 있다.
② 제3자는 계약의 당사자가 아니므로 계약의 당사자에게 인정되는 취소권, 해제권, 해제를 원인으로 한 원상회복청구권은 없다.
③ 수익의사표시
   ㉠ 제3자가 하는 수익의 의사표시의 상대방은 낙약자이다. 그리고 제3자는 수익의 의사를 표시함으로써 낙약자에게 직접 권리를 취득한다. ⇨ 낙약자에게 직접 이행을 청구할 수 있다.
   ㉡ 제3자가 수익의 의사를 표시함으로써 권리를 취득한 이후에는 제3자를 보호하기 위해서 계약의 당사자(요약자와 낙약자)는 서로 합의를 통해서 제3자의 권리를 변경 또는 소멸시키지 못하는 것이 원칙이다. 다만, 변경 또는 소멸시킬 수 있음을 미리 유보하거나 제3자의 동의가 있으면 변경 또는 소멸시킬 수 있다.
④ 낙약자가 채무를 이행하지 않더라도 수익자는 계약의 당사자가 아니므로 채무불이행을 원인으로 계약을 해제할 수는 없다. 그러나 수익자는 낙약자의 채무불이행으로 인하여 입은 손해의 배상을 낙약자에 대하여 청구할 수 있다.
⑤ 제3자, 즉 수익자는 단지 제3자를 위한 계약에서 발생하는 권리를 취득할 뿐 별도의 새로운 이해관계(계약관계) 맺은 자가 아니므로 「민법」상 제3자 보호규정에 있어서 보호받는 제3자에 해당하지 않는다.

POINT 41 계약의 해제(소멸)

1. 구별개념

(1) (법정)해제(제543조 이하)

① 단독행위: 형성권이고 단독행위이다.
② 해제권은 채무불이행을 원인으로 발생하므로 채무불이행을 원인으로 손해배상을 청구할 수 있다.
③ 계약을 해제하면 서로에 대해서 원상회복의무가 발생하는데 만약 받은 것이 금전이라면 받은 날부터 이자를 가산해야 하고, 이자의 반환은 원상회복의무의 범위에 속하는 것으로 일종의 부당이득반환의 성질을 가지는 것이지 반환의무의 이행지체로 인한 손해배상은 아니라고 할 것이다.

(2) 약정해제(해제권의 유보)

① **단독행위**: 계약을 체결하면서 특약으로 해제권을 유보한 경우이다. 따라서 특약으로 정한 해제사유가 발생하면 해제권자의 일방적 의사표시만으로 계약관계를 소급적으로 소멸시키는 권리이므로 형성권이고 단독행위이다.
② 채무불이행이 아니므로 채무불이행을 원인으로 손해배상을 청구하지 못한다.
③ 계약을 해제하면 서로에 대해서 원상회복의무가 발생하는데 만약 받은 것이 금전이라면 이자를 가산해야 한다.
④ 특약으로 정한 해제사유가 발생하면 상대방에게 최고 없이 즉시 해제할 수 있다.

(3) 합의해제(해제계약)

① **계약**: 합의해제는 기존의 계약을 서로의 합의에 의해서 소급적으로 소멸시키는 새로운 계약이다. 즉 해제계약이 성립하기 위해서는 청약과 승낙의 합치가 있어야 한다.
② 계약이 합의해제된 경우에는 그 해제 시에 당사자 일방이 상대방에게 손해배상을 하기로 특약하거나 손해배상청구를 유보하는 의사표시를 하는 등 다른 사정이 없는 한 채무불이행으로 인한 손해배상을 청구할 수 없다. 즉 합의해제는 채무불이행이 아니므로 채무불이행을 원인으로 손해배상을 청구하지 못한다.
③ 당사자 사이에 특약이 없는 이상 이자를 가산할 의무는 없다.
④ 합의해제는 계약이므로 단독행위를 전제로 하는 해제에 관한 규정(제543조 이하)은 적용되지 않는 것이 원칙이다. 다만 예외적으로 제3자 보호규정은 적용된다. ⇨ 제3자 이익을 침해하지 못한다.

2. 법정해제

(1) 보통의 이행지체

① **원칙**: 상당한 기간을 정해서 채무이행을 최고해야 한다.
② **예외**   ※ 최고 없이 해제권이 발생하는 경우
 ㉠ 채무자가 미리 이행하지 아니할 의사를 표시한 경우에는 이행의 기회를 주는 것이 의미가 없으므로 최고 없이 해제권이 발생한다.
 ㉡ 부동산 매도인이 중도금의 수령을 거절하였을 뿐만 아니라 계약을 이행하지 아니할 의사를 명백히 표시한 경우 매수인은 신의성실의 원칙상 소유권이전등기의무 이행기일까지 기다릴 필요 없이 이를 이유로 매매계약을 해제할 수 있다. 즉 최고 없이 해제권이 발생한다.
③ 쌍무계약에 있어서 계약당사자의 일방은 상대방이 채무를 이행하지 아니할 의사를 명백히 표시한 경우에는 최고나 자기 채무의 이행제공 없이 그 계약을 적법하게 해제할 수 있으나, 그 이행거절의 의사표시가 적법하게 철회된 경우 상대방으로서는 자기 채무의 이행을 제공하고 상당한 기간을 정하여 이행을 최고한 후가 아니면 채무불이행을 이유로 계약을 해제할 수 없다.

(2) 이행불능에 의한 해제권의 발생
① 최고 없이 즉시 해제권이 발생한다.
② 매도인의 매매계약상의 소유권이전등기의무가 이행불능이 되어 이를 이유로 매매계약을 해제함에 있어서는 상대방의 잔대금지급의무가 매도인의 소유권이전등기의무와 동시이행관계에 있다고 하더라도 그 이행의 제공을 필요로 하는 것이 아니다(대법원 2003.1.24. 선고 2000다22850). 즉 매도인의 소유권이전등기의무가 이행불능이 된 경우 매수인이 매매계약을 해제하기 위해서 소유권이전등기일까지 기다릴 필요도 없고 잔금지급의무를 이행할 필요도 없이 즉시 해제할 수 있다.

3. 해제권의 행사

> **제543조(해지, 해제권)**
> ① 계약 또는 법률의 규정에 의하여 당사자의 일방이나 쌍방이 해지 또는 해제의 권리가 있는 때에는 그 해지 또는 해제는 상대방에 대한 의사표시로 한다.
> ② 전항의 의사표시는 철회하지 못한다.
>
> **제547조(해지, 해제권의 불가분성)** ※ 임의규정
> ① 당사자의 일방 또는 쌍방이 수인인 경우에는 계약의 해지나 해제는 그 전원으로부터 또는 전원에 대하여 하여야 한다.
> ② 전항의 경우에 해지나 해제의 권리가 당사자 1인에 대하여 소멸한 때에는 다른 당사자에 대하여도 소멸한다.

4. 해제의 효과 ⇨ 소급효가 있다

① 계약관계는 소급적으로 소멸하여 그 계약의 구속으로부터 벗어난다.
② 계약해제로 인하여 이전되었던 물권은 당연히 복귀한다(판례). 즉 계약이 없었던 원상태로 복귀한다.
③ 해제에서 보호받는 제3자의 요건: 시간적으로 해제 전에 이해관계를 맺어야 하고 등기 또는 인도 등으로 완전한 권리를 취득한 자로 제한하고 있다. 그리고 해제 전이므로 선의·악의의 대상이 없으므로 선의·악의 불문하고 보호된다.
④ 적중판례

> ㉠ 제3자에 해당하는 경우
> ⓐ 해제된 계약에 의하여 채무자의 책임재산이 된 계약의 목적물을 가압류한 가압류채권자는 제548조 제1항 단서에서 말하는 제3자에는 위 가압류채권자도 포함된다.
> ⓑ 소유권을 취득하였다가 계약해제로 인하여 소유권을 상실하게 된 임대인으로부터 그 계약이 해제되기 전에 주택을 임차받아 주택의 인도와 주민등록을 마침으로써 「주택임대차보호법」 제3조 제1항에 의한 대항요건을 갖춘 임차인은 「민법」 제548조 제1항 단서의 규정에 따라 계약해제로 인하여 권리를 침해받지 않는 제3자에 해당하므로 임대인의 임대권의 바탕이 되는 계약의 해제에도 불구하고 자신의 임차권을 새로운 소유자에게 대항할 수 있고, 이 경우 계약해제로 소유권을 회복한 제3자는 「주택임대차보호법」 제3조 제2항에 따라 임대인의 지위를 승계한다.

ⓒ 제3자에 해당하지 않는 경우
  ⓐ 계약상의 채권을 양수한 자는 여기서 말하는 제3자에 해당하지 않는다.
  ⓑ 계약상의 채권(소유권이전등기청구권) 자체를 압류 또는 전부한 채권자는 여기서 말하는 제3자에 해당하지 아니한다.

POINT 42 매매의 기본 쟁점

필살키 077~079

(1) 매도인에게 처분권한이 없어도, 즉 타인권리매매도 유효이다.

(2) 매매계약의 비용의 부담 ⇨ 임의규정

매매비용을 매수인이 전부 부담한다는 약정은 특별한 사정이 없는 한 유효하다.

> **제566조(매매계약의 비용의 부담)**
> 매매계약에 관한 비용은 당사자 쌍방이 균분하여 부담한다.

(3) 과실의 귀속

예컨대 甲소유 건물에 대해서 乙과 매매계약을 체결한 경우에 건물에 대한 사용이익, 즉 과실을 누가 취득할 것인가?

① 매매계약을 체결했지만 매도인 甲은 건물을 인도하지 않았고 매수인 乙도 매매대금을 완납하지 않은 경우, 즉 매매계약을 체결한 후 인도하지 않은 목적물로부터 과실이 생긴 경우에는 그 과실은 매도인이 취득한다.

② 매매계약을 체결하고 매수인 乙은 매매대금을 완납했지만 매도인 甲이 목적물을 인도하지 않은 경우, 매도인은 매매대금에서 발생하는 이자를 취득하므로 과실은 매수인이 취득해야 공평하다.

③ 매매계약을 체결하고 매도인 甲은 목적물을 인도했는데 매수인 乙이 매매대금을 완납하지 않은 경우, 매수인이 건물을 인도받았으므로 매수인이 과실을 취득하고 다만 매매대금을 지급할 때 이자를 가산해서 지급해야 공평하다.

④ 매수인의 대금지급 의무 등

> **제585조(동일기한의 추정)**
> 매매의 당사자 일방에 대한 의무이행의 기한이 있는 때에는 상대방의 의무이행에 대하여도 동일한 기한이 있는 것으로 추정한다.
>
> **제586조(대금지급장소)**
> 매매의 목적물의 인도와 동시에 대금을 지급할 경우에는 그 인도 장소에서 이를 지급하여야 한다.

POINT 43 계약금(증약금, 해약금, 위약금)

필살키 080~081

1. 계약금계약

① 계약금계약은 종된 계약이기 때문에 매매계약이 무효나 취소되면 계약금계약의 효력도 소멸한다.
② 계약금계약은 요물 계약이기 때문에 계약금의 일부만 지급(전액 지급하지 않은 경우)한 경우에는 계약금계약은 성립하지 않기 때문에 계약금에 기한 해제는 인정되지 않는다.

2. 해약금

(1) 임의규정

계약의 해제권을 유보하기 위하여 수수된 계약금으로 「민법」은 원칙적으로 계약금은 해약금으로 추정한다(제565조). 다만 해약금에 관한 규정인 「민법」 제565조는 임의규정에 불과하므로 특약을 통해서 배제할 수 있다. 따라서 계약금을 포기하고 행사할 수 있는 해제권은 당사자의 합의로 배제할 수 있다.

(2) 해제권 행사방법

① 매수인: 해제 의사표시
② 매도인: 해제 의사표시 + 수령한 계약금의 배액을 제공해야 한다. 다만 매수인이 수령하지 않는 경우에 공탁까지 할 필요는 없다.
③ 토지거래 허가구역 내의 토지매매: 계약금에 기한 해제는 인정된다. 따라서 매도인은 수령한 계약금의 배액을 상환하고 해제할 수 있다. 그리고 허가를 받은 경우에도 이행의 착수는 아니기 때문에 매도인은 배액을 상환하고 해제할 수 있다.

(3) 행사의 제한

① 당사자의 일방이 이행에 착수(중도금 지급)할 때까지(일부이행도 포함) 교부자는 이를 포기하고 수령자는 그 배액을 상환하여 매매계약을 해제할 수 있다.
② 이행기 전에도 착수할 수 있으며 중도금의 일부를 지급한 경우에도 이행의 착수에 해당한다.

(4) 해약금에 의한 해제의 효과

해제에 의하여 채권관계는 소급적으로 소멸하나 일방의 이행의 착수 전에 한하여 해제할 수 있으므로 원상회복의무는 발생하지 않는다. 그리고 채무불이행이 아니므로 손해배상을 청구할 수 없다.

3. 위약금 ※ 특약이 있는 경우

① 손해배상액의 예정으로 추정된다.
② 위약벌(금): 별도 특약이 있는 경우

POINT 44 매도인의 담보책임(권리의 하자)

(1) 매매의 목적인 권리 전부가 타인에게 속한 경우(제570조)
① 선의의 매수인: 계약해제권, 손해배상청구권을 취득한다.
② 악의의 매수인: 계약해제권을 취득한다.
③ 권리행사기간(제척기간): 제한이 없다.

(2) 매매의 목적인 권리의 일부가 타인에게 속하는 경우(제572조·제573조)
① 선의의 매수인: 대금감액청구권, 해제권, 손해배상청구권을 취득한다.
② 악의의 매수인: 대금감액청구권을 취득한다.
③ 권리행사기간(제척기간): 매수인이 선의인 경우에는 그 사실을 안 날로부터 1년 내에, 악의인 경우에는 계약한 날로부터 1년 내에 각각 행사하여야 한다.

(3) 매매목적물의 수량부족 또는 일부멸실(제574조)
① 선의의 매수인: 대금감액청구권, 해제권, 손해배상청구권을 취득한다.
② 악의의 매수인: 담보책임을 전혀 물어갈 수 없다.
③ 권리행사기간(제척기간): 선의의 매수인은 수량부족 또는 일부멸실 사실을 안 날로부터 1년 이내에 행사해야 한다.

POINT 45 환매

1. 요건
환매특약은 매매계약과 동시에 해야한다.

2. 환매권 행사
① 행사방법: 매도인이 매매계약과 동시에 환매할 권리를 보류한 때에는 그 영수한 대금 및 매수인이 부담한 매매비용을 반환하고 그 목적물을 환매할 수 있다.
② 환매대금: 약정이 있으면 약정에 따르고, 약정이 없으면 영수한 대금과 매매비용
③ 환매기간
  ㉠ 환매기간은 부동산은 5년, 동산은 3년을 넘지 못한다. 약정기간이 이를 넘는 때에는 부동산은 5년, 동산은 3년으로 단축한다.
  ㉡ 환매기간을 정한 때에는 다시 이를 연장하지 못한다.
  ㉢ 환매기간을 정하지 아니한 때에는 그 기간은 부동산은 5년, 동산은 3년으로 한다.

④ 매매의 목적물이 부동산인 경우에 매매등기와 동시에 환매권의 보류를 등기한 때에는 제3자에 대하여 그 효력이 있다.
⑤ 목적물의 과실과 대금의 이자는 특별한 약정이 없으면 이를 상계한 것으로 본다.

POINT 46 임차인의 지상물매수청구권(강행규정)   필살키 082~083

1. 발생요건

① 모든 임대차에서 발생하는 것이 아니라 건물 기타 공작물의 소유 또는 식목, 채염, 목축을 목적으로 한 토지임대차에만 발생한다.
② 임대차가 존속기간의 만료로 인하여 소멸해야 한다.
  ㉠ 토지 임대차에 있어서 토지 임차인의 차임연체 등 채무불이행을 이유로 그 임대차계약이 해지되는 경우, 토지 임차인으로서는 토지 임대인에 대하여 그 지상건물의 매수를 청구할 수는 없다.
  ㉡ 토지임차인의 지상물매수청구권은 기간의 정함이 없는 임대차에 있어서 임대인에 의한 해지통고에 의하여 그 임차권이 소멸된 경우에도 지상물매수청구권은 인정된다.
③ 지상물의 범위
  ㉠ 임대인의 동의를 얻어서 신축한 것으로 제한되지 않는다. 즉 임대인의 동의 없이 신축한 건물에 대해서도 지상물매수청구권을 행사할 수 있다.
  ㉡ 무허가·미등기건물도 매수청구권의 대상이 된다. 즉 무허가 건물에 대해서도 지상물매수청구권이 인정된다.
  ㉢ 지상 건물의 객관적인 경제적 가치나 임대인에 대한 효용 여부는 문제되지 않는다. 즉 경제적 가치가 없거나 임대인에게 소용이 없을지라도 임차인은 지상물매수청구권을 행사할 수 있다.
  ㉣ 건물이 임대인 토지와 제3자 토지 위에 걸친 경우는 임차지상의 건물에 대해서 구분소유권의 객체가 될 수 있는 부분에 한하여 인정된다. 따라서 건물전체에 대해서 매수청구를 할 수 없다.
④ 계약갱신청구권

원칙	임차인은 먼저 임대인을 상대로 계약갱신청구권을 행사하고 임대인이 갱신거절하면 비로소 지상물매수청구권을 행사할 수 있다.
예외	건물의 소유를 목적으로 하는 토지 임대차에 있어서, 토지 임차인의 지상물매수청구권은 기간의 정함이 없는 임대차에 있어서 임대인에 의한 해지통고에 의하여 그 임차권이 소멸한 경우에도, 임차인의 계약갱신 청구의 유·무에 불구하고 인정된다. 즉 계약갱신청구권을 행사하지 않고 즉시 지상물매수청구권을 행사할 수 있다.

⑤ **청구권자**: 지상물의 소유자만이 매수청구권을 행사할 수 있다. 따라서 임대차기간이 만료되기 전에 그 지상물을 제3자에게 양도한 경우, 임차인은 더 이상 지상물매수청구권을 행사할 수 없다.
⑥ **상대방**
    ㉠ 임차인은 임차권 소멸 당시 임대인을 상대로 매수청구권을 행사하는 것이 원칙이다.
    ㉡ 임차권 소멸 후에 그 토지가 제3자에게 양도된 경우
        ⓐ **원칙**: 제3자에게 지상물매수청구권을 행사할 수 없다.
        ⓑ **예외**: 임차권이 대항력이 있을 때(건물 소유 목적의 토지임대차에서 건물을 등기한 경우)에는 양수인, 즉 신소유자에 대해서도 행사할 수 있다.
⑦ 강행규정이다.

2. 효과

① 임차인의 지상물매수청구권은 형성권이므로 임차인의 매수의사표시가 있으면 임대인의 승낙이 없어도 지상물 매매계약은 성립한다.
② **매매대금**: 매수청구권 행사 당시의 건물시가를 대금으로 하는 매매계약이 체결된 것과 같은 효과가 발생하는 것이지, 임대인이 기존 건물의 철거비용을 포함하여 임차인이 임차지상의 건물을 신축하기 위하여 지출한 모든 비용을 보상할 의무를 부담하게 되는 것은 아니다.
③ 「민법」 제643조 소정의 매수청구권은 매수청구의 대상이 되는 건물에 근저당권이 설정되어 있는 경우에도 인정된다.

POINT 47 임대인의 동의가 없는 무단전대

필살카 084~085

1. 임대인과 임차인(전대인) 사이의 법률관계

① 임차인이 임대인의 동의 없이 무단 양도한 경우 임차인이 배신행위를 했으므로 임대인을 보호하기 위해서 임대인은 해지권을 취득한다. 해지권은 권리로서 권리행사의 자유가 있으므로 임대인은 임대차계약을 해지하지 않고 임차인을 상대로 차임지급을 청구할 수 있다.
② 임차권의 양수인이 임차인과 부부로서 임차건물에 동거하면서 함께 가구점을 경영하고 있는 등의 사정은 임대인에 대한 배신적 행위라고 인정할 수 없는 특별한 사정에 해당한다. 즉 임차인이 임대인으로부터 별도의 승낙을 얻은 바 없이 제3자에게 임차물을 사용·수익하도록 한 경우에 있어서도 임차인의 당해 행위가 임대인에 대한 배신적 행위라고 인정할 수 없는 특별한 사정이 있는 경우에는 해지권은 발생하지 않는다.

2. 임차인(전대인)과 전차인 사이의 법률관계

① 임대인의 동의가 없을지라도 전대계약 자체는 유효하다.
② 전대계약 자체는 유효이므로 임차인(전대인)은 임대인의 동의를 받아줄 의무를 전차인에게 부담한다.
③ 전대계약자체는 유효이므로 전대인은 전차인에게 목적물을을 인도하여 양수인이 사용·수익할 수 있도록 할 의무가 있다.

3. 임대인과 전차인 사이의 법률관계

① 임대인의 동의가 없으므로 전차인은 임대인에게 대항할 수 없다. 즉 전차인의 점유는 불법점유에 해당한다.
② 전차인의 점유는 불법점유에 해당하므로 임대인은 전차인을 상대로 물권적 청구권을 행사할 수 있다.
③ 임대차계약을 해지하거나 그 밖의 다른 사유로 임대차계약이 적법하게 종료되지 않는 한 임대인은 임차인에 대하여 여전히 차임청구권을 가지므로, 임대차계약이 존속하는 한도 내에서는 제3자에게 불법점유를 이유로 한 차임 상당 손해배상청구나 부당이득반환청구를 할 수 없다.

PART 04 민사특별법

POINT 48 주택임대차보호법(이하 주택임대차법)의 적용 범위 필살키 086~088

(1) 주택임대차

① 「주택임대차법」은 임대차계약의 목적물이 주택인 경우, 즉 주택임대차에 대해서만 적용된다.
② 주택여부는 임대차계약체결 당시를 기준으로 판단한다.

(2) 주거용 건물(주택, 대지에 적용)

① 임대차계약의 목적물이 주택이면 충분하므로 미등기·무허가 주택이라도 「주택임대차법」은 적용된다.
② 점포 및 사무실로 사용되던 건물에 근저당권이 설정된 후 그 건물이 주거용 건물로 용도 변경되어 이를 임차한 소액임차인도 특별한 사정이 없는 한 「주택임대차법」 제8조에 의하여 보증금 중 일정액을 근저당권자보다 우선하여 변제받을 권리가 있다.

(3) 주택의 미등기전세

미등기전세에서 전세계약의 목적물이 주택인 경우에는 「주택임대차법」이 적용된다.

(4) 일시사용을 위한 임대차임이 명백한 경우에는 「주택임대차법」은 적용되지 않는다.

(5) 법인

원칙	법인에 대해서는 적용되지 않는다.
예외	일정한 법인(한국토지주택공사, 주택사업을 목적으로 설립된 지방공사, 「중소기업기본법」상의 중소기업에 해당하는 법인)에 대해서는 적용된다.

POINT 49 주택임대차법에서 존속기간

1. 존속기간의 보장
① 최단존속기간의 보장: 기간을 정하지 아니하거나 2년 미만으로 정한 임대차는 그 기간을 2년으로 본다. 다만, 임차인은 2년 미만으로 정한 기간이 유효함을 주장할 수 있다.
② 임대차 존속의 의제: 일반적으로 임대차기간이 끝나면 임대차관계도 종료한다. 그러나 보증금을 반환받지 못한 임차인을 보호하기 위해서 임대차기간이 끝난 경우에도 임차인이 보증금을 반환받을 때까지는 임대차관계가 존속되는 것으로 본다.

2. 법정갱신(묵시갱신)
① 존속기간은 전임대차와 동일한 기간이 아니라 2년으로 본다.
② 임차인은 언제든지 임대인에게 계약해지를 통지할 수 있다. 이 경우 임대인이 그 통지를 받은 날부터 3개월이 지나면 임대차는 해지된다. 그러나 임대인은 2년에 구속되므로 임대인이 임차인에게 계약해지를 통지할 수는 없다.
③ 법정갱신 제외 사유: 임차인이 2기의 차임을 연체하거나 또는 임차인으로서의 의무를 현저히 위반한 경우에는 위의 묵시갱신 요건 중 어느 하나에 해당하더라도 갱신되지 않는다.

POINT 50 주택임대차법에서 대항력

※ **대항요건: 주택인도와 주민등록**
① 임차인이 주택의 인도 그리고 주민등록을 마친 때에는 그 다음날(0시)부터 대항력을 취득한다.
② 임차인이 주택인도와 주민등록이라는 대항요건을 갖춘 경우, 언제나 대항력을 취득하는 것은 아니고 후순위권리자 및 기타채권자에 대한 관계에서만 대항력을 취득한다. 따라서 대항요건을 충족했을지라도 선순위권리자가 있다면 임차인에게 대항력은 인정되지 않는다.
③ 경락으로 소멸되는 선순위 저당권보다 뒤에 등기되었거나 대항요건을 갖춘 주택 임차인은 경락인에게 대항할 수 없다. 따라서 경락인은 임대인의 지위를 승계하지 않는다.

POINT 51 주택임대차법에서 임차권등기명령 *필살카* 086~088

1. 신청절차

① 임대차가 종료된 후 보증금을 반환받지 못한 임차인은 임차주택의 소재지를 관할하는 지방법원·지방법원지원 또는 시·군 법원에 임차권등기명령을 신청할 수 있다.
② 임차인은 임차권등기명령의 신청 및 그에 따른 임차권등기와 관련하여 소요된 비용을 임대인에게 청구할 수 있다.
③ 임차권등기명령의 신청을 기각(棄却)하는 결정에 대하여 임차인은 항고(抗告)할 수 있다.

2. 효력

① 임차권등기가 경료되면 임차인은 대항력 및 우선변제권을 취득한다. 임차인이 임차권 등기 이전에 이미 대항력 또는 우선변제권을 취득한 경우에는 그 대항력과 우선변제권이 그대로 유지되며, 임차권등기 이후에는 대항요건을 상실하더라도 이미 취득한 대항력이나 우선변제권을 상실하지 아니한다.
② 임차권등기명령의 집행에 따른 임차권등기가 끝난 주택(임대차의 목적이 주택의 일부분인 경우에는 해당 부분으로 한정한다)을 그 이후에 임차한 임차인이 제8조의 소액임차인인 경우에도 제8조에 따른 최우선변제를 받을 권리가 없다.
③ 배당요구채권이 아니다. 즉 임차인이 배당요구하지 않아도 배당받을 채권자에 해당한다.

POINT 52 상가건물 임대차보호법(이하 상가임대차법)의 적용 범위 *필살카* 089~091

(1) 환산보증금액이 일정액 이하이어야 한다.

① 원칙: 환산보증금액이 일정액 이하이어야 한다.

> ⊙ 서울특별시: 9억원
> ⓒ 「수도권정비계획법」에 따른 과밀억제권역(서울특별시는 제외한다) 및 부산광역시: 6억 9천만원
> ⓒ 광역시(수도권정비계획법에 따른 과밀억제권역에 포함된 지역과 군지역, 부산광역시는 제외한다), 세종특별자치시, 파주시, 화성시, 안산시, 용인시, 김포시 및 광주시: 5억 4천만원
> ② 그 밖의 지역: 3억 7천만원

② 예외: 다만 환산보증금액이 위의 금액을 초과하는 경우에도 다음의 규정은 적용된다.

> 보증금, **차임**증감청구권, **표준**권리금계약서, **표준**계약서의 작성, **대항력**, **계약**갱신요구권(최초임대차기간을 포함해서 10년, 갱신의 효과는 전임대차와 동일한 조건), **권리금**보호, **3**기 차임연체 시 해지, 집합제한 또는 금지조치를 총 3개월 이상 받음, 폐업으로 인한 해지권 규정은 환산보증금액을 초과하는 임대차에 대하여도 적용된다.
> ※ 암기팁: 차인표가 대계가게를 권리금 3천에 인수했다

③ 환산보증금이 일정액을 초과하고 기간의 정함이 없는 임대차에서는 <u>계약갱신요구권은 인정되지 않는다</u>.

(2) 상가건물이어야 한다.

「상가임대차법」이 적용되는 상가건물 임대차는 <u>사업자등록 대상이 되는 건물로서 임대차 목적물인 건물을 영리를 목적으로 하는 영업용으로 사용하는 임대차를 가리킨다. 단순히 상품의 보관·제조·가공 등 사실행위만이 이루어지는 공장·창고 등은 영업용으로 사용하는 경우라고 할 수 없으나 그곳에서 그러한 사실행위와 더불어 영리를 목적으로 하는 활동이 함께 이루어진다면 「상가임대차법」 적용대상인 상가건물에 해당한다.</u>

(3) 일시사용을 위한 임대차임이 명백한 경우에는 적용하지 아니한다(제16조).

(4) 미등기전세에 대해서는 적용된다.

POINT 53 상가임대차법에서 존속기간

필살카 089~091

1. 최단존속기간의 보장

> **제9조(임대차기간 등)**
> ① 기간을 정하지 아니하거나 기간을 1년 미만으로 정한 임대차는 그 기간을 <u>1년</u>으로 본다. 다만, <u>임차인은 1년 미만으로 정한 기간이 유효함을 주장할 수 있다</u>.
> ② 임대차가 종료한 경우에도 <u>임차인이 보증금을 돌려받을 때까지는</u> 임대차 관계는 존속하는 것으로 본다.

2. 계약갱신요구권(제10조)

① 임대인은 임차인이 임대차기간이 만료되기 6개월 전부터 1개월 전까지 사이에 계약갱신을 요구할 경우 정당한 사유 없이 거절하지 못한다. 다만, 아래의 어느 하나에 해당하는 경우에는 그러하지 아니하다.

> ㉠ 임차인이 3기의 차임액에 해당하는 금액에 이르도록 차임을 연체한 사실이 있는 경우
> ㉡ 임차인이 거짓이나 그 밖의 부정한 방법으로 임차한 경우
> ㉢ 서로 합의하여 임대인이 임차인에게 상당한 보상을 제공한 경우
> ㉣ 임차인이 임대인의 동의 없이 목적 건물의 전부 또는 일부를 전대(轉貸)한 경우
> ㉤ 임차인이 임차한 건물의 전부 또는 일부를 고의나 중대한 과실로 파손한 경우
> ㉥ 임차한 건물의 전부 또는 일부가 멸실되어 임대차의 목적을 달성하지 못할 경우

② 임차인의 계약갱신요구권은 최초의 임대차기간을 포함한 전체 임대차기간이 10년을 초과하지 아니하는 범위에서만 행사할 수 있다.

③ 갱신되는 임대차는 전 임대차와 동일한 조건으로 다시 계약된 것으로 본다. 다만, 차임과 보증금은 제11조에 따른 범위에서 증감(1년, 5% 제한)할 수 있다.

POINT 54 가등기담보 등에 관한 법률(이하 가등기담보법)의 적용 범위 필살키 092~094

① (준)소비대차에 의해서 차용금채무(대여금채무)가 발생해야 한다. ⇨ 「가등기담보법」은 (준)소비대차에 의해서 차용금채무가 발생하고 그 채무를 담보하기 위해서 가등기나 이전등기가 경료가 된 경우에 적용된다. 따라서 차용금채무가 아닌 매매대금채권이나 공사대금채권, 물품반환채권을 담보할 목적으로 가등기나 이전등기가 경료된 경우에는 「가등기담보법」은 적용되지 않는다.

② 「가등기담보법」은 재산권 이전의 예약에 의한 가등기담보에 있어서 그 재산의 예약 당시의 가액이 차용액 및 이에 붙인 이자의 합산액을 초과하는 경우에 한하여 그 적용이 있다. 따라서 가등기담보 부동산에 대한 예약 당시의 시가가 그 피담보채무액에 미치지 못하는 경우(폭리행위가 아니다) 「가등기담보법」은 적용되지 않기 때문에 청산금평가액의 통지 및 청산금지급 등의 절차를 이행할 여지가 없다.

③ 대물변제예약의 약정이 있더라도 채권담보의 목적으로 가등기 또는 소유권이전등기가 경료되지 않은 경우에는 「가등기담보법」은 적용되지 않는다. 그리고 처음부터 가등기 또는 소유권이전등기를 할 수 없는 경우, 즉 목적물이 동산인 경우에는 적용되지 않는다.

④ 담보물의 사용·수익권은 누구에게 있을까? ⇨ 가등기담보가 설정된 경우에도 여전히 설정자가 소유권자이므로 담보물의 사용·수익권은 가등기담보설정자(채무자)에게 있다. 그러나 담보목적물에 대한 과실수취권 등을 포함한 사용·수익권은 청산절차의 종료와 함께 채권자에게 귀속된다.

POINT 55 가등기 담보권의 실행

※ 최소한 변제기 경과 후에 담보권 실행을 들어갈 수 있다.

1. 경매

① 채무자가 변제기에 변제하지 않으면 채권자는 담보권 실행으로 목적물에 대해서 경매할 수 있다.
② 경매에 관하여는 담보가등기권리를 저당권으로 본다.
③ 담보가등기를 마친 때에 그 저당권의 설정등기가 행하여진 것으로 본다.
④ 담보가등기를 마친 부동산에 대하여 강제경매 등이 개시된 경우에 담보가등기권리자는 다른 채권자보다 자기채권을 우선변제 받을 권리가 있다. 즉 우선변제권이 있다.
⑤ 담보가등기를 마친 부동산에 대하여 강제경매 등이 행하여진 경우에는 담보가등기는 그 부동산의 매각에 의하여 소멸한다.

2. 귀속청산(권리취득에 의한 실행)

(1) 청산금의 평가

① 채권자는 먼저 청산금을 평가해야 한다.
② 청산금은 통지 당시 목적물의 시가에서 피담보채권(선순위 권리자가 있는 경우에는 선순위권리자의 채권도 포함한다)을 공제한 차액이다.

(2) 통지

① 평가된 청산금이 있든 없든 통지를 해야 한다. 즉 청산금이 없다고 인정되는 경우에도 그 뜻을 통지해야 한다.
② 통지의 상대방: 채무자 등에게 통지를 해야 한다.
③ 채권자는 통지가 채무자 등에게 도달하면 지체 없이 후순위권리자(담보가등기 후에 등기된 저당권자, 전세권자 및 담보가등기권리자)에게 그 통지의 사실과 내용 및 도달일을 통지하여야 한다(제6조 제1항).
④ 채권자가 주관적으로 평가해서 통지한 청산금액이 객관적인 평가금액에 미달하더라도 통지로서 유효이다.
⑤ 채권자는 통지한 청산금액에 대해서 다투지 못한다.
⑥ 채무자 등은 채권자가 통지한 청산금액을 다투고 정당하게 평가된 청산금을 지급받을 때까지 부동산의 소유권이전등기 및 인도채무의 이행을 거절할 수 있다.
⑦ 후순위권리자는 청산기간에 한정하여 그 피담보채권의 변제기 도래 전이라도 담보목적부동산의 경매를 청구할 수 있다.

(3) 청산기간

청산기간은 통지가 채무자 등에 도달한 날로부터 2개월이다.

(4) 청산금의 지급

① 채권자가 차용물에 갈음해서 목적물의 소유권을 취득하기 위해서는 통지 당시 목적물의 가액에서 피담보채권을 공제한 차액, 즉 청산금을 채무자 등에게 지급해야 한다.
② 채권자의 청산금 지급의무와 채무자 등의 소유권이전의무 및 목적물인도의무는 동시이행관계에 있다.
③ 가등기담보권의 사적 실행에 있어서 채권자가 청산금의 지급 이전에 본등기와 담보목적물의 인도를 받을 수 있다거나 청산기간이나 동시이행관계를 인정하지 아니하는 '처분정산'형의 담보권실행은 「가등기담보법」상 허용되지 아니한다. 즉 강행규정에 위반하여 무효이다.
④ 채무자 등의 말소등기 청구권: 채무자 등은 청산금채권을 현실적으로 지급받기 전까지는 채무를 변제하고 담보목적으로 경료된 가등기나 소유권이전등기의 말소를 청구할 수 있다. 다만 변제기가 경과한 때로부터 10년이 경과하거나 또는 선의의 제3자가 소유권을 취득한 경우에는 말소등기를 청구하지 못한다(제11조). 이 경우 채권자는 채무자에게 불법행위책임을 질 수 있다.

(5) 본등기

채권자는 청산절차를 경료한 이후에 청산금을 지급하고 가등기에 기해서 본등기를 경료하면 소유권을 취득한다. 다만 채권자가 청산기간이 지나기 전에 가등기에 의한 본등기를 마치면 그 본등기는 무효이다. 그러나 이후에 청산절차를 경료했다면 실체관계에 부합하는 유효등기가 될 수 있다.

POINT 56 집합건물의 소유 및 관리에 관한 법률에서 구분소유권

※ 「집합건물의 소유 및 관리에 관한 법률」(이하 집합건물법)

1. 구분소유권

전유부분을 목적으로 하는 소유권을 말한다.
※ 전유부분: 1동의 건물 중 구조상·이용상 독립성 있어서 구분소유권의 대상이 되는 건물부분

2. 구분소유권의 성립

구조상·이용상 독립성과 구분행위가 있어야 한다. 구조상·이용상 독립성과 구분행위가 있다면 건물이 집합건축물대장에 등록되거나 구분건물로서 등기부에 등기되지 않았더라도 그 시점에서 구분소유가 성립한다.

POINT 57 집합건물법에서 공용부분

1. 공용부분(共用部分)

① 종류

법정공용부분 (구조상 공용부분)	㉠ 등기를 요하지 않는다. ㉡ 구조상의 공용부분에 관한 물권의 득실변경은 등기 없이도 효력이 생긴다.
규약상 공용부분	㉠ 구조상 독립한 건물로서 전유부분에 해당하지만 규약에 의하여 공용부분으로 된 것을 말한다. [예] 관리사무소, 노인정, 어린이집, 커뮤니티센터 ㉡ 취지를 등기해야 한다.

② 전유부분과 공용부분에 대한 지분의 일체성(제13조, 절대적 일체성)
  ㉠ 공용부분에 대한 공유자의 지분은 그가 가지는 전유부분의 처분에 따른다.
  ㉡ 전유부분과 분리하여 공용부분에 대한 지분을 처분할 수 없다.
  ㉢ 공용부분은 전유부분에 따라서 당연히 이전하므로 공용부분에 관한 물권의 득실변경(得失變更)은 별도로 등기가 필요하지 아니하다.

2. 공용부분의 변경

① 공용부분의 변경에 관한 사항은 관리단집회에서 구분소유자의 3분의 2 이상 및 의결권의 3분의 2 이상의 결의로써 결정한다.
② 건물노후화 등을 억제하기 위한 권리변동 있는 공용부분의 변경은 구분소유자의 5분의 4 이상 및 의결권의 5분의 4 이상의 결의로써 결정한다.

3. 공용부분의 사용

지분비율로 사용하는 것이 아니다. 용도에 따라 사용할 수 있다.

4. 공용부분에 관하여 발생한 채권의 효력(제18조)

① 공유자가 공용부분에 관하여 다른 공유자에 대하여 가지는 채권은 그 특별승계인에 대하여도 행사할 수 있다.
② 아파트의 특별승계인이 전 입주자가 체납한 관리비를 승계할까? ⇨ 체납관리비 중 공용부분의 체납관리비는 승계하지만 전유부분의 체납관리비는 특별승계인이 승계하지 않는다.
③ 전 구분소유자의 특별승계인이 연체료까지 승계할까? ⇨ 공용부분 관리비에 대한 연체료는 특별승계인에게 승계되는 공용부분 관리비에 포함되지 않는다.

POINT 58 집합건물법에서 관리단 및 관리단의 기관

1. 관리단(제23조, 관리단의 당연 설립)

관리단은 어떠한 조직행위를 거쳐야 비로소 성립되는 단체가 아니라 구분소유관계가 성립하는 건물이 있는 경우 당연히 그 구분소유자 전원을 구성원으로 하여 성립한다.

2. 관리인(대표)

대내적으로는 당해 건물의 관리를 총괄하고, 대외적으로는 관리단을 대표하는 지위를 갖는 자를 말한다.

3. 관리인의 선임 및 해임

① 구분소유자가 10인 이상일 때에는 관리단을 대표하고 관리단의 사무를 집행할 관리인을 선임하여야 한다.
② 관리인은 구분소유자일 필요가 없으며, 그 임기는 2년의 범위에서 규약으로 정한다.

4. 관리위원회(감독기관)

> **제26조의3(관리위원회의 설치 및 기능)**
> ① 관리단에는 규약으로 정하는 바에 따라 관리위원회를 둘 수 있다. ※ 필수기관이 아니다.
> ② 관리위원회는 이 법 또는 규약으로 정한 관리인의 사무 집행을 감독한다.
> ③ 제1항에 따라 관리위원회를 둔 경우 관리인은 제25조 제1항 각 호의 행위를 하려면 관리위원회의 결의를 거쳐야 한다. 다만, 규약으로 달리 정한 사항은 그러하지 아니하다.
>
> **제26조의4(관리위원회의 구성 및 운영)**
> ① 관리위원회의 위원은 구분소유자 중에서 관리단집회의 결의에 의하여 선출한다. 다만, 규약으로 관리단집회의 결의에 관하여 달리 정한 경우에는 그에 따른다.
> ② 관리인은 규약에 달리 정한바가 없으면 관리위원회의 위원이 될 수 없다.

POINT 59 집합건물법에서 규약 및 집회

1. 규약

규약의 설정·변경 및 폐지는 관리단집회에서 <u>구분소유자의 4분의 3 이상 및 의결권의 4분의 3 이상의 찬성</u>을 얻어서 한다.

2. 집회

① 집회의 소집통지: <u>전원이 동의</u>하면 소집절차를 거치지 아니하고 소집할 수 있다.
② 결의사항 및 의결권: 통지한 사항에 대해서만 결의할 수 있지만 <u>전원이 동의</u>하면 통지하지 않은 사항에 대해서도 결의할 수 있다.
③ 의결방법: <u>구분소유자의 과반수 및 의결권의 과반수</u>로써 의결한다. 그리고 의결권은 <u>서면이나 전자적 방법</u> 또는 <u>대리인을 통하여 행사</u>할 수 있다.

POINT 60 집합건물법에서 재건축

1. 재건축결의

① <u>서면결의</u>가 가능하다.
② <u>구분소유자의 5분의 4 이상 및 의결권의 5분의 4 이상의 결의</u>에 따른다. 그러나 <u>휴양 콘도미니엄의 재건축결의는 구분소유자의 3분의 2 이상 및 의결권의 3분의 2 이상의 결의</u>에 따른다.
③ 한 단지 내에 있는 여러 동의 건물을 일괄하여 재건축하는 경우의 재건축결의는 <u>각각의 건물마다 있어야</u> 한다.
④ 재건축 비용의 분담액 또는 산출기준을 정하지 않은 재건축결의는 <u>무효</u>이다.

2. 재건축절차

① 재건축의 결의가 있으면 집회를 소집한 자는 지체 없이 그 결의에 찬성하지 아니한 구분소유자(그의 승계인을 포함한다)에 대하여 그 결의 내용에 따른 재건축에 참가할 것인지 여부를 회답할 것을 서면으로 촉구하여야 한다.
② 촉구를 받은 구분소유자는 촉구를 받은 날부터 <u>2개월 이내에 회답</u>하여야 한다. 만약 기간 내에 회답하지 아니한 경우 그 구분소유자는 재건축에 참가하지 아니하겠다는 뜻을 회답한 것으로 본다.

POINT 61 부동산 실권리자명의 등기에 관한 법률 제8조

필살키 098~100

※ 「부동산 실권리자명의 등기에 관한 법률」(이하 부동산실명법) 제8조(종중, 배우자 및 종교단체에 대한 특례)

원칙	① 종중, 배우자, 종교단체의 명의신탁에 대해서도 「부동산실명법」은 적용된다. ② 종중이 보유한 부동산에 관한 물권을 종중(종중과 그 대표자를 같이 표시하여 등기한 경우를 포함한다) 외의 자의 명의로 등기한 경우, 배우자 명의로 부동산에 관한 물권을 등기한 경우, 종교단체의 명의로 그 산하 조직이 보유한 부동산에 관한 물권을 등기한 경우에도 「부동산실명법」은 적용된다. 따라서 명의신탁약정은 무효이다.
예외	① 종중, 배우자(법률상의 배우자), 종교단체의 명의신탁이 조세 포탈, 강제집행의 면탈(免脫) 또는 법령상 제한의 회피를 목적으로 하지 아니하는 경우에 한하여 예외적으로 「부동산실명법」이 적용되지 않는다. 즉 적용에서 제외된다. 따라서 명의신탁약정은 유효이다. ② 「부동산실명법」 시행 전에 종교단체의 명의로 그 산하 조직이 보유한 부동산에 관한 물권을 등기한 경우로서 조세 포탈, 강제집행의 면탈 또는 법령상 제한의 회피를 목적으로 하지 아니하는 경우에는 법률 제4944호 「부동산실명법」의 시행일로 소급하여 적용한다.

POINT 62 부동산실명법 등기명의신탁에서의 쟁점

필살키 098~100

※ **중간생략형 명의신탁, 甲은 매도인, 乙은 매수인(명의신탁자), 丙은 명의수탁자이다.**

> 부동산소유자 甲으로부터 매매계약을 체결한 乙이 자신 앞으로 소유권이전등기를 경료하지 않고 매도인 甲에게 부탁하여 명의수탁자인 丙 앞으로 소유권이전등기를 경료한 경우

① 명의신탁자 乙과 명의수탁자 丙 사이의 명의신탁약정은 「부동산실명법」 위반으로 무효이다.
② 명의신탁약정이 무효이기 때문에 명의수탁자 丙 명의 등기도 무효등기이다. 따라서 소유자는 여전히 매도인 甲이기 때문에 甲은 丙에게 말소등기나 이전등기청구권을 행사할 수 있다.
③ 매도인 甲과 매수인 乙 사이의 매매계약은 아무런 영향이 없으므로 유효이다. 따라서 매수인 乙은 매도인 甲에게 소유권이전등기청구권을 행사할 수 있다. ⇨ 소유권이전등기청구권이 소멸하는 것은 아니다.
④ 매수인 乙은 매도인 甲에게 매매대금에 대해서 부당이득반환을 청구할 수 없다. ⇨ 매매는 유효이기 때문이다.
⑤ 매수인 乙은 단순히 채권자(소유권이전등기청구권)에 불과하므로 명의수탁자 丙 명의 무효등기에 대해서 직접말소를 청구하지 못하고 매도인 甲이 丙에게 가지고 있는 말소등기청구권을 대위한다.
⑥ 乙은 丙에게 부당이득반환을 원인으로 소유권이전등기를 청구할 수 없다. ⇨ 丙이 얻은 이익이 없다.
⑦ 만약 丙이 乙에게 직접 이전등기를 경료해 주었다면 乙 명의의 등기는 실체관계에 부합하므로 유효등기이다.
⑧ 명의수탁자 丙 명의의 무효등기를 기초로 이해관계를 맺은 제3자는 제3자 보호규정에 의해서 선의·악의 불문하고 보호받는다.

POINT 63 부동산실명법 계약명의신탁에서의 쟁점

※ 甲은 매도인, 乙은 명의신탁자, 丙은 명인수탁자(매수인)이다.

> 甲소유 부동산을 매수하기를 원하는 乙이 자신이 직접매매계약을 체결하지 않고 丙과 명의신탁약정을 체결하면서 丙에게 매수자금을 지원하고 명의수탁자 丙이 부동산소유자 甲과 직접 매매계약을 체결하고 소유권이전등기를 경료한 경우

① 명의신탁자 乙과 명의수탁자 丙 사이의 명의신탁약정은 「부동산실명법」 위반으로 무효이다.
② 명의신탁자 乙은 명의수탁자 丙에게 부당이득반환청구권을 행사할 수 있다.

+PLUS 「부동산실명법」 시행 전·후 부당이득 비교

乙과 丙 사이에 명의신탁약정이 있다는 것을 매도인 甲이 몰랐다(선의)면 甲과 丙 사이의 매매계약은 유효이므로 명의수탁자 丙 명의의 등기는 유효등기이다. 따라서 명의수탁자 丙은 소유권을 취득한다. 이 경우 명의신탁자 乙과 명의수탁자 丙 사이의 명의신탁약정은 「부동산실명법」 위반으로 무효이고 명의신탁약정은 불법원인급여가 아니므로 乙은 丙에게 부당이득반환청구권을 행사할 수 있다.

시행 전	명의수탁자 丙(매수인) 앞으로 소유권이전등기가 경료된 경우, 명의수탁자는 명의신탁자에게 자신이 취득한 당해 부동산을 부당이득으로 반환할 의무가 있다. 즉 신탁자는 수탁자를 상대로 부동산 자체에 대해서 부당이득으로 반환청구할 수 있다.
시행 후	① 명의수탁자는 당해 부동산 자체가 아니라 명의신탁자로부터 제공받은 매수자금을 부당이득하였다고 할 것이다. 따라서 매수자금에 대해서 부당이득반환을 청구할 수 있다. ② 계약명의신탁에 있어 명의신탁자가 명의수탁자에 대하여 가지는 매매대금 상당의 부당이득반환청구권은 유치권 성립요건으로서의 목적물과 채권 사이의 견련관계를 인정할 수 없다. 따라서 유치권은 성립하지 않는다.

③ 乙과 丙 사이에 명의신탁약정이 있다는 것을 매도인 甲이 몰랐다(선의)면 甲과 丙 사이의 매매계약은 유효이므로 명의수탁자 丙 명의의 등기는 유효등기이다. 따라서 명의수탁자 丙은 소유권을 취득한다.
④ 乙과 丙 사이에 명의신탁약정이 있다는 것을 매도인 甲이 알았다(악의)면 甲과 丙 사이의 매매계약은 무효, 명의수탁자 丙 명의의 등기는 무효등기이므로 명의수탁자 丙은 소유권을 취득할 수 없고 여전히 소유자는 甲이다. 따라서 甲은 丙을 상대로 말소등기를 청구할 수 있다.
⑤ 만약 매도인 甲이 악의이고 丙이 제3자에게 처분했다면 甲의 소유권에 대한 침해행위에 해당하여 불법행위가 된다.
⑥ 매매가 아니라 경매인 경우에는 甲이 악의인 경우에도 경락인(명의수탁자)은 소유권을 취득한다.

마무리 100선

PART 01 민법총칙

필살키 p.10   합격서 p.12

필살키 001 권리의 변동

권리의 변동에 관한 설명으로 틀린 것은?

① 무주물의 선점은 승계취득에 해당한다.
② 1순위 저당권이 소멸되어 2순위 저당권이 순위승진을 한 경우, 이는 작용의 변경이다.
③ 甲이 소유하는 가옥을 乙에게 매각하여 그 소유권을 상실한 경우, 이는 권리의 상대적 소멸이다.
④ 취득시효에 의한 소유권의 취득은 원시취득에 해당한다.
⑤ 건물을 신축한 경우, 이는 원시취득에 해당한다.

해설

① 무주물의 선점, 유실물습득, 매장물발견에 의한 소유권의 취득은 승계취득이 아니라 원시취득에 해당한다.
② 1순위 저당권이 소멸되어 2순위 저당권이 순위승진을 한 경우, 이는 효력이 변경되는 작용의 변경(효력의 변경)에 해당한다.
③ 甲이 소유하는 가옥을 乙에게 매각하여 그 소유권을 상실한 경우, 소유권은 소멸하지 않았지만 甲의 입장에서는 소멸이므로 권리의 상대적·주관적 소멸에 해당한다.
⑤ 건물을 신축한 경우, 권리를 새롭게 취득하기 때문에 원시취득에 해당한다.

정답 ①

필살키 p.11   합격서 p.13

필살키 002 단독행위의 종류

단독행위가 아닌 것은? (다툼이 있으면 판례에 따름)

① 무권대리행위에 대한 본인의 추인
② 공유지분의 포기
③ 의사표시의 취소
④ 법정대리인의 동의
⑤ 합의해제

해설

① 무권대리행위에 대한 본인의 추인은 본인의 하나의 의사표시만 있으면 되므로 단독행위에 해당한다.
② 공유지분의 포기는 공유자의 하나의 의사표시만 있으면 되므로 단독행위에 해당한다(대판 2015다52978).
③ 의사표시의 취소는 취소권자의 의사표시만 있으면 되므로 단독행위에 해당한다.
④ 동의는 법정대리인의 하나의 의사표시만 있으면 되므로 단독행위에 해당한다.
⑤ 합의해제는 계약의 당사자가 서로 합의에 의해서 기존의 계약을 해제하는 새로운 계약이다. 따라서 합의해제는 단독행위가 아니라 계약에 해당한다.

정답 ⑤

필살키 pp.11~12 합격서 p.15

필살키 003 법률행위의 목적(1)

법률행위의 목적에 관한 설명으로 옳은 것은? (다툼이 있으면 판례에 따름)

① 법정한도액을 초과하는 중개보수약정은 계약자유원칙상 유효이다.
② 원시적 불능인 법률행위는 유효이나, 계약체결상의 과실책임이 문제될 수 있다.
③ 강행법규 중 단속규정에 위반한 법률행위는 무효이다.
④ 후발적 불능이 된 법률행위는 유효이며, 불능에 대해서 채무자의 귀책사유가 없다면 위험부담의 문제가 발생한다.
⑤ 탈세를 목적으로 이미 중간생략등기가 경료된 경우, 무효이다.

해설

① 중개보수 상한규정은 효력규정으로 위반 시 무효이다. 따라서 법정한도액을 초과하는 중개보수약정은 무효이다(한도액을 초과하는 부분만 무효이다).
② 원시적 불능인 법률행위는 법률행위 당시부터 목적이 불가능하기 때문에 무효이나, 일정한 요건하에서 계약체결상의 과실책임이 문제될 수 있다.
③ 강행법규 중 효력규정에 위반하면 무효이지만 단속규정에 위반한 법률행위는 유효이다.
④ 후발적 불능이 된 법률행위는 법률행위 당시에는 목적이 실현가능했기 때문에 유효이며, 불능에 대해서 채무자의 귀책사유가 있다면 채무불이행(이행불능)의 문제가 발생하고, 채무자의 귀책사유가 없다면 위험부담의 문제가 발생한다.
⑤ 중간생략등기 금지규정은 단속규정에 불과하다. 따라서 탈세를 목적으로 이미 중간생략등기가 경료된 경우, 그 등기는 유효이다.

정답 ④

필살키 pp.11~12 합격서 p.15

필살키 004 법률행위의 목적(2)

법률행위의 목적에 관한 설명으로 옳은 것은? (다툼이 있으면 판례에 따름)

① 중개사무소 개설등록에 관한 (구)「부동산중개업법」관련 규정들은 단속법규에 해당한다.
② 공인중개사 자격이 없는 자가 우연한 기회에 단 1회 타인 간의 거래행위를 중개한 경우 등과 같이 '중개를 업으로 한' 것이 아니라도 그에 따른 중개보수 지급약정은 강행법규에 위배되어 무효이다.
③ 후발적 불능인 법률행위는 유효이고 불능에 대해서 채무자에게 귀책사유가 있는 경우, 해제권과 전보배상이 문제된다.
④ 사기, 강박에 의한 법률행위는 법률행위가 아니다.
⑤ 계약이 체결된 후 매매목적 건물이 전소된 경우, 그 매매계약은 무효이다.

해설

① 중개사무소 개설등록에 관한 (구)「부동산중개업법」관련 규정들은 강행법규 중 효력규정에 해당한다.
② 공인중개사 자격이 없는 자가 중개를 업으로 한 경우 그 중개행위는 무효이다. 따라서 우연한 기회에 단 1회 타인 간의 거래행위를 중개한 경우 등과 같이 '중개를 업으로 한' 것이 아닌 경우에는 그에 따른 중개보수 지급약정은 유효이다.
③ 후발적 불능인 법률행위는 유효이고 불능에 대해서 채무자에게 귀책사유가 있는 경우에는 채무불이행(이행불능)으로 해제권과 전보배상(손해배상청구권)이 문제된다.
④ 사기, 강박에 의한 법률행위도 취소할 수 있지만 일단 법률행위는 성립했기 때문에 법률행위에 해당한다.
⑤ 계약이 체결된 후 매매목적 건물이 전소된 경우에도 계약체결 당시에는 당사자가 의도하는 목적은 실현가능했기 때문에 그 매매계약은 유효이다.

정답 ③

필살키 005 이중매매

甲은 자신의 X토지를 乙에게 매도하고 계약금과 중도금을 지급받았다. 그 후 丙이 甲의 배임행위에 적극가담하여 甲과 X토지에 대한 매매계약을 체결하고 자신의 명의로 소유권이전등기를 마쳤다. 이에 관한 설명으로 틀린 것을 모두 고른 것은? (다툼이 있으면 판례에 따라)

> ㉠ X토지에 관하여 경료된 丙 명의의 소유권이전등기는 원인무효이다.
> ㉡ 만약 丙이 X토지를 선의의 丁에게 매도하고 소유권이전등기를 경료하여 주었다면, 丁은 제2매매계약의 유효를 주장할 수 있다.
> ㉢ 만약 丙이 X토지를 무단점유하고 있는 戊에 대하여 X토지의 소유권에 기한반환을 주장하는 경우, 戊는 제2매매계약의 무효를 주장할 수 있다.

① ㉠
② ㉡
③ ㉠, ㉢
④ ㉡, ㉢
⑤ ㉠, ㉡, ㉢

해설

㉠ 매도인의 배임행위에 제2매수인이 적극가담한 경우에는 반사회질서 법률행위에 해당하여 무효이다. 따라서 丙 명의의 소유권이전등기는 원인무효등기이다.
㉡ 반사회질서 법률행위는 절대적 무효이다. 따라서 선의의 丁은 제2매매계약의 유효를 주장할 수 없다.
㉢ 무효는 누구라도 주장할 수 있기 때문에 戊는 제2매매계약의 무효를 주장할 수 있다.

정답 ②

필살키 006 불공정한 법률행위(1)

불공정한 법률행위에 관한 설명으로 옳지 않은 것은? (다툼이 있으면 판례에 따라)

① 매매계약이 불공정한 법률행위에 해당하는지는 계약체결 당시를 기준으로 판단해야 한다.
② 궁박은 심리적 원인에 기인할 수도 있다.
③ 무경험은 거래일반에 대한 경험부족을 뜻한다.
④ 대리행위의 경우에 궁박은 대리인을 기준으로 판단한다.
⑤ 현저하게 공정을 잃었는지는 거래상의 객관적 가치에 따라 판단해야 한다.

해설

① 법률행위가 이루어진 시점(계약체결 당시)을 기준으로 판단한다.
② 궁박은 경제적, 물질적 궁박뿐만이 아니라 정신적 또는 심리적 궁박도 포함한다.
③ 무경험은 특정거래에서의 경험부족이 아니라 거래일반에 대한 경험부족을 뜻한다.
④ 대리인에 의한 법률행위에서 궁박은 본인을 기준으로 판단하고 경솔, 무경험은 대리인을 기준으로 판단한다.
⑤ 불공정한 법률행위에 해당하는지는 법률행위가 이루어진 시점을 기준으로 급부와 반대급부 사이의 객관적 가치를 비교·평가하여 판단한다.

정답 ④

필살키 007 불공정한 법률행위(2)

불공정한 법률행위에 관한 설명으로 옳은 것은? (다툼이 있으면 판례에 따름)

① 불공정한 법률행위는 무상계약에도 적용될 수 있다.
② 상대방에게 폭리행위의 악의가 없다고 하더라도 불공정한 법률행위는 성립한다.
③ 급부와 반대급부 사이에 현저한 불균형이 존재하면 궁박·경솔·무경험은 추정된다.
④ 불공정한 법률행위로서 무효인 경우에도 추인하면 유효로 된다.
⑤ 매매계약이 약정된 매매대금의 과다로 불공정한 법률행위에 해당하여 무효인 경우에 무효행위의 전환에 관한 「민법」 제138조가 적용될 수 있다.

해설

① 불공정한 법률행위는 유상계약에서 적용된다. 따라서 무상계약에는 적용될 수 없다.
② 불공정한 법률행위는 폭리행위이므로 폭리행위의 악의가 요건이다. 따라서 폭리행위의 악의가 없다면 불공정한 법률행위는 성립하지 않는다.
③ 불공정한 법률행위에서 요건은 추정되지 않는다. 따라서 급부와 반대급부 사이에 현저한 불균형이 존재하더라도 궁박·경솔·무경험은 추정되지 않는다.
④ 불공정한 법률행위는 절대적 무효이다. 따라서 추인이 인정되지 않는다.
⑤ 불공정한 법률행위에 해당하여 무효인 경우에도 무효행위의 전환에 관한 「민법」 제138조가 적용될 수 있다.

정답 ⑤

필살키 008 통정한 허위의 의사표시(1)

통정허위표시에 관한 설명으로 틀린 것은?

① 당사자들이 표시한 허위의 법률행위 속에 실제로 의욕한 다른 합의가 있는 경우, 허위의 법률행위는 무효이지만 그 다른 합의는 유효이다.
② 채무자의 법률행위가 통정허위표시로 무효인 경우에도 채권자는 채권자취소권을 행사할 수 있다.
③ 가장매매의 매수인으로부터 매매목적물에 가등기를 설정받은 선의의 제3자에 대하여는 통정허위표시의 무효로 대항하지 못한다.
④ 통정허위표시가 성립하기 위해서 진의 아닌 의사표시에 대해서 상대방과 합의까지 요하지는 않는다.
⑤ 통정허위표시의 계약상 지위를 이전받은 자는 선의의 제3자 보호규정을 근거로 계약의 유효를 주장하지 못한다.

해설

① 은닉행위에 관한 설명이다. 가장행위는 무효이지만 은닉행위(실제로 의욕한 다른 합의)는 효력이 발생하여 유효이다.
② 통정허위표시도 채권자취소권의 대상이 될 수 있다.
③ 선의의 제3자에게 무효를 주장하지 못한다.
④ 통정허위표시가 성립하기 위해서 진의 아닌 의사표시 즉 허위표시에 대해서 상대방과 합의가 있어야 한다.
⑤ 통정허위표시의 계약상 지위를 이전받은 자는 새로운 이해관계를 맺은 것은 아니기 때문에 선의의 제3자에 해당하지 않는다.

정답 ④

필살키 009 통정한 허위의 의사표시(2)

"통정허위표시의 무효는 선의의 '제3자'에게 대항하지 못한다."는 규정의 '제3자'에 해당하는 자를 모두 고른 것은? (다툼이 있으면 판례에 따름)

- ㉠ 통정허위표시에 의한 채권을 가압류한 자
- ㉡ 파산선고를 받은 가장채권자의 파산관재인
- ㉢ 대리인의 통정허위표시에서 본인
- ㉣ 통정허위표시에 의해 체결된 제3자를 위한 계약에서 제3자

① ㉠
② ㉡
③ ㉠, ㉡
④ ㉡, ㉣
⑤ ㉠, ㉡, ㉣

해설

통정허위표시에서 보호받는 제3자에 해당하기 위해서는 시간적으로 허위표시가 먼저 있고 이후에 허위표시를 기초로 새로운 이해관계를 맺어야 한다. 따라서 '㉠ 통정허위표시에 의한 채권을 가압류한 자', '㉡ 파산선고를 받은 가장채권자의 파산관재인'은 허위표시를 기초로 새로운 이해관계를 맺었으므로 제3자에 해당한다.

정답 ③

필살키 010 착오로 인한 의사표시(1)

착오에 관한 설명으로 틀린 것은? (다툼이 있으면 판례에 따름)

① 매매계약 내용의 중요 부분에 착오가 있는 경우, 매수인은 매도인의 하자담보책임이 성립하는지와 상관없이 착오를 이유로 매매계약을 취소할 수 있다.
② 동기의 착오를 이유로 표의자가 법률행위를 취소하려면 당사자들 사이에 그 동기를 의사표시의 내용으로 삼기로 하는 합의까지 이루어져야 한다.
③ 부동산매매에서 시가에 관한 착오는 원칙적으로 중요부분에 관한 착오에 해당하지 않는다.
④ 토지의 현황, 경계에 관한 착오는 중요부분에 관한 착오에 해당한다.
⑤ 토지 전부를 경작할 수 있는 농지인 줄 알고 매수하였으나 측량 결과 절반의 면적이 하천인 경우, 중요부분의 착오에 해당한다.

해설

① 착오와 담보책임 제도는 별개의 제도이다. 따라서 착오를 선택하여 취소할 수 있다.
② 동기의 착오를 이유로 표의자가 법률행위를 취소하려면 동기가 표시되어 법률행위의 내용이 되면 충분하다. 합의는 요건이 아니다.
③ 시가에 관한 착오는 일반적으로 동기의 착오에 불과하다.
⑤ 토지 전부를 경작할 수 있는 농지인 줄 알고 매수하였으나 측량 결과 절반의 면적이 하천인 경우, 토지의 현황에 관한 착오로 중요부분의 착오에 해당한다.

정답 ②

필살키 pp.15~17　합격서 pp.23~24

필살키 011　착오로 인한 의사표시(2)

착오에 관한 설명으로 옳은 것은? (다툼이 있으면 판례에 따름)

① 상대방에 의해 유발된 동기의 착오는 동기가 표시된 경우에 한하여 법률행위 내용의 중요부분의 착오가 될 수 있다.
② 착오로 인하여 표의자가 경제적 불이익을 입지 않은 경우에도 법률행위 내용의 중요부분의 착오라고 할 수 있다.
③ 착오한 표의자의 중대한 과실 유·무에 관한 증명책임은 의사표시의 효력을 부인하는 착오자에게 있다.
④ 표의자가 착오를 이유로 의사표시를 취소한 경우, 취소로 인하여 손해를 입은 상대방은 표의자에게 불법행위로 인한 손해배상을 청구할 수 없다.
⑤ 착오로 인한 의사표시의 취소에 관한 「민법」 제109조 제1항은 당사자의 합의로 그 적용을 배제할 수 없다.

해설
① 상대방에 의해 유발된 동기의 착오는 착오자 보호를 위해서 동기가 표시되지 않은 경우에도 취소할 수 있다. 즉 법률행위 내용의 중요부분의 착오가 될 수 있다.
② 착오로 인하여 표의자가 경제적 불이익을 입지 않은 경우에는 법률행위 내용의 중요부분의 착오라고 할 수 없다.
③ 착오자에게 중대한 과실이 있으면 취소하지 못하기 때문에 효과 발생을 원하는 상대방이 착오자의 중대한 과실을 입증해야 한다.
④ 착오를 이유로 취소하는 행위는 적법행위이다. 따라서 상대방은 표의자에게 불법행위로 인한 손해배상을 청구할 수 없다.
⑤ 착오규정은 임의규정이다. 따라서 당사자의 합의로 그 적용을 배제할 수 있다.

정답 ④

필살키 pp.17~19　합격서 pp.25~26

필살키 012　사기·강박에 의한 의사표시(1)

사기나 강박에 의한 의사표시에 관한 설명으로 옳은 것은? (다툼이 있으면 판례에 따름)

① 상대방의 기망행위로 의사결정의 동기에 관하여 착오를 일으켜 법률행위를 한 경우, 사기를 이유로 그 의사표시를 취소할 수 없다.
② 대리인의 기망행위로 계약을 체결한 상대방은 본인이 대리인의 기망행위에 대해 선의 그리고 무과실이면 계약을 취소할 수 없다.
③ 타인의 과실 있는 기망행위로 인하여 착오에 빠져서 한 의사표시는 사기를 이유로 취소할 수 없다.
④ 아파트 분양자가 아파트 인근에 쓰레기매립장이 건설될 예정이라는 사실을 분양계약자에게 고지하지 않는 것은 기망행위에 해당하지 않는다.
⑤ 제3자의 사기로 인하여 매매계약을 체결하여 손해를 입은 자가 제3자에 대해 손해배상을 청구하기 위해서 먼저 매매계약을 취소해야 한다.

해설
① 사기를 당해서 착오에 빠진 사람은 보호가치가 있고 기망행위자는 보호가치가 없기 때문에 중요부분의 착오이든 동기의 착오이든 사기를 이유로 취소할 수 있다.
② 본인과 대리인은 동일시 취급된다. 따라서 본인이 대리인의 기망행위에 대해 선의 그리고 무과실인 경우에도 상대방은 계약을 취소할 수 있다.
③ 사기가 성립하기 위해서는 기망행위자에게 고의가 있어야 한다.
④ 아파트 분양자는 아파트 인근에 쓰레기매립장이 건설될 예정이라는 사실을 분양계약자에게 고지할 법률상의 의무가 있다. 따라서 고지하지 않는 것은 기망행위에 해당한다.
⑤ 사기자체가 불법행위에 해당하기 때문에 제3자의 사기로 인하여 매매계약을 체결하여 손해를 입은 자는 매매계약을 취소하지 않고도 제3자에게 손해배상을 청구할 수 있다.

정답 ③

필살키 013 사기·강박에 의한 의사표시(2)

사기나 강박에 의한 의사표시에 관한 설명으로 옳은 것을 모두 고른 것은? (다툼이 있으면 판례에 따름)

> ㉠ 토지거래허가를 받지 않아 유동적 무효상태에 있는 법률행위라도 사기에 의한 의사표시의 요건이 충족된 경우, 사기를 이유로 취소할 수 있다.
> ㉡ 상대방 있는 의사표시에 관하여 제3자가 사기를 행한 경우에 표의자는 상대방이 그 사실을 안 경우에 한하여 그 의사표시를 취소할 수 있다.
> ㉢ 강박의 정도가 극심하여 의사표시자의 의사결정의 자유가 완전히 박탈된 상태에서 이루어진 법률행위는 처음부터 효력이 없다.

① ㉠
② ㉡
③ ㉠, ㉢
④ ㉡, ㉢
⑤ ㉠, ㉡, ㉢

해설
㉠ 토지허가구역 내의 토지매매에 대해서도 사기에 관한 규정은 적용된다.
㉡ 상대방 있는 의사표시에 관하여 제3자가 사기를 행한 경우에 표의자는 상대방이 그 사실을 알았거나 알 수 있었을 경우에 한하여 그 의사표시를 취소할 수 있다.
㉢ 강박의 정도가 극심하여 의사표시자의 의사결정의 자유가 완전히 박탈된 상태에서 이루어진 법률행위는 무효, 즉 처음부터 효력이 없다.

정답 ③

필살키 014 대리(1)

甲 소유의 아파트를 매도하는 계약을 체결할 대리권을 甲으로부터 수여받은 乙은 甲의 대리인임을 현명하고 丙과 매매계약을 체결하였다. 이에 관한 설명으로 옳지 않은 것은? (다툼이 있으면 판례에 따름)

① 乙은 특별한 사정이 없으면 丙으로부터 중도금이나 잔금을 수령할 권한이 있다.
② 乙이 丙의 기망행위로 매매계약을 체결한 경우, 甲은 매매를 취소할 수 있다.
③ 乙은 특별한 사정이 없는 한 매매계약을 해제할 권한이 있다.
④ 만일 乙이 미성년자인 경우, 甲은 乙이 제한능력자임을 이유로 매매계약을 취소할 수 없다.
⑤ 만약 乙, A, B가 모두 대리인이라면 각자가 본인을 대리한다.

해설
① 매매계약체결 대리권을 수여받은 대리인은 계약을 체결하고 매수인으로부터 중도금이나 잔금을 수령할 권한이 있다.
② 사기를 당했는지는 대리인을 기준으로 판단한다. 따라서 乙이 丙의 기망행위로 매매계약을 체결한 경우, 甲은 매매를 취소할 수 있다.
③ 대리인이 매매계약의 체결 권한만 받았기 때문에 乙은 특별한 사정이 없는 한 매매계약을 해제할 권한은 없다.
④ 제한능력자도 대리행위를 유효하게 할 수 있다. 따라서 乙이 미성년자인 경우에도 그 대리행위는 유효하기 때문에 甲은 乙이 제한능력자임을 이유로 매매계약을 취소할 수 없다.
⑤ 대리인이 수인인 경우에는 각자대리가 원칙이다.

정답 ③

필살키 015 대리(2)

甲 소유의 아파트를 매도하는 계약을 체결할 대리권을 甲으로부터 수여받은 乙은 甲의 대리인임을 현명하고 丙과 매매계약을 체결하였다. 이에 관한 설명으로 옳지 <u>않은</u> 것은? (다툼이 있으면 판례에 따름)

① 만약 乙이 丙 소유 주택을 매수했고 하자가 있다는 사실에 대해서 乙이 선의 그리고 무과실인 경우, 甲은 丙에게 담보책임을 물을 수 있다.
② 乙이 파산선고를 받을 경우, 乙의 대리권은 소멸한다.
③ 乙이 대리권을 남용한 경우, 무권대리에 해당한다.
④ 乙의 대리행위가 선량한 풍속 기타 사회질서에 반하는 경우, 甲이 그 사정을 몰랐다 하더라도 그 행위는 무효이다.
⑤ 甲이 乙에게 매매계약의 체결과 이행에 관한 포괄적 대리권을 수여한 경우, 특별한 사정이 없는 한 乙은 약정된 매매대금 지급기일을 연기하여 줄 권한을 가진다.

해설
① 어느 사정을 알았느냐 몰랐느냐는 대리인을 기준으로 판단한다. 따라서 대리인 乙이 선의 그리고 무과실인 경우라면 甲은 丙에게 담보책임을 물을 수 있다.
② 대리인의 사망, 성년후견의 개시, 파산은 대리권 소멸사유에 해당한다.
③ 대리권 남용은 대리인이 대리권 범위 내에서 대리행위를 했지만 대리인 자신이나 제3자를 위해서 대리행위를 한 것을 말한다. 따라서 대리권 범위 내에서 대리행위를 했기 때문에 <u>유권대리에 해당</u>한다.
④ 행위자인 대리인을 기준으로 판단하기 때문에 무효이다.
⑤ 이행에 관한 포괄적 대리권이 있기 때문에 대리인은 매매대금 지급기일을 연기해 줄 권한을 가진다.

정답 ③

필살키 016 복대리

복대리에 관한 설명으로 옳지 <u>않은</u> 것은? (다툼이 있으면 판례에 따름)

① 임의대리인은 본인의 승낙이 있거나 부득이한 사유있는 때가 아니면 복대리인을 선임하지 못한다.
② 복대리인이 적법하게 선임된 경우에도 대리인의 대리권은 소멸하지 않는다.
③ 대리인의 대리권이 소멸한 경우에도 복대리인의 대리권은 소멸하지 않는다.
④ 복대리인은 제3자에 대하여 대리인과 동일한 권리의무가 있다.
⑤ 부득이한 사유로 복대리인을 선임한 법정대리인은 선임, 감독에 관한 책임을 진다.

해설
① 임의대리인은 본인의 승낙이 있거나 부득이한 사유가 있는 경우에 한하여 복대리인을 선임할 수 있다.
② 대리인과 복대리인이 본인의 대리인으로 병존한다.
③ 복대리인은 대리인의 대리권에 의존하기 때문에 대리인의 대리권이 소멸한 경우에는 복대리인의 대리권도 <u>소멸한다</u>.
④ 복대리인도 대리인이기 때문에 제3자에 대하여 대리인과 동일한 권리의무가 있다.
⑤ 법정대리인은 무과실 책임을 지는 것이 원칙이지만 예외적으로 부득이한 사유로 복대리인을 선임한 경우에는 책임이 경감되어서 선임, 감독에 관한 책임만 있다(제122조).

정답 ③

필살키 017 무권대리(1)

무권대리행위의 추인에 관한 설명으로 옳지 <u>않은</u> 것은? (다툼이 있으면 판례에 따름)

① 무권대리행위의 추인은 묵시적인 방법으로도 할 수 있다.
② 상대방이 유효하게 무권대리행위를 철회한 후에는 본인은 추인할 수 없다.
③ 본인이 무권대리인에게 무권대리행위를 추인한 경우, 상대방이 이를 알지 못하는 경우에도 본인은 상대방에게 추인의 효과를 주장할 수 있다.
④ 무권대리행위의 추인은 상대방의 동의나 승낙을 요하지 않는다.
⑤ 무권대리행위의 일부에 대한 추인은 상대방의 동의를 얻지 못하는 한 무효이다.

해설
① 추인은 명시적·묵시적인 방법으로도 할 수 있다.
② 본인은 상대방이 철회하기 전까지 추인할 수 있다.
③ 본인은 상대방에게 추인하지 않으면 상대방에게 대항하지 <u>못한다</u>. 다만 <u>상대방이 그 사실을 안 때에는</u> 본인은 상대방에게 추인의 효과를 주장할 수 있다.
④ 추인은 상대방의 동의나 승낙을 요하지 않는 단독행위이다.
⑤ 추인은 무권대리행위 전부에 대해서 해야 한다. 따라서 무권대리행위의 일부에 대한 추인은 상대방의 동의를 얻지 못하는 한 무효이다.

정답 ③

필살키 018 무권대리(2)

대리권 없는 乙이 甲을 대리하여 丙에게 甲 소유의 토지를 매도하였다. 다음 설명 중 <u>틀린</u> 것은? (다툼이 있으면 판례에 따름)

① 丙이 계약체결 당시에 乙에게 매매계약 체결의 대리권이 없음을 안 경우에도 丙은 甲에게 乙의 무권대리행위의 추인 여부의 확답을 최고할 수 있다.
② 甲이 乙에게 추인한 경우, 丙이 추인 사실을 알기 전이라면 甲은 丙에게 계약의 이행을 청구할 수 없다.
③ 乙이 甲을 단독으로 상속하여 X토지의 소유자가 되면, 乙은 본인의 지위에서 매매계약의 추인을 거절할 수 있다.
④ 乙이 계약 당시 제한능력자인 경우, 乙은 丙에게 계약의 이행 또는 손해배상책임을 지지 않는다.
⑤ 무권대리의 추인에 관한「민법」제130조, 제133조 등은 무권리자의 처분행위에 관한 권리자의 추인에 유추 적용할 수 있다.

해설
① 최고는 선의, 악의를 불문한다. 따라서 악의의 丙은 甲에게 최고할 수 있다.
② 본인의 추인이 있어도 상대방이 알기 전까지는 상대방에게 대항할 수 없다. 따라서 甲이 乙에게 추인한 경우, 丙이 추인 사실을 알기 전이라면 甲은 추인의 효과를 주장하여 丙에게 계약의 이행을 청구할 수 없다.
③ 무권대리인이 본인을 상속, 즉 승계한 경우, 추인거절이나 무효를 주장하는 것은 신의칙에 반한다. 따라서 <u>乙은 추인을 거절할 수 없다</u>.
④ 무권대리인의 상대방에 대한 책임은 무권대리인이 제한능력자가 아닌 경우에 인정된다. 따라서 乙이 계약 당시 제한능력자인 경우, 乙은 丙에게 계약의 이행 또는 손해배상책임을 지지 않는다.

정답 ③

필살키 019 유동적 무효

甲은 토지거래허가구역 내에 있는 자신의 X토지에 관하여 乙과 매매계약을 체결하고, 일정 기간 내에 토지거래허가를 받기로 합의하였다. 이에 관한 설명으로 옳지 않은 것은? (다툼이 있으면 판례에 따름)

① 甲과 乙 쌍방이 토지거래허가신청을 하지 않기로 하는 의사를 명백히 표시한 경우, 매매계약은 확정적으로 무효가 된다.
② 甲이 허가신청절차에 협력하지 않는다면 乙은 甲에 대하여 협력의무의 이행을 소구할 수 있다.
③ 토지거래허가가 있기 전에는 乙은 매매계약에 따른 대금지급의무가 없다.
④ 甲과 乙이 토지거래허가를 받으면 매매계약은 특별한 사정이 없는 한 허가를 받은 때부터 유효가 된다.
⑤ 만약 丙이 乙로부터 X토지를 매수한 후 자신과 甲을 당사자로 하는 토지거래허가를 받아 甲으로부터 소유권이전등기를 경료 받았다면 그 등기는 무효이다.

해설
① 甲과 乙 쌍방이 토지거래허가신청을 하지 않기로 하는 의사를 명백히 표시한 경우에는 이행할 의사가 없는 것으로 보아서 매매계약은 확정적으로 무효가 된다.
② 유동적 무효상태에서도 협력의무를 부담하기 때문에 협력하지 않으면 乙은 甲에 대하여 협력의무의 이행을 소구(訴求)할 수 있다.
③ 토지거래허가가 있기 전에는 유동적 무효이므로 乙은 매매계약에 따른 대금지급의무가 없다.
④ 甲과 乙이 토지거래허가를 받으면 매매계약은 계약체결 시, 즉 소급해서 유효가 된다.
⑤ 토지거래허가구역 내의 매매계약에서 중간생략등기가 경료된 경우, 등기는 무효이다.

정답 ④

필살키 020 무효와 취소(1)

법률행위의 무효와 취소에 관한 설명으로 옳은 것은? (다툼이 있으면 판례에 따름)

① 법률행위가 무효임을 알고 이를 추인한 때에는 원칙적으로 소급하여 유효가 된다.
② 무효인 가등기를 유효한 등기로 전용하기로 한 약정이 있다면 그 가등기는 소급하여 유효한 등기로 전환된다.
③ 사기를 이유로 취소된 법률행위는 처음부터 무효인 것으로 본다.
④ 기망에 의하여 근로계약을 체결한 사용자가 사기를 이유로 근로계약을 취소한 경우, 근로계약은 소급하여 효력을 상실한다.
⑤ 제한능력자의 책임을 제한하는 「민법」 제141조 단서는 의사능력의 흠결을 이유로 법률행위가 무효가 되는 경우에는 유추 적용될 수 없다.

해설
① 무효행위의 추인은 과거의 무효와 관계없는 새로운 법률행위를 한 것으로 본다. 따라서 추인한 때부터 유효이다. 즉 소급효가 없는 것이 원칙이다.
② 무효등기의 유용은 소급효가 없다.
③ 취소권을 행사하면 처음부터 무효이다. 즉 소급효가 있다.
④ 근로계약의 취소는 근로자를 보호하기 위해서 소급효가 인정되지 않는다.
⑤ 제한능력자의 책임을 제한하는 「민법」 제141조 단서(현존이익의 반환)는 의사능력의 흠결을 이유로 법률행위가 무효가 되는 경우에도 유추 적용될 수 있다.

정답 ③

PART 01 민법총칙

필살키 021 무효와 취소(2)

법률행위의 무효와 취소에 관한 설명으로 옳은 것을 모두 고른 것은? (다툼이 있으면 판례에 따름)

> ㉠ 법정대리인의 동의 없이 매매계약을 체결한 미성년자는 성년이 되지 않았더라도 단독으로 그 계약을 추인할 수 있다.
> ㉡ 부동산 이중매매에서 매도인의 배임행위에 제2매수인이 적극 가담한 경우, 제2매수인의 매매계약은 무효이고 추인에 의하여 유효로 되지 않는다.
> ㉢ 하나의 법률행위가 가분적이거나 그 목적물의 일부가 특정될 수 있고, 그 나머지는 부분을 유지하려는 당사자의 가정적 의사가 인정되는 경우, 그 일부만의 취소도 가능하다.

① ㉠
② ㉡
③ ㉠, ㉢
④ ㉡, ㉢
⑤ ㉠, ㉡, ㉢

해설
㉠ 추인은 취소원인 종료 후에 가능하다. 따라서 미성년자는 성년이 되면 추인할 수 있다. 즉 미성년 상태에서는 단독으로 추인할 수 없다.
㉡ 매도인의 배임행위에 제2매수인이 적극 가담한 경우, 매매는 절대적 무효이기 때문에 추인은 인정되지 않는다.
㉢ 일부무효가 인정되는 것처럼 일정한 요건하에서 일부취소도 인정된다.

정답 ④

필살키 022 무효와 취소(3)

법률행위의 무효와 취소에 관한 설명으로 옳은 것을 모두 고른 것은? (다툼이 있으면 판례에 따름)

> ㉠ 취소할 수 있는 법률행위의 취소원인이 소멸한 후에 취소권자의 상대방이 이행을 청구한 경우에는 다른 사정이 없는 한, 법률상 당연히 추인이 있었던 것으로 본다.
> ㉡ 제한능력을 이유로 법률행위가 취소된 경우, 제한능력자는 그 행위로 인하여 받은 이익이 현존하는 한도에서 상환할 책임이 있다.
> ㉢ 법정대리인은 취소원인의 종료 전에도 제한능력자가 한 취소할 수 있는 법률행위를 추인할 수 있다.

① ㉠
② ㉡
③ ㉠, ㉢
④ ㉡, ㉢
⑤ ㉠, ㉡, ㉢

해설
㉠ 취소할 수 있는 법률행위의 취소원인이 소멸한 후에 취소권자가 상대방에게 이행을 청구한 경우, 취소할 의사가 없는 것으로 보아 추인으로 본다. 그러나 취소권자의 상대방이 이행을 청구한 경우에는 추인으로 볼 수 없다.
㉡ 제한능력자 보호를 위해서 선의·악의를 불문하고 현존이익만 반환하면 된다.
㉢ 법정대리인은 제한 없이 추인할 수 있다. 따라서 취소원인의 종료 전에도 추인할 수 있다.

정답 ④

필살키 023 조건과 기한(1)

조건과 기한에 대한 설명으로 옳지 않은 것은? (다툼이 있으면 판례에 따름)

① 법정조건도 법률행위의 부관으로서 조건에 해당한다.
② 채무면제에는 조건을 붙일 수 있다.
③ 조건의 성취로 인하여 불이익을 받을 당사자가 신의성실에 반하여 조건의 성취를 방해한 때에는 상대방은 그 조건이 성취한 것으로 주장할 수 있다.
④ 시기 있는 법률행위는 기한이 도래한 때로부터 그 효력이 생긴다.
⑤ 기한 도래의 효과는 언제나 소급효가 없다.

해설

① 당사자가 임의로 붙이는 것이 조건이다. 따라서 법정조건은 조건이 아니다.
② 상대방에게 이익만 주는 유증이나 채무면제에는 조건을 붙일 수 있다.
③ 조건의 성취로 인하여 불이익을 받을 당사자가 신의성실에 반하여 조건의 성취를 방해한 때에는 상대방 보호를 위해서 상대방은 그 조건이 성취한 것으로 주장할 수 있다.

정답 ①

필살키 024 조건과 기한(2)

조건과 기한에 대한 설명으로 옳은 것은? (다툼이 있으면 판례에 따름)

① 불법조건이 붙어 있는 법률행위는 조건만 무효이다.
② 유언에는 조건을 붙일 수 없다.
③ 기한은 특별한 사정이 없는 한 채무자의 이익을 위한 것으로 추정한다.
④ 조건의 성취가 미정한 권리의무는 일반규정에 의하여 처분, 상속, 보존 또는 담보로 할 수 없다.
⑤ 당사자가 조건성취의 효력을 그 성취 전에 소급하게 할 의사를 표시하였더라도 특별한 사정이 없는 한 소급하지 않는다.

해설

① 조건과 법률행위는 일체이다. 따라서 불법조건이 붙어 있는 법률행위는 조건만 무효가 아니라 법률행위 전부가 무효이다.
② 유언에는 조건을 붙일 수 있다.
④ 조건부 권리도 권리로서 보호받는다. 따라서 처분, 상속, 보존 또는 담보로 할 수 있다.
⑤ 조건성취의 효과는 당자의 특약으로 소급하게 할 수 있다.

정답 ③

필살키 025 조건과 기한(3)

조건과 기한에 관한 설명으로 옳은 것을 모두 고른 것은? (다툼이 있으면 판례에 따름)

> ㉠ 조건성취의 효력발생시기에 관한 「민법」의 규정은 임의규정이다.
> ㉡ 조건부 법률행위에 있어서 조건의 내용 자체가 불법으로 무효인 경우, 특별한 사정이 없는 한 그 조건만을 분리하여 일부만 무효로 할 수는 없다.
> ㉢ 기한이익 상실의 특약은 특별한 사정이 없는 한, 정지조건부 기한이익상실의 특약으로 추정한다.

① ㉠
② ㉡
③ ㉠, ㉡
④ ㉡, ㉢
⑤ ㉠, ㉡, ㉢

해설
㉠ 조건성취의 효과는 특약으로 다르게 정할 수 있기 때문에 임의규정이다.
㉡ 조건과 법률행위는 일체이다. 따라서 조건만을 분리하여 일부만 무효로 할 수는 없다.
㉢ 기한이익 상실의 특약은 특별한 사정이 없는 한, <u>형성권적 기한이익상실의 특약으로 추정</u>한다.

정답 ③

PART 02 물권법

필살키 026 소급효 종합문제

다음 중 소급효가 인정되지 않는 것은? (다툼이 있으면 판례에 따름)

① 무권대리인이 체결한 계약에 대한 본인의 추인의 효과
② 토지거래허가구역 내 토지거래계약에 대한 허가의 효과
③ 취소권 행사의 효과
④ 취득시효 완성의 효과
⑤ 기한부 법률행위에서 기한도래의 효과

해설
① 무권대리인이 체결한 계약에 대한 본인의 추인의 효과는 대리행위 시로 소급한다.
② 토지거래허가구역 내 토지거래계약에 대한 허가의 효과는 매매계약 시로 소급한다.
③ 취소권 행사의 효과는 법률행위 시로 소급한다.
④ 취득시효 완성의 효과는 점유개시 시로 소급한다.
⑤ 기한부 법률행위에서 기한도래의 효과는 언제나 소급효가 인정되지 않는다(도래한 때부터).

정답 ⑤

필살키 027 물권의 객체와 물권법정주의

물권에 관한 설명으로 옳지 않은 것은? (다툼이 있으면 판례에 따름)

① 물권의 객체는 물건에 한정되지 않는다.
② 법률 또는 관습법이 인정하지 않는 새로운 종류의 물권 창설은 허용되지 않는다.
③ 미등기건물의 양수인은 소유권이전등기가 경료되지 않으면 사실상의 소유권을 취득하지 못한다.
④ 근린공원을 자유롭게 이용할 수 있다는 사정만으로는 공원이용권이라는 배타적인 권리를 취득하였다고 할 수 없다.
⑤ 분할의 절차를 거치지 않고 1필의 토지 중 일부에 관해 소유권보존등기를 경료할 수 있다.

해설
① 물권의 객체는 물건에 한정되지 않는다. 즉 권리에 대해서도 물권이 성립할 수 있다.
② 물권법정주의에 의해서 새로운 종류의 물권 창설은 허용되지 않는다.
③ 미등기건물의 양수인은 소유권이전등기를 경료해야 소유권을 취득한다.
④ 공원이용권은 관습법상의 물권이 아니다.
⑤ 분할의 절차를 거치지 않고 1필의 토지 중 일부에 관해 소유권보존등기를 경료할 수 없다.

정답 ⑤

필살키 028 물권적 청구권(1)

물권적 청구권에 관한 설명으로 옳은 것은? (다툼이 있으면 판례에 따름)

① 물권적 청구권은 물권과 분리하여 양도할 수 있다.
② 소유권을 상실한 전(前) 소유자도 제3자인 불법점유자에 대하여 소유권에 기한 물권적 청구권에 의한 방해배제를 청구할 수 있다.
③ 물권적 청구권과 불법행위로 인한 손해배상청구권은 병존할 수 없다.
④ 특별한 사정이 없는 한 합의해제에 따른 부동산 매도인의 원상회복청구권은 소유권에 기한 물권적 청구권으로서 소멸시효의 대상이 되지 않는다.
⑤ 침해자의 고의·과실이 없는 경우, 물권적 청구권을 행사할 수 없다.

해설
① 물권(주)과 물권적 청구권(종)은 운명을 함께한다. 따라서 물권적 청구권은 물권과 분리하여 양도할 수 없다.
② 물권적 청구권을 행사하기 위해서는 물권이 있어야 한다. 따라서 소유권을 상실한 전(前) 소유자는 더 이상 물권이 없기 때문에 소유권에 기한 물권적 청구권에 의한 방해배제를 청구할 수 없다.
③ 침해자에게 고의 또는 과실이 있다면 불법행위가 성립하기 때문에 이 경우 물권적 청구권과 불법행위로 인한 손해배상청구권은 병존할 수 있다.
④ 계약을 합의해제하면 말소등기 없이도 소유권은 당연히 매도인에게 회복된다. 따라서 매도인의 원상회복청구권(말소등기청구권)은 소유권에 기한 물권적 청구권으로서 소멸시효의 대상이 되지 않는다.
⑤ 침해자의 고의·과실은 물권적 청구권의 요건이 아니다.

정답 ④

필살키 029 물권적 청구권(2)

물권적 청구권에 관한 설명으로 옳지 않은 것은? (다툼이 있으면 판례에 따름)

① 미등기 무허가 건물의 양수인은 미등기인 상태에서 소유권에 기한 방해제거청구를 할 수 없다.
② 소유권이전등기 없이 토지를 인도받은 매수인으로부터 다시 토지를 매수하여 점유·사용하고 있는 자에 대하여 매도인은 토지소유권에 기하여 반환을 청구할 수 있다.
③ 점유보조자는 물권적 청구권의 상대방이 될 수 없다.
④ 지역권자는 지역권의 침해를 이유로 승역지의 반환을 청구할 수 없다.
⑤ 토지의 저당권자는 무단점유자에 대해 저당권에 기한 저당물반환청구권을 행사할 수 없다.

해설
① 미등기 무허가 건물의 양수인은 미등기인 상태에서 소유권이 없기 때문에 소유권에 기한 방해제거청구를 할 수 없다.
② 미등기매수인은 소유권은 없지만 매수인으로 점유할 권한이 있다. 즉 적법점유에 해당하기 때문에 매도인은 토지소유권에 기하여 반환을 청구할 수 없다.
③ 물권적 청구권은 무단점유자를 상대로 청구한다. 따라서 점유보조자는 점유자가 아니기 때문에 물권적 청구권의 상대방이 될 수 없다.
④ 지역권자에게 방해제거청구권과 방해예방청구권이 인정된다. 다만 반환청구권은 인정되지 않는다.
⑤ 저당권자에게 방해제거청구권과 방해예방청구권이 인정된다. 다만 반환청구권은 인정되지 않는다.

정답 ②

필살키 030 등기의 추정력

등기의 추정력에 관한 설명으로 옳지 않은 것은? (다툼이 있으면 판례에 따름)

① 소유권이전등기가 경료된 경우, 그 등기명의자는 전 소유자에 대하여는 적법한 등기원인에 의하여 소유권을 취득한 것으로 추정되지 않는다.
② 건물 소유권보존등기의 명의자가 그 건물을 신축한 것이 아니라면 그 등기의 권리추정력은 깨진다.
③ 소유권이전등기가 부적법하게 말소된 경우, 말소된 등기의 명의자는 여전히 적법한 소유자로 추정된다.
④ 소유권이전등기청구권의 보전을 위한 가등기가 있는 경우, 소유권이전등기를 청구할 적법한 법률관계가 있다고 추정되지 않는다.
⑤ 근저당권설정등기가 있는 경우에도 피담보채권의 성립을 위한 법률행위의 존재는 추정되지 않는다.

해설
① 소유권이전등기가 경료된 경우, 그 등기명의자는 전 소유자에 대하여도 적법한 등기원인에 의하여 소유권을 취득한 것으로 <u>추정된다</u>.
④ 가등기에 대해서는 추정력이 인정되지 않는다.
⑤ 근저당권설정등기가 있는 경우, 피담보채권의 존재는 추정되지만 피담보채권의 성립을 위한 법률행위, 즉 기본계약의 존재는 추정되지 않는다.

정답 ①

필살키 031 부동산물권변동(1)

부동산의 물권변동에 관한 설명으로 틀린 것은? (다툼이 있으면 판례에 따름)

① 합유자가 그 지분을 포기한 경우, 지분권 이전등기를 해야 포기된 합유지분은 나머지 잔존 합유지분권자들에게 물권적으로 귀속된다.
② 건물전세권이 법정갱신된 경우, 등기 없이도 갱신의 효과가 발생한다.
③ 신축건물의 보존등기를 건물 완성 전에 하였더라도 그 후 건물이 완성된 이상 그 등기는 무효가 아니다.
④ 무허가건물의 신축자는 등기 없이 소유권을 원시취득하지만 이를 양도하는 경우에는 등기 없이 인도에 의하여 소유권을 이전할 수 없다.
⑤ 공유물분할의 소에서 공유부동산의 특정한 일부씩을 각각의 공유자에게 귀속시키는 것으로 현물분할 협의가 성립하여 조정이 성립하였다면, 그 조정이 성립한 때 물권변동의 효력이 발생한다.

해설
① 합유지분의 포기는 법률행위에 해당하기 때문에 등기를 해야 잔존 합유지분권자들에게 물권적으로 귀속된다.
② 법정갱신은 법률의 규정이므로 등기 없이도 갱신의 효과가 발생하고 등기 없이도 대항할 수 있다.
③ 신축건물의 보존등기를 건물 완성 전에 미리 한 경우에도 그 후 건물이 완성된 이상 그 등기는 무효가 아니다.
④ 건물의 신축은 원시취득으로 등기 없이도 소유권을 취득한다. 다만 처분하기 위해서는 등기를 해야 한다.
⑤ 공유물분할의 소에서 현물분할 협의가 성립하여 조정이 성립한 경우에는 형성판결로 볼 수 없으므로 <u>등기를 해야 물권변동의 효력이 발생한다</u>.

정답 ⑤

필살기 032 부동산물권변동(2)

부동산의 물권변동에 관한 설명으로 옳은 것을 모두 고른 것은? (다툼이 있으면 판례에 따름)

> ㉠ 전세권의 존속기간 만료에 의한 소멸은 등기를 요하지 않는다.
> ㉡ 법정지상권의 취득은 등기를 요한다.
> ㉢ 피담보채권 소멸에 의한 저당권의 소멸은 등기를 요한다.

① ㉠ ② ㉡
③ ㉠, ㉢ ④ ㉡, ㉢
⑤ ㉠, ㉡, ㉢

해설
㉠ 전세권의 존속기간이 만료하면 말소등기 없이 전세권은 당연히 소멸한다.
㉡ 법정지상권의 취득은 등기를 요하지 않는다. 다만 처분 시 등기를 요한다.
㉢ 피담보채권(주)이 소멸하면 저당권(종)은 말소등기 없이도 당연히 소멸한다.

정답 ①

필살기 033 점유권(1)

점유에 관한 설명으로 옳지 않은 것은? (다툼이 있으면 판례에 따름)

① 선의의 점유자에게 과실취득권이 있다는 이유만으로 불법행위로 인한 손해배상책임이 배제되지는 않는다.
② 점유자는 소유의 의사로 선의, 평온, 공연하게 점유하는 것으로 추정되지만, 점유자의 무과실은 추정되지 않는다.
③ 甲이 그 소유건물을 乙에게 임대하여 인도한 경우에도 甲에게 점유권이 인정된다.
④ 선의의 점유자라도 본권에 관한 소에 패소한 때에는 패소판결 확정 시부터 악의의 점유자로 본다.
⑤ 점유자의 특정승계인이 자기의 점유와 전(前)점유자의 점유를 아울러 주장하는 경우에는 그 점유의 하자도 승계한다.

해설
① 선의의 점유자에게 과실(過失)이 있는 경우에도 과실취득권이 인정된다. 다만 점유자의 과실(過失)로 회복자에게 손해가 발생한 경우에는 점유자는 회복자에게 불법행위책임을 부담한다.
③ 임대인 甲에게도 간접점유권이 인정된다.
④ 선의의 점유자라도 본권에 관한 소에 패소한 때에는 소 제기 시부터 악의의 점유자로 본다.

정답 ④

필살키 034 점유권(2)

점유에 관한 설명으로 옳지 않은 것은? (다툼이 있으면 판례에 따름)

① 점유의 승계가 있는 경우, 전 점유자의 점유가 타주점유라 하여도 점유자의 승계인이 자기의 점유만을 주장하는 경우에는 현 점유자의 점유는 자주점유로 추정된다.
② 명의수탁자가 부동산을 점유하는 경우, 그 점유는 특별한 사정이 없는 한 타주점유이다.
③ 점유계속의 추정은 동일인이 전후 양 시점에 점유한 것이 증명된 때에만 적용되는 것이 아니고 전후 양 시점의 점유자가 다른 경우에도 점유의 승계가 입증된다면 점유계속은 추정된다.
④ 전후 양 시점의 점유자가 다르더라도 점유의 승계가 증명된다면 점유가 계속된 것으로 추정된다.
⑤ 甲이 신축한 건물의 경비원 乙이 甲의 지시를 받아 건물을 사실상 지배하고 있다면 乙은 그 건물의 점유자가 된다.

해설
① 점유하고 있으면 자주점유는 추정된다.
② 명의수탁자는 소유자인 명의신탁자가 있음을 알고 점유하고 있다. 따라서 명의수탁자의 점유는 특별한 사정이 없는 한 타주점유이다.
⑤ 경비원은 단지 점유보조자에 불과하다. 즉 점유자가 아니다.

정답 ⑤

필살키 035 점유권(3)

점유에 관한 설명으로 옳지 않은 것은? (다툼이 있으면 판례에 따름)

① 건물의 소유자가 그 건물을 현실적으로 점거하지 아니한 경우, 그는 건물의 부지가 된 토지를 점유하고 있다고 볼 수 없다.
② 물건을 사실상 지배한다는 것은 물건을 물리적·현실적으로 지배하는 것만을 의미하는 것은 아니다.
③ 공터로 형성되어 공중의 이용에 제공되고 있었던 토지 부분을 공로로 나가는 통로로 사용한 것에 불과하다면 그 사용자가 이를 점유하였다고 볼 수 없다.
④ 건물 공유자 중 일부만이 그 건물을 점유하고 있더라도 그 건물의 부지는 공유자 전원이 공동으로 점유하고 있는 것이다.
⑤ 건물의 유치권자는 그 건물을 점유하는 경우에도 그 건물의 부지 부분을 점유하였다고 볼 수는 없다.

해설
① 건물의 소유자가 그 건물을 현실적으로 점거하지 아니한 경우에도 그는 건물의 부지가 된 토지를 점유하고 있다고 볼 수 있다.
② 물건을 사실상 지배한다는 것은 물건을 물리적·현실적으로 지배하는 것만을 의미하는 것은 아니고 사회통념에 따라 합목적적으로 판단한다.
③ 점유를 인정하기 위해서는 타인의 점유를 배제하는 면이 있어야 하는데 공중의 이용에 제공되고 있기 때문에 사용자에게 점유를 인정할 수 없다.
④ 건물부지는 건물의 소유자가 점유하는 것으로 볼 수 있기 때문에 건물 공유자 중 일부만이 그 건물을 점유하고 있더라도 그 건물의 부지는 공유자 전원(소유자)이 공동으로 점유하고 있는 것이다.
⑤ 건물의 유치권자는 소유자가 아니기 때문에 그 건물을 점유하는 경우에도 그 건물의 부지 부분을 점유하였다고 볼 수는 없다.

정답 ①

필살키 036 점유자와 회복자의 관계(1)

점유자와 회복자의 관계에 관한 설명으로 옳은 것은? (다툼이 있으면 판례에 따름)

① 선의의 점유자가 취득하는 과실(果實)에 점유물의 사용이익은 포함되지 않는다.
② 악의의 점유자가 과실(果實)을 수취하지 못한 경우, 이에 대한 과실(過失)이 없더라도 그 과실(果實)의 대가를 보상하여야 한다.
③ 악의의 점유자는 원칙적으로 필요비 전부의 상환을 청구할 수 있다.
④ 악의의 점유자가 점유물의 사용에 따른 이익을 반환하여야 하는 경우, 자신의 노력으로 점유물을 활용하여 얻은 초과이익도 반환하여야 한다.
⑤ 점유물이 점유자의 책임 있는 사유로 인하여 멸실 또는 훼손된 경우, 선의의 타주점유자는 그 이익이 현존하는 한도에서 배상하여야 한다.

해설
① 건물의 사용이익도 과실(果實)에 해당한다.
② 악의의 점유자가 과실(果實)을 수취하지 못한 경우, 점유자에게 과실(過失)이 있는 경우에 한하여 그 과실(果實)의 대가를 보상하여야 한다.
③ 선의의 점유자가 과실을 취득한 경우에는 통상필요비를 청구할 수 없지만 악의의 점유자는 과실을 취득하지 못하므로 통상필요비와 특별필요비 모두를 청구할 수 있다.
④ 자신의 노력으로 점유물을 활용하여 얻은 초과이익은 반환할 필요가 없다.
⑤ 선의의 자주점유자는 그 이익이 현존하는 한도에서 배상책임이 있지만 선의의 타주점유자는 손해의 전부를 배상해야 한다.

정답 ③

필살키 037 점유자와 회복자의 관계(2)

점유자와 회복자의 관계에 관한 설명으로 옳지 않은 것은? (다툼이 있으면 판례에 따름)

① 점유자가 유익비를 지출한 경우, 가액의 증가가 현존한 때에 한하여 회복자의 선택에 따라 지출금액이나 증가액의 상환을 청구할 수 있다.
② 점유자가 유익비를 지출한 경우, 실제 지출한 금액 및 현존 증가액에 관한 증명책임은 모두 점유자에게 있다.
③ 선의의 점유자가 본권에 관한 소에서 패소한 경우, 소제기 후 판결확정 전에 취득한 과실은 반환할 의무가 없다.
④ 법원이 유익비의 상환을 위하여 상당한 상환기간을 허여한 경우, 유치권은 성립하지 않는다.
⑤ 악의의 수익자는 받은 이익에 이자를 붙여 반환하여야 하며, 그 이자의 이행지체로 인한 지연손해금도 지급하여야 한다.

해설
① 점유자가 아니라 회복자가 선택한다.
③ 선의의 점유자가 본권에 관한 소에서 패소한 경우, 소제기 시부터 악의 점유자가 되어 과실취득권이 없다. 따라서 소제기 후 판결확정 전에 취득한 과실은 반환해야 한다.
④ 유치권이 성립하기 위해서는 채권이 변제기가 도래해야 한다. 따라서 상환기간을 허여한 경우에는 변제기가 도래하지 않았기 때문에 유치권은 성립하지 않는다.
⑤ 악의의 점유자는 책임이 무겁다.

정답 ③

필살키 038 점유자와 회복자의 관계[3]

점유자와 회복자의 관계에 관한 설명으로 **틀린** 것을 모두 고른 것은? (다툼이 있으면 판례에 따름)

> ㉠ 점유물의 소유자가 변경된 경우, 점유자는 현재의 소유자가 아니라 비용지출 당시의 전 소유자에게 비용의 상환을 청구해야 한다.
> ㉡ 점유자가 점유물을 개량하기 위하여 유익비를 지출한 경우는 점유자가 점유물을 반환할 때에 그 상환을 청구할 수 있으나, 필요비를 지출한 경우에는 즉시 상환을 청구할 수 있다.
> ㉢ 선의의 점유자가 과실을 취득하였다면 특별필요비는 청구할 수 없다.

① ㉠
② ㉡
③ ㉢
④ ㉡, ㉢
⑤ ㉠, ㉡, ㉢

해설
㉠ 비용상환청구권은 회복 당시의 소유자, 즉 현재 소유자에게 행사해야 한다.
㉡ 필요비와 유익비 모두 회복자에게 점유물을 반환할 때 청구할 수 있다.
㉢ 선의의 점유자가 과실을 취득한 경우에는 통상의 필요비는 청구할 수 없다. 다만 특별필요비와 유익비는 청구할 수 있다.

정답 ⑤

필살키 039 점유취득시효[1]

부동산의 취득시효에 관한 설명으로 **틀린** 것은? (다툼이 있으면 판례에 따름)

① 자기 소유의 부동산에 대해서도 시효취득이 가능하다.
② 1필의 토지의 일부에 대한 시효취득도 인정될 수 있다.
③ 국유재산 중 행정재산은 공용이 폐지되지 않는 한 취득시효의 대상이 되지 않는다.
④ 취득시효로 인한 소유권취득의 효과는 점유를 개시한 때에 소급한다.
⑤ 시효취득을 주장하는 점유자는 자주점유를 증명할 책임이 있다.

해설
① 자기 소유 부동산임을 입증하기 곤란한 경우 자기 소유의 부동산에 대해서도 시효취득을 인정한다.
② 토지의 일부에 대한 시효취득도 인정하고 있다. 다만 소유권을 취득하기 위해서는 분할등기를 해야 한다.
③ 국유재산 중 행정재산은 공용이 폐지되지 않는 한 취득시효의 대상이 되지 않는다. 다만 일반재산에 대해서는 취득시효가 인정된다.
④ 점유개시 시로 소급한다.
⑤ 자주점유는 추정되기 때문에 점유자는 자주점유를 증명할 책임이 없다.

정답 ⑤

필살키 040   점유취득시효(2)

부동산의 취득시효에 관한 설명으로 틀린 것은? (다툼이 있으면 판례에 따름)

① 시효취득자의 점유가 계속되는 동안 이미 발생한 소유권이전등기청구권은 시효로 소멸하지 않는다.
② 시효취득으로 인한 소유권이전등기청구권이 발생한 경우에도 부동산소유자와 시효취득자 사이에 계약상의 채권관계는 성립하지 않는다.
③ 시효취득자가 제3자에게 목적물을 처분하여 점유를 상실하면, 그의 소유권이전등기청구권은 소멸시효가 진행한다.
④ 취득시효완성 후 이전등기 전에 제3자 앞으로 소유권이전등기가 경료되면 시효취득자는 등기명의자에게 시효취득을 주장할 수 없음이 원칙이다.
⑤ 토지소유자는 토지에 대한 점유취득시효 완성자에 대하여 불법점유를 이유로 토지의 반환을 청구할 수 있다.

해설

① 시효완성자가 점유를 계속하고 있는 경우에는 권리를 행사하고 있는 것으로 보아서 소멸시효에 걸리지 않는다.
② 부동산소유자와 시효취득자 사이에 계약관계는 없다.
③ 시효취득자가 제3자에게 목적물을 처분하여 점유를 상실한 경우 그때부터 소멸시효가 진행한다.
④ 취득시효완성 후 이전등기 전에 제3자 앞으로 소유권이전등기가 경료되면 시효취득자(채권자)는 등기명의자(물권자)에게 시효취득을 주장할 수 없는 것이 원칙이다.
⑤ 시효완성 당시의 소유자는 시효완성자에게 소유권이전의무를 부담할 뿐이다. 따라서 토지소유자는 토지에 대한 점유취득시효 완성자에 대하여 불법점유를 이유로 토지의 반환을 청구할 수 없다.

정답 ⑤

필살키 041   공유(1)

甲, 乙, 丙은 X토지를 동일한 지분비율로 공유하고 있다. 이에 관한 설명으로 옳지 않은 것은? (다툼이 있으면 판례에 따름)

① 甲과 乙이 丙과의 협의 없이 X토지에 건물을 신축하여 임대하기로 결정하는 것도 관리방법으로서 적법하다.
② 甲은 특별한 사정이 없는 한 자신의 지분을 자유롭게 처분할 수 있다.
③ 甲, 乙, 丙은 X토지를 3년 동안 분할하지 아니할 것을 약정할 수 있다.
④ 甲이 乙 및 丙과의 협의 없이 X토지 전부를 독점적으로 점유하여 사용하는 경우, 乙은 甲에게 X토지의 인도를 청구할 수 없다.
⑤ 丙의 지분 위에 원인무효의 저당권 등기가 마쳐진 경우, 甲은 X토지의 보존행위로서 저당권 등기의 말소를 청구할 수는 없다.

해설

① 공유토지 위에 건물을 신축하는 행위는 관리행위를 넘어서는 행위이다. 따라서 甲과 乙이 丙과의 협의 없이 X토지에 건물을 신축하여 임대하기로 결정하는 것은 관리방법을 넘는 행위이다.
② 공유자는 지분처분의 자유가 있기 때문에 甲은 자신의 지분을 자유롭게 처분할 수 있다.
③ 분할의 자유가 있지만 특약으로 5년 범위에서 분할금지가 가능하다. 甲, 乙, 丙은 X토지를 3년 동안 분할하지 아니할 것을 약정할 수 있다.
④ 소수지분권자가 공유물인 X토지 전부를 독점적으로 점유하여 사용하는 경우, 다른 소수지분권자는 공유물인 X토지의 인도를 청구할 수 없다. 다만 방해배제는 청구할 수 있다.
⑤ 丙의 지분 위에 원인무효의 저당권 등기가 마쳐진 경우, 丙은 말소등기를 청구할 수 있지만 甲은 등기의 말소를 청구할 수 없다.

정답 ①

필살키 042 공유(2)

부동산의 공유에 관한 설명으로 옳지 않은 것은? (다툼이 있으면 판례에 따름)

① 공유물분할청구권은 형성권에 해당한다.
② 분할청구가 있으면 공유자 전원은 분할절차에 참가할 의무가 있고 공유자 중 일부가 참여하지 않은 공유물의 분할은 무효이다.
③ 공유자 사이의 분할협의가 성립하면 더 이상 공유물분할의 소는 허용되지 않는다.
④ 재판상분할은 대금분할이 원칙이다.
⑤ 공유관계가 존속하는 한 공유물분할청구권만이 독립하여 시효로 소멸될 수 없다.

해설

① 공유물분할청구권은 분할을 청구하면 일방적 의사표시만으로 전원이 분할절차에 참가할 의무가 발생하기 때문에 형성권이다.
② 공유물의 분할은 그 절차에 공유자 전원이 참가해야 한다. 따라서 공유자 중 일부가 참여하지 않은 공유물의 분할은 무효이다.
③ 공유물분할소송은 분할의 협의가 되지 않는 경우에 한하여 인정된다.
④ 재판상분할은 <u>현물분할이 원칙</u>이다. 다만 예외적으로 대금분할이 인정된다.
⑤ 공유관계가 존속하는 한 각 공유자에게 공유물분할청구권은 인정되어야 한다. 따라서 공유물분할청구권만이 독립하여 시효로 소멸될 수 없다.

정답 ④

필살키 pp.37~39   합격서 pp.69~70

필살키 043 공유(3)

부동산의 공유에 관한 설명으로 옳지 않은 것은? (다툼이 있으면 판례에 따름)

① 공유자 중 1인이 공유물의 전부에 대해서 제3자와 매매계약을 체결한 경우, 그 매매계약은 유효이다.
② 공유부동산이 공유자 중 1인의 단독소유로 등기된 경우, 다른 공유자는 그 등기의 전부말소를 청구할 수 있다.
③ 특별한 사정이 없는 한 공유물의 과반수지분권자가 그 공유물의 특정 부분을 배타적으로 사용·수익하기로 정하는 것은 공유물의 관리방법으로서 적법하다.
④ 공유물의 소수지분권자가 다른 공유자와 협의 없이 공유물의 전부를 독점적으로 점유·사용하고 있는 경우, 다른 소수지분권자는 보존행위로서 공유물의 인도를 청구할 수 없다.
⑤ 제3자가 공유물을 불법 점유한 경우, 각 공유자는 단독으로 공유물 전부의 반환을 청구할 수 있다.

해설

① 매매계약 자체는 단지 채권행위에 불과하기 때문에 공유자 중 1인이 공유물의 전부에 대해서 제3자와 매매계약을 체결한 경우, 그 매매계약 자체는 유효이다.
② 공유부동산이 공유자 중 1인의 단독소유로 등기된 경우, 그 지분 범위 내에서 유효등기이다. 따라서 다른 공유자는 그 등기의 전부의 말소를 청구할 수 없고 자신의 지분비율 범위에서 말소등기를 청구할 수 있다.
③ 공유물의 관리방법은 지분의 과반수로 정한다. 그리고 과반수지분권자가 그 공유물의 전부 또는 특정 부분을 배타적으로 사용·수익하기로 정하는 것은 공유물의 관리방법으로서 적법하다.
④ 공유물의 소수지분권자가 다른 공유자와 협의 없이 공유물의 전부를 독점적으로 점유·사용하고 있는 경우에는 그 점유는 무단점유이다. 다만 다른 소수지분권자는 보존행위로서 공유물의 인도를 청구할 수 없지만 방해배제를 청구할 수 있다.
⑤ 제3자가 공유물을 불법 점유한 경우, 각 공유자는 보존행위를 근거로 단독으로 공유물 전부의 반환을 청구할 수 있다.

정답 ②

필살키 044 지상권(1)

지상권에 관한 설명으로 틀린 것은? (다툼이 있으면 판례에 따름)

① 시효로 분묘기지권을 취득한 사람은 토지소유자가 분묘기지에 관한 지료를 청구하면 그 청구한 날부터의 지료를 지급할 의무가 있다.
② 토지의 담보가치 하락을 막기 위해 설정된 지상권은 피담보채권이 소멸하면 존속기간과 관계없이 소멸한다.
③ 지상권에 저당권이 설정된 경우, 지상권설정자의 지상권소멸청구는 그 저당권자에게 통지한 후 상당한 기간이 경과해야 효력이 생긴다.
④ 지상권자는 토지소유자의 의사에 반하여도 자유롭게 타인에게 지상권을 양도할 수 있다.
⑤ 지상권자가 2년 이상의 지료를 지급하지 아니한 때에는 지상권설정자는 지상권의 소멸을 청구할 수 있으나 당사자의 약정으로 그 기간을 단축할 수 있다.

해설
① 시효로 분묘기지권을 취득한 사람은 토지소유자가 지료를 청구한 날부터의 지료를 지급할 의무가 있다.
② 담보지상권은 피담보채권이 소멸하면 존속기간과 관계없이 소멸한다.
④ 지상권 처분의 자유가 절대적으로 보장된다.
⑤ 지상권자를 위한 강행규정으로 그 기간을 단축할 수 없다.

정답 ⑤

필살키 045 지상권(2)

지상권에 관한 설명으로 옳은 것을 모두 고른 것은? (다툼이 있으면 판례에 따름)

㉠ 관습법상의 법정지상권을 취득한 자가 대지소유자와 사이에 대지에 관하여 임대차계약을 체결한 경우, 특별한 사정이 없는 한 관습법상의 법정지상권을 포기한 것으로 된다.
㉡ 지상권이 존속기간의 만료로 소멸한 경우, 건물 기타 공작물이나 수목이 현존하는 때에는 지상권자는 계약의 갱신을 청구할 수 있다.
㉢ 관습법상의 법정지상권은 이를 취득할 당시의 토지소유자로부터 토지소유권을 취득한 제3자에게 등기 없이 주장될 수 있다.

① ㉠
② ㉡
③ ㉢
④ ㉡, ㉢
⑤ ㉠, ㉡, ㉢

해설
㉠ 관습법상 법정지상권은 포기할 수 있다. 따라서 토지사용계약이 있으면 관습법상 법정지상권은 별도 필요하지 않으므로 관습법상의 법정지상권을 포기한 것으로 본다.
㉡ 지상권이 존속기간의 만료로 소멸하고 지상물이 현존한 경우에는 지상권자는 계약의 갱신을 청구할 수 있다.
㉢ 관습법상의 법정지상권은 등기 없이도 취득하고 등기 없이도 물권을 취득했기 때문에 관습법상 법정지상권자는 토지소유권을 취득한 제3자에게 등기 없이 주장할 수 있다.

정답 ⑤

필살키 046 지상권(3)

지상권에 관한 설명으로 틀린 것은? (다툼이 있으면 판례에 따름)

① 토지에 저당권, 지상권, 저당권이 순차적으로 설정된 경우, 나중에 설정된 저당권이 실행되면 지상권은 소멸하지 않는다.
② 지상권설정계약에서 지료의 지급에 대한 약정이 없더라도 지상권의 성립에는 영향이 없다.
③ 법정지상권을 양도하기 위해서는 등기하여야 한다.
④ 구분지상권은 수목을 소유하기 위해서 설정할 수 없다.
⑤ 구분지상권은 토지의 상·하의 범위를 정해서 반드시 등기해야 한다.

해설
① 1번 저당권보다 후에 지상권이 설정되었고 이후 경락된 경우, <u>지상권은 소멸한다</u>.
② 지료지급은 지상권의 성립요소가 아니다.
③ 법정지상권을 취득하기 위해서는 등기를 요하지 않는다. 그러나 양도(법률행위)하기 위해서는 등기하여야 한다.
④ 수목 소유 목적의 구분지상권은 성립할 수 없다.
⑤ 구분지상권은 사용권의 범위를 특정해서 반드시 등기를 해야 한다.

정답 ①

필살키 047 지역권(1)

지역권에 관한 설명으로 틀린 것은? (다툼이 있으면 판례에 따름)

① 지역권은 요역지와 분리하여 양도할 수 없다.
② 요역지 소유권과 지역권이 함께 이전되지 않도록 하는 약정은 유효하며 이를 등기할 수 있다.
③ 지역권은 다른 약정이 없는 한 승역지의 소유권에 부종하여 이전한다.
④ 요역지의 전세권자는 통행지역권을 시효취득할 수 있다.
⑤ 1필의 토지의 일부에 지역권을 설정할 수 있다.

해설
① 지역권(종)은 요역지(주)와 분리하여 양도할 수 없다.
② 지역권(종)은 요역지(주) 소유권에 부종하여 이전하지만 특약을 통해서 다르게 정할 수 있으며, 특약을 등기할 수 있다.
③ 지역권(종)는 다른 약정이 없는 한 <u>요역지(주)의 소유권에 부종하여 이전한다</u>.
④ 요역지의 소유권자, 지상권자, 전세권자는 통행지역권을 시효취득할 수 있다.
⑤ 승역지에 지역권이 설정되며 승역지는 1필의 토지 전부, 일부 모두 가능하다. 따라서 1필의 토지의 일부에 지역권을 설정할 수 있다.

정답 ③

필살키 048 지역권(2)

지역권에 관한 설명으로 틀린 것은? (다툼이 있으면 판례에 따름)

① 동일한 승역지 위에 수 개의 용수지역권이 설정될 수 있다.
② 다른 특별한 사정이 없다면 통행지역권을 시효취득한 자는 승역지의 소유자가 입은 손해를 보상하지 않아도 된다.
③ 요역지의 공유자 중 1인이 지역권을 취득하는 때에는 다른 공유자도 이를 취득한다.
④ 요역지의 불법점유자는 지역권을 시효취득할 수 없다.
⑤ 지역권은 소멸시효에 걸린다.

해설
① 지역권은 배타성이 없기 때문에 동일한 승역지 위에 수 개의 용수지역권이 설정될 수 있다.
② 통행지역권을 시효취득한 자는 승역지의 소유자에게 손해를 보상해야 한다.
③ 취득상의 불가분성(지역권의 취득은 쉽게, 소멸은 어렵게)
④ 요역지의 불법점유자는 보호가치가 없으므로 지역권을 시효취득할 수 없다.
⑤ 지역권도 20년의 소멸시효에 걸린다.

정답 ②

필살키 049 전세권(1)

전세권에 관한 설명으로 옳은 것은? (다툼이 있으면 판례에 따름)

① 건물의 일부에 대하여만 전세권이 설정되어 있는 경우, 그 전세권자는 건물 전부의 경매를 청구할 수는 없다.
② 전세권설정자는 목적물의 현상을 유지하고 그 통상의 관리에 속한 수선을 해야 한다.
③ 목적물의 인도는 전세권의 성립요건이다.
④ 건물에 대한 전세권의 존속기간을 1년 미만으로 정한 때에는 이를 2년으로 한다.
⑤ 대지와 건물이 동일한 소유자에 속한 경우, 건물에 전세권을 설정한 때에는 그 대지소유권의 특별승계인은 전세권자에 대하여 지상권을 설정한 것으로 본다.

해설
① 건물의 일부에 전세권이 설정된 경우 전세권자는 전세목적물인 건물 일부에 대해서만 경매를 청구할 수 있다. 즉 전부를 경매할 수는 없다.
② 전세권자는 목적물의 현상을 유지하고 그 통상의 관리에 속한 수선을 해야 한다.
③ 목적물의 인도는 전세권의 성립요건이 아니다.
④ 건물에 대한 전세권의 존속기간을 1년 미만으로 정한 때에는 이를 1년으로 한다(최단기 제한 1년).
⑤ 대지와 건물이 동일한 소유자에 속한 경우, 건물에 전세권을 설정한 때에는 그 대지소유권의 특별승계인은 전세권설정자에 대하여 지상권을 설정한 것으로 본다(법정지상권).

정답 ①

필살키 050 전세권(2)

전세권에 관한 설명으로 <u>틀린</u> 것은? (다툼이 있으면 판례에 따름)

① 전세권은 1필의 토지 중 일부에 대해서도 설정할 수 있다.
② 건물에 대한 전세권이 법정갱신되는 경우, 그 존속기간은 2년으로 본다.
③ 타인의 토지에 있는 건물에 전세권을 설정한 경우, 전세권의 효력은 그 건물의 소유를 목적으로 한 지상권에 미친다.
④ 전세금이 현실적으로 수수되지 않은 경우에도 기존의 채권으로 전세금의 지급에 갈음할 수 있다.
⑤ 전세권 존속기간 만료의 경우, 합의에 의하여 전세권설정계약을 갱신할 수 있으나 그 기간은 갱신한 날로부터 10년을 넘을 수 없다.

해설
① 전세권은 1필의 토지 전부 또는 일부에 성립할 수 있다.
② 전세권이 법정갱신되는 경우에 <u>존속기간은 정함이 없는 것으로 본다.</u>
④ 전세금은 현실적으로 수수될 필요가 없기 때문에 기존의 채권으로 전세금의 지급에 갈음할 수 있다.
⑤ 최장기 존속기간의 제한은 10년이다. 따라서 합의를 통해서 갱신하는 경우, 갱신한 날로부터 10년을 넘을 수 없다.

정답 ②

필살키 051 전세권(3)

전세권에 관한 설명으로 옳은 것을 모두 고른 것은? (다툼이 있으면 판례에 따름)

> ㉠ 토지전세권의 존속기간을 1년 미만으로 정한 때에는 이를 1년으로 한다.
> ㉡ 전세권자와 인접 토지소유자 사이에는 상린관계에 관한 규정이 적용되지 않는다.
> ㉢ 전세권은 등기부상 기록된 전세권설정등기의 존속기간과 상관없이 등기된 순서에 따라서 순위가 정해진다.

① ㉠
② ㉡
③ ㉢
④ ㉡, ㉢
⑤ ㉠, ㉡, ㉢

해설
㉠ 토지전세권은 최단기간 1년이 보장되지 않는다(건물만 1년 보장).
㉡ 상린관계 규정(소유권)은 <u>지상권과 전세권에 준용된다.</u>
㉢ 전세권은 물권이므로 등기된 순서에 따라서 순위가 정해진다.

정답 ③

필살키 052 유치권(1)

유치권의 성립요건인 채권과 목적물 사이의 견련관계가 인정되지 않는 것은? (다툼이 있으면 판례에 따름)

① 건물과 건축자재매매대금채권
② 임차물과 임차인의 유익비상환청구권
③ 임차물과 임차인의 필요비상환청구권
④ 수급인이 수리한 건물과 공사대금채권
⑤ 임치물과 그 하자로부터 생긴 수치인의 손해배상채권

해설
① 건축자재매매대금채권은 단지 건축자재(시멘트, 모래, 자갈 등) 매매계약으로부터 발생한 채권에 불과하다. 건물과 견련성이 인정되지 않는다.
②③ 임차인이 목적물에 비용을 투입한 경우, 임차물과 임차인의 비용상환청구권은 견련성이 인정된다.
④⑤ 모두 목적물로부터 발생한 채권으로 견련성이 인정된다.

정답 ①

필살키 053 유치권(2)

유치권에 관한 설명으로 틀린 것은? (다툼이 있으면 판례에 따름)

① 유치권배제특약이 있더라도 다른 법정요건이 모두 충족되면 유치권이 성립한다.
② 유치권자는 유치물의 과실인 금전을 수취하여 다른 채권보다 먼저 그 채권의 변제에 충당할 수 있다.
③ 채무자가 자신의 소유물을 직접점유하고 채권자가 이를 통해 간접점유하는 방법으로 유치권이 성립하지 않는다.
④ 유치권자가 점유침탈로 유치물의 점유를 상실한 경우, 유치권은 원칙적으로 소멸한다.
⑤ 건물신축공사를 도급받은 수급인이 사회통념상 독립한 건물이 되지 못한 정착물을 토지에 설치한 상태에서 공사가 중단된 경우, 토지에 대하여 유치권을 행사할 수 없다.

해설
① 유치권이 성립하기 위해서는 유치권배제특약이 없어야 한다. 따라서 유치권배제특약이 있으면 유치권은 성립하지 않는다.
② 유치권자에게 과실취득권이 인정된다.
③ 채무자가 자신의 소유물을 직접점유하고 있다면 채무의 변제가 심리적으로 강제되지 않기 때문에 유치권이 성립할 수 없다.
④ 유치권의 본질은 점유이다. 따라서 점유를 상실하면 유치권은 원칙적으로 소멸한다.
⑤ 건물공사를 했으므로 건물의 공사대금채권은 토지와는 견련성이 없다. 따라서 토지에 대하여 유치권을 행사할 수 없다.

정답 ①

필살키 054 유치권(3)

유치권에 관한 설명으로 옳지 않은 것은? (다툼이 있으면 판례에 따름)

① 원칙적으로 유치권은 채권자 자신 소유 물건에 대해서 성립하지 않는다.
② 유치권자가 소유자의 허락 없이 유치물을 임대한 경우, 임차인은 소유자에게 임대차로 대항할 수 없다.
③ 여러 필지의 토지에 유치권을 행사하는 자가 그 토지 중 일부에 대해 선관주의의무를 위반한 경우 모든 토지에 대한 유치권소멸청구가 인정된다.
④ 유치권에 의한 경매로 유치물이 매각되는 경우 유치권자는 일반채권자와 동일한 순위로 배당을 받는다.
⑤ 저당권이 설정된 건물에 대하여 경매개시결정 이전에 유치권이 성립한 때에는 유치권자는 경매절차의 매수인에게 대항할 수 있다.

해설

① 유치권은 타물권이다. 즉 타인소유 물건에 대해서 성립한다.
② 유치권자가 유치물을 임대하기 위해서는 채무자의 승낙을 요한다. 따라서 유치권자가 소유자의 허락 없이 유치물을 임대한 경우, 임차인은 소유자에게 임대차로 대항할 수 없다.
③ 여러 필지의 토지에 유치권을 행사하는 자가 그 토지 중 일부에 대해 선관주의의무를 위반한 경우, <u>모든 토지가 아니라 위반한 토지에 대한 유치권소멸청구가 인정된다</u> (유치권자 보호를 위함).
④ 유치권자에게 우선변제권은 인정되지 않는다. 따라서 유치권자는 일반채권자와 동일한 순위로 배당을 받는다.
⑤ 압류 전(경매개시결정등기 전)에 유치권이 성립한 때에는 유치권자는 경매절차의 매수인(경락인)에게 대항할 수 있다.

정답 ③

필살키 055 유치권(4)

유치권에 관한 설명으로 옳은 것을 모두 고른 것은? (다툼이 있으면 판례에 따름)

> ㉠ 유치권자가 채무자 겸 소유자의 승낙 없이 유치물을 담보로 제공한 경우, 그 채무자는 유치권의 소멸을 청구할 수 있다.
> ㉡ 채권자의 점유가 불법행위로 인한 경우에도 유치권이 성립한다.
> ㉢ 점유를 침탈 당한 유치권자가 점유회수의 소를 제기하면 유치권을 보유하는 것으로 간주된다.

① ㉠
② ㉡
③ ㉢
④ ㉡, ㉢
⑤ ㉠, ㉡, ㉢

해설

㉠ 유치권자가 채무자 겸 소유자의 승낙 없이 유치물을 담보로 제공한 경우, 의무위반을 이유로 채무자는 유치권의 소멸을 청구할 수 있다.
㉡ 불법점유인 경우에는 유치권은 <u>성립하지 않는다</u>.
㉢ 소제기만으로는 효과가 없고 <u>소를 제기해서 점유를 회복하면 유치권은 처음부터 소멸하지 않은 것으로 본다</u>.

정답 ①

필살키 056 유치권(5)

유치권에 관한 설명으로 옳은 것을 모두 고른 것은? (다툼이 있으면 판례에 따름)

> ㉠ 부동산에 가압류등기가 마쳐진 후에 그 부동산의 점유를 취득한 유치권자는 그 가압류권자에게 대항할 수 없다.
> ㉡ 매도인이 중도금만 받고서 매수인에게 부동산의 소유권을 이전한 경우, 매도인은 잔금채권을 피담보채권으로 하여 매수인에 대하여 유치권을 행사할 수 없다.
> ㉢ 목적물에 대한 점유를 취득한 후 그 목적물에 관한 채권이 성립한 경우, 유치권은 인정되지 않는다.

① ㉠
② ㉡
③ ㉢
④ ㉡, ㉢
⑤ ㉠, ㉡, ㉢

해설
㉠ 부동산에 가압류등기가 마쳐진 후에 그 부동산의 점유를 취득한 유치권자는 그 가압류권자나 경락인에게 대항할 수 있다.
㉡ 매도인 스스로 동시이행의 항변권을 포기함으로써 위험을 자초한 것으로 보호가치가 없다. 따라서 매도인은 잔금채권을 피담보채권으로 하여 매수인에 대하여 유치권을 행사할 수 없다. 매도인이 중도금만 받고서 매수인에게 부동산의 소유권을 이전한 경우, 매도인은 잔금채권을 피담보채권으로 하여 매수인에 대하여 유치권을 행사할 수 없다.
㉢ 목적물에 대한 점유를 취득한 후 그 목적물에 관한 채권이 성립한 경우, 유치권은 인정된다.

정답 ②

필살키 057 저당권(1)

저당권에 관한 설명으로 **틀린** 것을 모두 고른 것은? (다툼이 있으면 판례에 따름)

> ㉠ 토지를 목적으로 저당권을 설정한 후 그 설정자가 그 토지에 건물을 축조하고 소유한 경우, 저당권자는 토지와 함께 그 건물에 대하여도 경매를 청구할 수 있다.
> ㉡ 저당권은 그 담보한 채권과 분리하여 타인에게 양도할 수 있다.
> ㉢ 저당권의 효력은 부합된 물건과 종물에도 미친다. 그리고 종된 권리에도 미친다.

① ㉠
② ㉡
③ ㉢
④ ㉡, ㉢
⑤ ㉠, ㉡, ㉢

해설
㉠ 나대지 상태에서 저당권이 설정되었고 이후에 건물을 신축(저당권설정자 소유)한 경우 저당권자는 토지와 건물을 일괄해서 경매할 수 있다.
㉡ 저당권(종)은 그 담보한 채권(주)과 분리하여 타인에게 양도할 수 없다.

정답 ②

필살키 058 저당권(2)

저당권에 관한 설명으로 옳지 않은 것은? (다툼이 있으면 판례에 따름)

① 구분건물의 전유부분에 설정된 저당권의 효력은 특별한 사정이 없는 한 그 전유부분의 소유자가 나중에 취득한 대지권에도 미친다.
② 저당부동산에 대하여 저당권에 기한 압류가 있으면, 압류 이전의 저당권설정자의 저당부동산에 관한 차임채권에도 저당권의 효력이 미친다.
③ 저당목적물의 변형물에 대하여 제3자가 압류한 경우에도 저당권자는 물상대위권을 행사할 수 있다.
④ 저당목적물에 갈음하는 금전의 인도청구권에 대하여 저당권자가 압류하기 전에 그 금전이 물상보증인에게 지급되었더라도, 저당권자는 물상보증인에게 부당이득반환을 청구할 수 있다.
⑤ 저당권설정 당사자 간의 특약으로 저당목적물인 토지에 대하여 법정지상권을 배제하는 약정을 하더라도 그 특약은 효력이 없다.

해설
① 주와 종은 운명을 함께한다. 따라서 구분건물의 전유부분(주)에 설정된 저당권의 효력은 특별한 사정이 없는 한 그 전유부분의 소유자가 나중에 취득한 대지권(종)에도 미친다.
② 저당권의 효력은 과실(차임채권)에는 미치지 않는 것이 원칙이지만 예외적으로 저당부동산이 압류된 이후의 과실에 대해서는 미친다. 즉 압류 이전의 과실에 대해서는 미치지 않는다.
③ 물상대위가 인정되기 위해서는 저당권설정자에게 지급되기 전에 압류를 해야한다. 나만 압류는 저당권자가 하든 제3자가 하든 상관없이 물상대위가 인정된다.
④ 압류 전에 지급된 경우에는 물상대위는 인정되지 않는다. 다만 저당권자는 물상보증인에게 부당이득반환을 청구할 수 있다.
⑤ 법정지상권규정은 강행규정이다. 따라서 배제 특약은 무효이다.

정답 ②

필살키 059 저당권(3)

저당권에 관한 설명으로 옳지 않은 것은? (다툼이 있으면 판례에 따름)

① 저당물의 소유권을 취득한 제3자는 그 저당물의 보존을 위해 필요비를 지출한 경우, 특별한 사정이 없는 한 그 저당물의 경매대가에서 우선상환을 받을 수 있다.
② 저당권자는 설정자로부터 일탈한 저당목적물을 저당권자 자신에게 반환할 것을 청구할 수는 없다.
③ 저당물의 소유권을 취득한 제3자도 경매인이 될 수 있다.
④ 저당부동산에 대하여 지상권을 취득한 제3자는 저당권자에게 그 부동산으로 담보된 채권을 변제하고 저당권의 소멸을 청구할 수 있다.
⑤ 물상보증인이 저당물에 필요비를 지출한 경우, 저당물의 매각대금에서 우선상환을 받을 수 있다.

해설
① 제3취득자는 저당물의 경매대가에서 우선상환을 받을 수 있다.
② 저당권자에게 물권적 반환청구권은 인정되지 않는다.
④ 제3취득자는 그 부동산으로 담보된 채권을 변제하고 저당권의 소멸을 청구할 수 있다.
⑤ 물상보증인은 제3취득자에 해당하지 않기 때문에 물상보증인이 저당물에 필요비를 지출한 경우에도 저당물의 매각대금에서 우선상환을 받을 수 없다.

정답 ⑤

필살키 060 근저당(1)

근저당권에 관한 설명으로 옳은 것을 모두 고른 것은? (다툼이 있으면 판례에 따름)

> ㉠ 근저당권이 유효하기 위하여는 근저당권설정행위와는 별도로 근저당권의 피담보채권을 성립시키는 법률행위가 있어야 한다.
> ㉡ 근저당권의 물상보증인은 확정된 채무액이 채권최고액을 초과하더라도 특별한 사정이 없는 한 채권최고액만을 변제하고 근저당권설정등기의 말소청구를 할 수 있다.
> ㉢ 후순위 근저당권자가 경매를 신청한 경우, 선순위 근저당권의 피담보채권은 매수인이 매각대금을 완납한 때에 확정된다.

① ㉠
② ㉡
③ ㉢
④ ㉡, ㉢
⑤ ㉠, ㉡, ㉢

해설
㉠ 근저당권은 채권 때문에 존재한다. 따라서 채권을 성립시키는 법률행위(기본계약)가 있어야 한다.
㉡ 제3취득자와 물상보증인은 채무자가 아니므로 채권최고액만을 변제하고 근저당권설정등기의 말소를 청구할 수 있다.
㉢ 후순위 근저당권자가 경매를 신청한 경우, 후순위 근저당권자의 채권은 경매신청 시에 확정되지만 선순위 근저당권자의 채권은 매각대금 완납 시에 확정된다.

정답 ⑤

필살키 061 근저당(2)

근저당권에 관한 설명으로 옳지 않은 것은? (다툼이 있으면 판례에 따름)

① 채무자의 채무액이 근저당 채권최고액을 초과하는 경우에 채무자 겸 근저당권설정자는 그 채무의 일부인 채권최고액의 변제로써 근저당권의 말소를 청구할 수 있다.
② 근저당권자가 그 근저당권에 기하여 경매를 신청하면 그 신청한 때에 피담보채권이 확정된다.
③ 기본계약에 따른 결산기가 도래하면 그때에 피담보채권이 확정된다.
④ 근저당권자가 아닌 자가 저당물에 과하여 경매를 신청하면 그 경매의 매수인이 매각대금을 완납한 때에 근저당권자의 피담보채권이 확정된다.
⑤ 근저당권은 그 피담보채권이 확정되면 보통의 저당권과 같은 취급을 받게 된다.

해설
① 채무자 겸 근저당권설정자는 그 채무의 전액을 변제해야 근저당권의 말소를 청구할 수 있다.
② 근저당권자가 경매를 신청하면 더 이상 거래의사가 없는 것으로 경매신청 시에 피담보채권이 확정된다.
④ 근저당권자가 경매를 신청한 것이 아니므로 경매신청 시가 아니라 그 경매의 매수인이 매각대금을 완납한 때에 근저당권자의 피담보채권이 확정된다.

정답 ①

PART 03 계약법

필살키 062 계약의 종류(1)

계약에 관한 설명으로 틀린 것은?

① 「민법」상 편무계약은 모두 유상계약이다.
② 무상의 소비대차는 편무계약의 일종이다.
③ 교환계약에서 금전의 보충지급에 대한 약정이 있는 경우, 그에 대하여 매매의 규정을 준용한다.
④ 매매계약에 관한 규정은 다른 유상계약에도 준용된다.
⑤ 임대인이 임대목적물에 대한 소유권 등의 처분권한이 없어도 임대차계약이 유효하게 성립한다.

해설

① 편무계약은 일반적으로 무상계약이나, 다만 현상광고계약은 편무계약이지만 유상계약에 해당한다.
③ 매매계약은 유상계약의 대표이다. 따라서 매매계약의 규정은 다른 유상계약에도 적용, 즉 준용된다. 따라서 교환계약도 유상계약으로 매매의 규정을 준용한다.
⑤ 임대하는 것은 처분행위가 아니다. 따라서 임대인이 목적물에 대해서 처분권한이 없어도 임대차계약은 유효이다.

정답 ①

필살키 063 계약의 종류(2)

계약의 종류에 관한 설명으로 옳은 것을 모두 고른 것은? (다툼이 있으면 판례에 따름)

㉠ 모든 유상계약은 쌍무계약이다.
㉡ 모든 쌍무계약이 유상계약인 것은 아니다.
㉢ 무상계약은 모두 편무계약이다.

① ㉠
② ㉡
③ ㉢
④ ㉡, ㉢
⑤ ㉠, ㉡, ㉢

해설

㉠ 유상계약에는 편무계약(현상광고계약)도 있다.
㉡ 쌍무계약은 모두 유상계약에 포함된다. 따라서 모든 쌍무계약은 유상계약이다.
㉢ 무상계약은 모두 편무계약에 포함된다.

정답 ③

필살키 064 계약의 종류(3)

계약의 종류에 관한 설명으로 옳은 것을 모두 고른 것은? (다툼이 있으면 판례에 따름)

> ㉠ 계약금계약이나 교환계약은 요물계약이다.
> ㉡ 매매예약도 계약이고 언제나 채권계약이다.
> ㉢ 전형계약은 모두 불요식계약에 해당한다.

① ㉠
② ㉡
③ ㉢
④ ㉡, ㉢
⑤ ㉠, ㉡, ㉢

해설
㉠ 계약금계약은 요물계약이다. 그러나 교환계약은 낙성계약이다.
㉡ 매매예약도 합의를 통해서 성립하기 때문에 계약이고 장차 본계약을 체결할 이행의 문제를 남기기 때문에 언제나 채권계약이다.
㉢ 계약자유의 원칙에 의해서 방식의 자유가 인정된다. 따라서 전형계약은 모두 불요식계약이다.

정답 ④

필살키 065 계약의 성립(1)

계약의 성립에 관한 설명으로 옳지 않은 것은? (다툼이 있으면 판례에 따름)

① 청약의 의사표시는 그 효력이 발생한 후에 철회할 수 없다.
② 매도인이 매수인에게 매매계약을 합의해제할 것을 청약하였으나 매수인이 그 청약에 대하여 조건을 붙이거나 변경을 가하여 승낙하였다면 매도인의 청약은 거절된 것으로 본다.
③ 승낙의 기간을 정하지 아니한 계약의 청약을 한 자가 상당한 기간 내에 승낙의 통지를 받은 때에는 계약이 성립한다.
④ 불특정다수인을 상대로 한 청약은 효력이 없다.
⑤ 승낙자가 청약에 대하여 조건을 붙이거나 변경을 가하여 승낙한 경우, 청약의 효력은 상실한다.

해설
① 청약의 의사표시는 그 효력이 발생한 후에는 상대방 보호를 위해서 철회할 수 없다. 다만 도달 전에는 철회할 수 있다.
② 청약에 대하여 상대방이 조건을 붙이거나 변경을 가하여 승낙하였다면 청약 거절과 동시에 새로 청약한 것으로 본다.
③ 승낙기간을 정하지 아니한 계약의 청약은 상당한 기간까지 효력이 있다. 따라서 상당한 기간 내에 승낙의 통지를 받은 때에 계약이 성립한다.
④ 청약의 상대방은 제한이 없다. 따라서 특정인뿐만이 아니라 불특정다수인을 상대로 청약할 수 있다.
⑤ 승낙자가 청약에 대하여 조건을 붙이거나 변경을 가하여 승낙한 경우, 청약은 거절된 것으로 본다. 따라서 청약의 효력은 상실한다.

정답 ④

필살키 066 계약의 성립(2)

계약의 성립에 관한 설명으로 옳지 않은 것은? (다툼이 있으면 판례에 따름)

① 승낙자가 청약에 대해 조건을 붙여 승낙한 때는 청약을 거절하고 새로 청약한 것으로 본다.
② 청약자의 의사표시나 관습에 의하여 승낙의 통지가 필요하지 않은 경우, 계약은 승낙의 의사표시로 인정되는 사실을 알게 된 때에 성립한다.
③ 격지자 간의 계약은 승낙의 의사표시가 승낙기간 내에 청약자에게 도달하면 그 발송시점에 성립한다.
④ 청약은 불특정 다수인에 대하여 할 수 있으나, 승낙은 반드시 청약자에 대하여 하여야 한다.
⑤ 연착된 승낙은 새로운 청약으로 보아 청약자는 이에 대하여 승낙함으로써 계약을 체결할 수 있다.

해설
② 청약자의 의사표시나 관습에 의하여 승낙의 통지가 필요하지 않은 경우, 계약은 승낙의 의사표시로 인정되는 사실이 있는 때에 성립한다.
③ 격지자 간의 계약은 승낙의 의사표시가 승낙기간 내에 청약자에게 도달하면 그 승낙의 통지를 발송한 때에 성립한다.
④ 승낙의 상대방은 특정인, 즉 청약자이다.
⑤ 연착된 승낙은 승낙으로서 효력은 없다. 다만 새로운 청약으로 보아 청약자는 승낙함으로써 계약을 체결할 수 있다.

정답 ②

필살키 067 계약의 성립(3)

계약의 성립에 관한 설명으로 옳은 것을 모두 고른 것은? (다툼이 있으면 판례에 따름)

㉠ 청약은 계약의 내용을 결정할 수 있을 정도의 사항을 포함시키는 구체적·확정적 의사표시여야 한다.
㉡ 격지자 간의 계약에서 청약은 통지를 발송한 때에 효력이 발생한다.
㉢ 계약의 청약은 청약자가 그 청약의 의사표시 속에 명시되어야 한다.

① ㉠
② ㉡
③ ㉢
④ ㉡, ㉢
⑤ ㉠, ㉡, ㉢

해설
㉡ 격지자 간의 계약에서 청약은 도달주의를 취하고 승낙은 발신주의를 취한다.
㉢ 청약자가 누구인지 명시될 필요는 없다.

정답 ①

필살키 068 위험부담(1)

甲이 乙에게 자신의 건물을 매도하는 계약을 체결한 후 소유권이전 및 인도 전에 화재가 발생하여 건물이 전소되었다. 다음 설명 중 옳은 것을 모두 고른 것은? (다툼이 있으면 판례에 따름)

> ㉠ 甲의 책임 있는 사유로 화재가 발생한 경우, 甲은 乙에게 채무불이행책임을 부담한다.
> ㉡ 양당사자의 책임 없는 사유로 화재가 발생한 경우, 甲은 乙에게 매매대금을 청구할 수 없다.
> ㉢ 양당사자의 책임 없는 사유로 화재가 발생한 경우, 甲은 이미 받아둔 계약금을 부당이득으로 乙에게 반환할 필요는 없다.

① ㉠　　　　　　② ㉡
③ ㉢　　　　　　④ ㉠, ㉡
⑤ ㉡, ㉢

해설
㉠ 채무자의 책임 있는 사유로 불능이 된 경우에는 채무불이행이 발생한다.
㉡ 양당사자의 책임 없는 사유로 화재가 발생한 경우, 채무자 위험부담으로 채무자 甲은 乙에게 매매대금을 청구할 수 없다.
㉢ 채무자위험부담에서 채무자의 대금지급청구권은 소멸하므로 채무자 甲은 이미 받아둔 계약금을 부당이득으로 乙에게 <u>반환해야 한다</u>.

정답 ④

필살키 069 위험부담(2)

甲이 乙에게 자신의 건물을 매도하는 계약을 체결한 후 소유권이전 및 인도 전에 화재가 발생하여 건물이 전소되었다. 다음 설명 중 옳은 것을 모두 고른 것은? (다툼이 있으면 판례에 따름)

> ㉠ 乙의 과실로 인하여 화재가 발생한 경우, 乙은 甲에게 매매대금을 지급할 의무가 있다.
> ㉡ 乙의 채권자지체 중에 양당사자의 책임 없는 사유로 화재가 발생한 경우, 乙은 甲에게 매매대금을 지급할 의무가 있다.
> ㉢ 만약 공용수용된 경우라면 乙은 甲에게 보상금청구권의 양도를 청구할 수 있다.

① ㉠　　　　　　② ㉡
③ ㉢　　　　　　④ ㉡, ㉢
⑤ ㉠, ㉡, ㉢

해설
㉠ 채권자 귀책사유로 불능인 경우에는 채권자가 위험을 부담한다. 따라서 채권자 乙은 甲에게 매매대금을 지급할 의무가 있다.
㉡ 채권자지체 중에 양당사자의 책임 없는 사유로 불능인 경우에는 채권자가 위험을 부담한다. 따라서 채권자 乙은 甲에게 매매대금을 지급할 의무가 있다.
㉢ 채무자위험부담에서 대상청구권이 인정된다. 따라서 乙은 甲에게 보상금청구권의 양도를 청구할 수 있다.

정답 ⑤

필살키 070 제3자를 위한 계약 (1)

甲은 자기소유의 주택을 乙에게 매도하면서 자신의 丙에 대한 차용금채무를 변제하기 위하여 매매대금 3억원을 丙에게 지급하도록 乙과 약정하였다. 그 후 丙은 그 수익의 의사표시를 하였다. 다음 설명 중 옳지 <u>않은</u> 것은? (다툼이 있으면 판례에 따름)

① 甲은 丙의 동의가 없는 경우에도 乙의 채무불이행을 이유로 계약을 해제할 수 있다.
② 甲이 乙에게 매매계약에 따른 이행을 하지 않고 있다면 乙은 특별한 사정이 없는 한 丙에게 대금지급을 거절할 수 있다.
③ 甲과 乙 간의 매매계약이 乙의 사기를 이유로 취소된 경우, 丙이 그 사실을 몰랐다면 丙은 선의의 제3자로서 보호받는다.
④ 甲과 乙의 매매계약이 적법하게 취소된 경우, 丙의 급부청구권은 소멸한다.
⑤ 乙이 대금채무이행을 지체하는 경우에, 丙은 乙에 대하여 이행지체로 인한 손해배상청구권을 가지나, 이행지체를 이유로 계약을 해제할 수는 없다.

해설
① 낙약자의 채무불이행이 있으면 요약자는 수익자의 동의 없이도 계약을 해제할 수 있다.
② 낙약자는 매매계약에서 나오는 동시이행의 항변권으로 수익자에게 대항할 수 있다. 따라서 甲이 乙에게 채무를 이행하지 않으면 乙은 동시이행의 항변권으로 丙에게 대금지급을 거절할 수 있다.
③ <u>수익자는 보호받는 제3자에 해당하지 않는다.</u>
④ 수익자의 권리는 요약자와 낙약자의 계약을 통해서 발생했기 때문에 요약자와 낙약자의 매매계약이 적법하게 취소된 경우, 수익자의 급부청구권도 소멸한다.
⑤ 수익자 丙은 낙약자 乙에게 손해배상청구권을 행사할 수 있다. 그러나 당사자가 아니므로 계약을 해제할 수는 없다.

정답 ③

필살키 071   제3자를 위한 계약(2)

甲은 자기소유의 주택을 乙에게 매도하면서 자신의 丙에 대한 차용금채무를 변제하기 위하여 매매대금 3억원을 丙에게 지급하도록 乙과 약정하였다. 그 후 丙은 그 수익의 의사표시를 하였다. 다음 설명 중 옳지 <u>않은</u> 것은? (다툼이 있으면 판례에 따름)

① 제3자를 위한 계약이 성립하기 위해서는 甲과 乙 사이의 매매계약이 유효하고 제3자 수익약정이 있으면 충분하므로 제3자의 수익의 의사표시는 성립요소가 아니다.
② 甲의 채무불이행으로 乙이 매매계약을 해제한 경우, 乙은 丙을 상대로 이미 지급한 대금의 반환을 청구할 수 있다.
③ 만약 甲과 乙의 매매계약이 무효인 경우, 乙이 매매대금을 지급하지 않아도 丙은 乙에게 채무불이행에 따른 손해배상을 청구할 수 없다.
④ 만약 乙이 丙에게 상당한 기간을 정해서 최고하였음에도 불구하고 丙으로부터 그 기간 내에 확답을 받지 못한 때에는 수익 거절의사를 표시한 것으로 본다.
⑤ 乙이 甲과 매매계약을 체결할 때 착오가 있었던 경우에도 취소권을 행사하기 전에는 丙에 대한 대금지급을 거절할 수 없다.

해설
① 제3자의 수익의사표시는 계약의 성립요소가 아니다. 다만 권리를 취득하기 위한 권리취득요건이다.
② 부당이득반환의무와 원상회복의무는 당사자가 부담한다. 따라서 수익자는 당사자가 아니기 때문에 낙약자는 수익자를 상대로 이미 지급한 대금의 반환을 <u>청구할 수 없다</u>.
③ 甲과 乙의 매매계약이 무효인 경우, 채무는 발생하지 않는다. 따라서 乙이 매매대금을 지급하지 않아도 丙은 乙에게 채무불이행에 따른 손해배상을 청구할 수 없다.
④ 수익자가 아무런 확답을 하지 않았다는 것은 수익을 받을 의사가 없는 것으로 본다.
⑤ 취소권을 행사하기 전에는 계약은 유효이기 때문에 낙약자 乙은 수익자 丙에게 대금지급을 거절할 수 없다.

정답 ②

필살카 072 제3자를 위한 계약(3)

甲은 자기소유의 주택을 乙에게 매도하면서 자신의 丙에 대한 차용금채무를 변제하기 위하여 매매대금 3억원을 丙에게 지급하도록 乙과 약정하였다. 그 후 丙은 그 수익의 의사표시를 하였다. 다음 설명 중 틀린 것을 모두 고른 것은? (다툼이 있으면 판례에 따름)

> ㉠ 乙은 甲의 丙에 대한 항변으로 丙에게 대항할 수 없다.
> ㉡ 제3자를 위한 계약의 체결 원인이 된 甲과 丙 사이의 법률관계가 취소된 경우, 특별한 사정이 없는 한 乙은 丙에게 대금지급을 거절할 수 있다.
> ㉢ 甲과 乙이 미리 매매계약에서 丙의 권리를 변경·소멸할 수 있음을 유보한 경우, 이러한 약정은 丙에 대해서도 효력이 있다.

① ㉠
② ㉡
③ ㉢
④ ㉡, ㉢
⑤ ㉠, ㉡, ㉢

해설
㉠ 낙약자는 요약자와의 계약(기본관계)에서 발생하는 항변권으로 수익자에게 대항할 수 있지만 乙은 甲의 丙에 대한 항변(대가관계)으로는 丙에게 대항할 수는 없다.
㉡ 甲과 丙 사이의 법률관계가 취소된 경우에도 甲과 乙 사이의 계약은 유효이다. 따라서 乙은 丙에게 대금지급의무가 있으므로 대금지급을 거절할 수 없다.
㉢ 수익자가 권리를 취득한 이후에도 요약자와 낙약자가 수익자의 권리를 변경·소멸시킬 수 있음을 미리 유보한 경우에는 그 약정은 수익자에게도 효력이 있다. 즉 수익자의 권리를 변경·소멸시킬 수 있다.

정답 ②

필살카 073 계약의 해제(1)

계약의 해제에 관한 설명으로 틀린 것은? (다툼이 있으면 판례에 따름)

① 계약의 해제로 인한 원상회복의 경우에 반환할 금전에는 그 받은 날로부터 이자를 가산하여야 하는데 이는 부당이득반환의 성질을 가진다.
② 해제로써 대항하지 못하는 제3자에는 해제의 의사표시가 있은 후 말소등기 전에 선의로 목적물에 권리를 취득한 자는 포함되지 않는다.
③ 당사자가 수인인 경우에 적용되는 해제권의 불가분성에 관한 규정(민법 제547조)에 대해 당사자는 특약으로 그 적용을 배제할 수 있다.
④ 계약에서 위약 시의 해제권을 배제하기로 약정하지 않은 경우, 어느 일방에 대한 약정해제권의 유보는 채무불이행으로 인한 법정해제권의 발생에 영향을 주지 않는다.
⑤ 부동산의 소유권이전등기의무자가 그 부동산에 제3자 명의로 가등기를 마쳐준 경우에도 소유권이전등기의무가 이행불능이 되는 것은 아니다.

해설
① 계약이 해제된 경우 원상회복의무가 있는데 받은 것이 금전이면 받은 날부터 이자를 가산해서 반환해야 한다. 자신이 이자를 가지면 부당이득이기 때문이다.
② 해제의 의사표시가 있은 후 말소등기 전에 선의로 목적물에 권리를 취득한 자도 선의이면 보호받는다.
③ 해제권의 불가분성에 관한 규정(민법 제547조)은 임의규정이다. 따라서 당사자는 특약으로 그 적용을 배제할 수 있다.
④ 약정해제권과 법정해제권은 서로 별개의 제도이다. 따라서 서로 영향을 미치지 않는다.
⑤ 매매목적물에 가등기가 경료된 경우에도 매도인의 처분권한은 상실되지는 않는다. 따라서 소유권이전등기의무는 이행불능이 아니다.

정답 ②

필살키 074 계약의 해제(2)

계약의 해제에 관한 설명으로 옳은 것을 모두 고른 것은? (다툼이 있으면 판례에 따름)

> ㉠ 부동산 매도인이 중도금의 수령을 거절하였을 뿐만 아니라 계약을 이행하지 아니할 의사를 명백히 표시한 경우라도 매수인은 소유권이전등기의무의 이행기일까지 기다려야 매매계약을 해제할 수 있다.
> ㉡ 매도인의 소유권이전등기의무가 이행불능임을 이유로 매매계약을 해제함에 있어서 상대방의 잔대금지급의무가 매도인의 소유권이전등기의무와 동시이행관계에 있더라도 그 이행의 제공을 필요로 하지 않는다.
> ㉢ 부수적 채무를 불이행한 데에 지나지 아니한 경우에도 매매계약 전부를 해제할 수 있다.

① ㉠
② ㉡
③ ㉢
④ ㉡, ㉢
⑤ ㉠, ㉡, ㉢

필살키 075 계약의 해제(3)

계약의 해제에 관한 설명으로 옳은 것을 모두 고른 것은? (다툼이 있으면 판례에 따름)

> ㉠ 해제로 인하여 계약이 소급적으로 실효되면 더 이상 계약은 존재하지 않으므로 해제권자는 별도로 손해배상을 청구할 수 없다.
> ㉡ 계약해제 전 그 계약의 목적물을 가압류한 가압류채권자는 제548조 제1항 단서 소정의 '제3자'에 해당한다.
> ㉢ 소유권을 취득하였다가 계약해제로 인하여 소유권을 상실하게 된 임대인으로부터 그 계약이 해제되기 전에 주택을 임차받아 주택의 인도와 주민등록을 마침으로써 대항요건을 갖춘 임차인은 「민법」제548조 제1항 단서의 규정에 따라 보호받는 제3자에 해당한다.

① ㉠
② ㉡
③ ㉢
④ ㉡, ㉢
⑤ ㉠, ㉡, ㉢

해설
㉠ 부동산 매도인이 중도금의 수령을 거절하였을 뿐만 아니라 계약을 이행하지 아니할 의사를 명백히 표시한 경우에는 매도인이 이행할 의사가 전혀 없기 때문에 매수인은 즉시 매매계약을 해제할 수 있다.
㉡ 매도인의 소유권이전등기의무가 이행불능인 경우에는 매수인은 잔금지급의무를 이행할 필요없이 매매계약을 즉시 해제할 수 있다.
㉢ 부수적 의무가 아닌 주된 의무를 이행하지 않는 경우에 계약을 해제할 수 있다.

정답 ②

해설
㉠ 해제는 손해배상청구에 영향이 없다. 따라서 해제권자는 별도로 손해배상을 청구할 수 있다.
㉡ 계약해제 전에 그 계약의 목적물을 가압류한 가압류채권자는 해제에서 보호받는 제3자에 해당한다.

정답 ④

필살키 076 계약의 해제(4)

계약의 해제에 관한 설명으로 옳은 것을 모두 고른 것은? (다툼이 있으면 판례에 따름)

> ㉠ 계약의 해제 이전에 해제로 인하여 소멸하는 채권을 양수하여 그 대항요건을 갖춘 자는 법정해제에 의한 원상회복에 대해 보호되는 제3자에 포함된다.
> ㉡ 계약이 합의해제된 경우, 특별한 사정이 없는 한 채무불이행으로 인한 손해배상청구는 할 수 없다.
> ㉢ 약정해제에는 특약이 없는 이상 손해배상청구권이 발생하지 않는다.

① ㉠
② ㉡
③ ㉢
④ ㉡, ㉢
⑤ ㉠, ㉡, ㉢

해설
㉠ 채권은 완전한 권리가 아니므로 채권을 양수한 자는 보호받는 제3자가 아니다.
㉡ 합의해제는 채무불이행이 아니므로 특약이 없는 이상 채무불이행으로 인한 손해배상청구는 할 수 없다.
㉢ 약정해제는 채무불이행이 아니므로 특약이 없는 이상 손해배상청구권이 발생하지 않는다.

정답 ④

필살키 077 매매의 예약

매매의 예약에 관한 설명으로 옳은 것을 모두 고른 것은? (다툼이 있으면 판례에 따름)

> ㉠ 예약의무자는 상당한 기간을 정하여 매매완결 여부의 확답을 최고할 수 있으며, 완결권자로부터 그 기간 내에 확답이 없으면 예약은 그 효력을 상실한다.
> ㉡ 예약완결권을 가진 자가 예약완결의 의사를 표시하고 상대방의 승낙이 있게 되면 본계약인 매매계약이 성립한다.
> ㉢ 당사자 사이에 약정하는 예약완결권의 행사기간은 10년을 넘을 수 있다.

① ㉠
② ㉡
③ ㉠, ㉢
④ ㉡, ㉢
⑤ ㉠, ㉡, ㉢

해설
㉠ 예약완결권자가 확답이 없다는 것은 행사할 의사가 없다는 것으로 볼 수 있으므로 그 기간 내에 확답이 없으면 예약은 그 효력을 상실한다.
㉡ 예약완결권은 형성권이므로 상대방의 승낙이 없더라도 매매계약은 성립한다.
㉢ 예약완결권의 행사기간은 약정이 없으면 예약이 성립한 때부터 10년 이내 행사하면 되고 행사기간을 약정하는 경우에는 제한 없이 정할 수 있다.

정답 ③

필살키 078 매매(1)

매매계약에 관한 설명으로 옳은 것은? (다툼이 있으면 판례에 따름)

① 담보책임의 면책특약이 있는 경우, 매도인은 알면서 고지하지 않은 하자에 대해서도 그 책임을 면한다.
② 매매목적인 재산권과 대금에 관한 합의가 있더라도 계약비용, 채무이행기, 이행장소에 관한 합의가 없으면 특별한 사정이 없는 한 매매계약이 성립할 수 없다.
③ 수량지정매매에 해당하는 부동산매매계약에서 실제면적이 계약면적에 미달하는 경우, 매수인은 대금감액청구권의 행사와 별도로 부당이득반환청구권은 행사할 수 없다.
④ 타인의 권리를 매매한 자가 그 권리를 이전할 수 없게 된 경우, 매도인은 선의의 매수인에 대하여 불능 당시의 시가를 표준으로 신뢰이익을 배상할 의무가 있다.
⑤ 수량을 지정한 매매계약 후에 수량부족이 발생한 경우, 수량부족담보책임을 물을 수 있다.

해설
① 담보책임의 면책특약은 유효이다. 다만 매도인이 알면서 고지하지 않은 경우에는 담보책임을 면제받지 못한다.
② 매매는 계약의 주요내용에 대해서 합의가 있어야 성립한다.
③ 수량지정매매에서 실제면적이 계약면적에 미달하는 경우에는 매수인은 매도인에게 담보책임으로 대금감액청구권을 행사하면 된다. 별도로 부당이득반환청구권은 행사할 수 없다.
④ 신뢰이익의 배상이 아니라 이행이익의 배상이다.
⑤ 매매계약 당시부터 수량이 부족한 경우에 수량부족담보책임이 발생한다.

정답 ③

필살키 079 매매(2)

매매계약에 관한 설명으로 옳지 않은 것은? (다툼이 있으면 판례에 따름)

① 매매목적물이 인도되지 않았다면 설령 매수인이 대금을 완납했을지라도 그 이후의 목적물의 과실은 특약이 없는 한 매도인에게 귀속된다.
② 대금지급의 기한이 없는 때에는 매수인은 목적물의 인도를 받은 날로부터 대금의 이자를 지급하여야 한다.
③ 당사자 일방에 대한 의무이행의 기한이 있는 때에는 상대방의 의무이행에 대하여도 동일한 기한이 있는 것으로 추정한다.
④ 매매계약에 관한 비용은 특별한 사정이 없는 한 쌍방이 균분하여 부담한다.
⑤ 목적물의 인도와 동시에 대금을 지급할 경우, 특별한 사정이 없는 한 대금은 목적물의 인도장소에서 지급해야 한다.

해설
① 매수인이 대금을 완납했다면 매도인은 이자를 취득하기 때문에 과실은 매수인이 취득한다.
② 매수인이 목적물을 인도받았다면 목적물에서 생기는 과실을 취득한다. 따라서 매도인은 이자를 취득해야 공평하기 때문에 매수인은 목적물의 인도를 받은 날로부터 대금의 이자를 지급하여야 한다.
③ 당사자 일방에 대한 의무이행의 기한이 있는 때에는 상대방의 의무이행에 대하여도 동일한 기한이 있는 것으로 추정한다(동시이행관계).
④ 계약비용은 특약이 없는 한 당사자 쌍방이 균분하여 부담한다.

정답 ①

필살키 080 해약금(1)

「민법」제565조(해약금)의 계약금에 기한 해제에 관한 설명으로 옳지 <u>않은</u> 것은? (다툼이 있으면 판례에 따름)

① 계약금은 이를 위약금으로 하는 특약이 없는 한 손해배상액의 예정으로 볼 수 없다.
② 유동적 무효상태인 매매계약도 매도인이 계약금의 배액을 상환하고 계약을 적법하게 해제할 수 있다.
③ 교부자가 약정한 계약금을 전부 지급하지 않은 경우에는 계약금계약은 성립하지 않는다.
④ 상대방인 매도인이 매매계약의 이행에는 전혀 착수한 바가 없다면 중도금을 지급한 매수인은 계약금을 포기하고 매매계약을 해제할 수 있다.
⑤ 계약금에 기한 해제는 이행에 착수하기 전에만 할 수 있으므로 원상회복의 문제는 생기지 않는다.

해설
① 계약금이 위약금(손해배상액의 예정)의 성질을 가지기 위해서는 위약금 특약이 있어야 한다.
② 허가구역 내의 매매도 중도금을 지급하기 전까지 매도인은 계약금의 배액을 상환하고 해제할 수 있다.
③ 계약금계약은 요물계약이다. 따라서 약정한 계약금을 전부 지급해야 계약금계약이 성립한다.
④ 계약금에 기한 해제는 당사자 중 어느 일방이라도 이행에 착수했다면 인정되지 않는다. 따라서 중도금을 지급한 매수인은 계약금을 포기하고 매매계약을 <u>해제할 수 없다</u>.
⑤ 계약금에 기한 해제는 원상회복이나 손해배상청구권의 문제는 발생하지 않는다.

정답 ④

필살키 081 해약금(2)

乙이 甲 소유 아파트를 매수하면서 위약금에 대한 약정 없이 계약금을 甲에게 지급하였다. 이에 관한 설명으로 옳은 것은?

① 乙의 귀책사유로 계약이 해제되면 계약금은 당연히 甲에게 귀속한다.
② 乙이 중도금을 자기앞수표로 교부한 경우에는 甲은 계약금의 배액을 상환하고 계약을 해제할 수 없다.
③ 甲이 乙에게 매매계약의 이행을 최고하고 매매잔대금의 지급을 구하는 소송을 제기하였다면 이는 이행에 착수한 것으로 보아야 한다.
④ 甲과 乙이 해약금에 기한 해제를 배제하는 약정을 하더라도 甲과 乙은 계약금에 기한 해제권을 행사할 수 있다.
⑤ 계약금을 수령한 매도인 甲이 계약금의 배액을 상환하고 계약을 해제하려는 경우, 매수인 乙이 이를 수령하지 않으면 공탁하여야 해제의 효력이 발생한다.

해설
① 계약금을 위약금으로 매도인이 몰수하기 위해서는 <u>위약금 특약이 있어야 한다</u>.
② 매수인 乙이 중도금을 자기앞수표로 교부한 경우에도 이행의 착수에 해당한다. 따라서 매도인 甲은 계약금의 배액을 상환하고 계약을 해제할 수 없다.
③ 매도인이 매매잔대금의 지급을 구하는 소송을 제기한 것만으로는 <u>이행의 착수로 볼 수 없다</u>.
④ 해약금규정은 임의규정이다. 따라서 甲과 乙이 해약금에 기한 해제를 배제하는 약정을 한 경우에는 甲과 乙은 계약금에 기한 해제권을 <u>행사할 수 없다</u>.
⑤ 매도인은 계약금 배액을 매수인에게 제공하면 충분하다. <u>공탁은 요하지 않는다</u>.

정답 ②

필살키 082   지상물매수청구권(1)

甲으로부터 2025년 2월 13일에 기간의 약정 없이 건물의 소유를 목적으로 X토지를 임차한 乙은 그 지상에 건물을 신축하였고, 甲은 2025년 8월 13일에 임대차계약을 해지하였다. 甲과 乙 사이의 법률관계에 관한 설명으로 옳은 것은? (다툼이 있으면 판례에 따름)

① 乙의 건물매수청구권행사에 대하여 甲이 승낙의 의사표시를 하여야 甲과 乙 사이에 시가에 의한 매매 유사의 법률관계가 성립한다.
② 乙의 채무불이행으로 임대차가 해지된 경우에도 乙은 지상물매수청구권을 행사할 수 있다.
③ 甲과 乙 사이의 임대차계약에 乙이 건물을 철거한다는 합의가 있는 때에는 乙은 지상물매수청구권을 행사할 수 없다.
④ 甲과 乙의 합의로 임대차계약을 해지하고 乙이 건물을 철거하기로 약정한 경우, 乙은 지상물매수청구권을 행사할 수 없다.
⑤ 甲의 해지통고가 있으면 임대차계약은 乙이 통고를 받은 날로부터 1월이 경과함으로써 소멸한다.

해설

① 지상물매수청구권은 형성권이다. 따라서 임대인의 승낙이 없어도 매매계약은 성립한다.
② 임차인의 채무불이행으로 임대차가 해지된 경우에는 임차인은 보호가치가 없으므로 임차인 乙은 지상물매수청구권을 행사할 수 없다.
③ 지상물매수청구권은 강행규정이다. 따라서 임차인 乙이 건물을 철거한다는 합의가 있는 때에도 임차인 乙은 지상물매수청구권을 행사할 수 있다.
④ 지상물매수청구권은 임대차계약이 존속기간의 만료로 소멸한 경우에 인정된다. 따라서 임대인과 임차인의 합의로 임대차계약이 해지된 경우에는 인정되지 않는다.
⑤ 부동산 임대차에서 임대인이 해지통고를 하면 임차인이 통고를 받은 날부터 6월, 임차인이 해지통고를 한 경우에는 임대인이 통고를 받은 날부터 1월이 경과하면 임대차계약은 소멸한다.

정답 ④

필살키 083 지상물매수청구권(2)

甲으로부터 2025년 2월 13일에 기간의 약정 없이 건물의 소유를 목적으로 X토지를 임차한 乙은 그 지상에 건물을 신축하였고, 甲은 2025년 8월 13일에 임대차계약을 해지하였다. 甲과 乙 사이의 법률관계에 관한 설명으로 옳지 않은 것은? (다툼이 있으면 판례에 따름)

① 乙 소유 지상물이 임대토지와 제3자 소유의 토지 위에 걸쳐서 건립된 경우, 임차지상에 있는 건물부분 중 구분소유의 객체가 될 수 있는 부분에 한하여 매수청구가 허용된다.
② 행정관청의 허가를 받지 않은 무허가건물도 지상물매수청구권의 대상이 될 수 있다.
③ 乙이 지상물의 소유권을 타인에게 이전한 경우, 乙은 지상물매수청구권을 행사할 수 없다.
④ 대항력을 갖춘 乙의 임차권이 기간만료로 소멸한 후 甲이 X토지를 丙에게 양도한 경우, 乙은 丙을 상대로 지상물매수청구권을 행사할 수 없다.
⑤ 乙이 건물에 근저당권을 설정한 경우에도 임대차기간이 만료하면 乙은 甲을 상대로 지상물매수청구권을 행사할 수 있다.

해설
① 지상물이 임대토지와 제3자 소유의 토지 위에 걸쳐서 건립된 경우, 임차지상에 있는 건물부분 중 구분소유의 객체가 될 수 있는 부분에 한하여 매수청구가 허용된다.
② 무허가 미등기건물에 대해서도 지상물매수청구권이 인정된다.
③ 임차인 乙이 지상물의 소유권을 타인에게 이전한 경우, 임차인 乙은 더 이상 지상물의 소유자가 아니기 때문에 지상물매수청구권을 행사할 수 없다.
④ 대항력을 갖춘 임차인은 제3자를 상대로 지상물매수청구권을 행사할 수 있다.
⑤ 지상건물에 근저당권이 설정된 경우에도 임차인은 지상물매수청구권을 행사할 수 있다.

정답 ④

필살키 084 무단전대(1)

乙은 건물의 소유를 목적으로 甲 소유의 X토지를 임차한 후, 甲의 동의 없이 이를 丙에게 전대하였다. 이에 관한 설명으로 옳지 않은 것은? (다툼이 있으면 판례에 따름)

① 특별한 사정이 없는 한, 甲은 무단전대를 이유로 임대차계약을 해지할 수 있다.
② 乙과 丙의 전대차계약은 무효이기 때문에 丙은 전차권으로 甲에게 대항할 수 없다.
③ 乙은 丙에게 X토지를 인도하여 丙이 사용·수익할 수 있도록 할 의무가 있다.
④ 乙과 丙의 전대차계약에도 불구하고 甲과 乙의 임대차 관계는 소멸하지 않는다.
⑤ 임대차계약이 존속하는 동안에는 甲은 丙에게 불법점유를 이유로 한 차임 상당의 손해배상을 청구할 수 없다.

해설
① 무단전대는 배신행위에 해당하기 때문에 임대인은 임대차계약을 해지할 수 있다.
② 임대인의 동의가 없는 경우에도 전대차계약 자체는 유효이다. 다만 무단전차인은 임대인에게 대항할 수 없다.
③ 전대차계약은 유효이기 때문에 임차인 乙은 전차인 丙에게 X토지를 인도하여 丙이 사용·수익할 수 있도록 할 의무가 있다.
④ 전대차계약만으로 임대차계약이 소멸하지는 않는다.
⑤ 임대차계약이 존속하는 동안에는 임대인은 임차인으로부터 차임을 받는다. 즉 손해가 없기 때문에 임대인 甲은 전차인 丙에게 불법점유를 이유로 한 차임 상당의 손해배상을 청구할 수 없다.

정답 ②

필살키 085 무단전대(2)

乙은 건물의 소유를 목적으로 甲 소유의 X토지를 임차한 후, 甲의 동의 없이 이를 丙에게 전대하였다. 이에 관한 설명으로 옳은 것을 모두 고른 것은? (다툼이 있으면 판례에 따름)

㉠ 甲과 乙 사이의 임대차계약이 존속하더라도 甲은 X토지의 불법점유를 이유로 丙에게 차임 상당의 부당이득반환을 청구할 수 있다.
㉡ 甲은 임대차계약을 해지하고 丙에게 소유권에 기한 물권적 청구권을 행사할 수 있다.
㉢ 임대차 및 전대차 기간 만료 시에 丙이 신축한 건물이 X토지에 현존하고 甲이 임대차계약의 갱신을 거절한 경우, 丙은 甲에게 건물매수를 청구할 수 있다.

① ㉠
② ㉡
③ ㉢
④ ㉡, ㉢
⑤ ㉠, ㉡, ㉢

해설
㉠ 임대차계약이 존속하는 동안에는 임대인은 임차인으로부터 차임을 받을 수 있으므로 손해가 없다. 따라서 임대인 甲은 전차인 丙에게 불법점유를 이유로 한 차임 상당의 부당이득반환을 청구할 수 없다.
㉡ 무단전차인의 점유는 무단점유이다. 따라서 임대인 甲은 임대차계약을 해지하고 전차인 丙에게 소유권에 기한 물권적 청구권을 행사할 수 있다.
㉢ 무단전차인에게 지상물매수청구권은 인정되지 않는다.

정답 ②

PART 04 민사특별법

필살키 086 주택임대차(1)

주택임대차에 관한 설명으로 옳은 것은?

① 법인이 주택을 임차한 경우에도 원칙적으로 「주택임대차보호법」이 적용될 수 있다.
② 주택의 전부를 일시적으로 사용하기 위한 임대차인 것이 명백한 경우에도 「주택임대차보호법」이 적용된다.
③ 임대인이 임대차기간이 끝나기 6개월 전부터 1개월 전까지의 기간에 임차인에게 갱신거절(更新拒絶)의 통지를 하지 아니한 경우에는 그 기간이 끝난 때에 전 임대차와 동일한 조건으로 다시 임대차한 것으로 본다.
④ 임차인이 2기의 차임액에 달하도록 차임을 연체한 경우에는 법정갱신이 부정된다.
⑤ 주택임대차가 묵시적 갱신이 된 경우, 임차인은 언제든지 해지를 통지할 수 있고 임대인이 그 통지를 받은 날부터 6개월이 경과하면 그 효력이 생긴다.

해설

① 법인에 대해서는 원칙적으로 「주택임대차보호법」이 적용되지 않는다. 다만 예외적으로 한국토지주택공사, 지방공사, 중소기업에 대해서 적용된다.
② 일시사용을 위한 임대차가 명백한 경우에는 「주택임대차보호법」이 적용되지 않는다.
③ 임대차기간이 끝나기 6개월 전부터 2개월이다.
⑤ 주택임대차가 묵시적 갱신이 된 경우, 2년으로 본다. 다만 임차인은 언제든지 해지를 통지할 수 있고 임대인이 그 통지를 받은 날부터 3개월이 경과하면 그 효력이 생긴다.

정답 ④

필살키 087 주택임대차(2)

주택임대차에 관한 설명으로 옳은 것을 모두 고른 것은? (다툼이 있으면 판례에 따름)

㉠ 임대차가 종료한 경우에도 임차인이 보증금의 반환을 받을 때까지는 임대차관계는 존속하는 것으로 본다.
㉡ 임차권보다 선순위의 저당권이 존재하는 주택이 경매로 매각된 경우, 경매의 매수인은 임대인의 지위를 승계한다.
㉢ 주택임차인의 우선변제권은 대지의 환가대금에도 미친다.

① ㉠
② ㉡
③ ㉢
④ ㉡, ㉢
⑤ ㉠, ㉢

해설

㉠ 임대차가 종료한 경우에도 임차인의 주거생활 안정을 위해서 임차인이 보증금의 반환을 받을 때까지는 임대차관계는 존속하는 것으로 본다.
㉡ 임차인보다 선순위 저당권자가 존재한 경우에는 경매시에 임차인은 경락인에게 대항할 수 없다. 따라서 경락인은 임대인의 지위를 승계하지 않는다.
㉢ 「주택임대차보호법」은 주택뿐만이 아니라 대지에도 적용된다.

정답 ⑤

필살키 088 주택임대차(3)

주택임대차에 관한 설명으로 옳은 것을 모두 고른 것은? (다툼이 있으면 판례에 따름)

> ㉠ 소액임차인이 보증금 중 일정액을 선순위담보권자보다 우선배당을 받기 위해서는 경매신청등기 전까지 대항요건과 확정일자를 갖추어야 한다.
> ㉡ 차임 증액 시 5%의 제한을 초과한 경우, 임차인은 임대인에게 초과부분에 대해서 부당이득반환을 청구할 수 있다
> ㉢ 임차인이 보증금반환청구소송의 확정판결에 기하여 임차주택의 경매를 신청하는 경우, 그 집행개시를 위해서는 반대의무의 이행제공을 하여야 한다.

① ㉠
② ㉡
③ ㉢
④ ㉡, ㉢
⑤ ㉠, ㉢

해설
㉠ 소액임차인에게 최우선변제권이 인정되기 위해서는 경매신청등기 전까지 대항요건을 갖추어야 한다. 그러나 확정일자는 요건이 아니다.
㉡ 차임 증액 시 5%의 제한이 있다. 따라서 초과한 경우에는 임차인은 임대인에게 초과부분에 대해서 부당이득반환을 청구할 수 있다.
㉢ 반대의무의 이행제공(주택을 명도하는 것)은 집행개시 요건이 아니다.

정답 ②

필살키 089 상가임대차(1)

상가건물임대차에 관한 설명으로 옳지 <u>않은</u> 것은? (다툼이 있으면 판례에 따름)

① 임대차기간을 1년 미만으로 정한 특약이 있는 경우, 임대인은 그 기간의 유효함을 주장할 수 있다.
② 환산보증금액이 일정액을 초과하는 경우에도 임차인이 건물인도와 사업자등록신청을 한 경우에는 대항력을 취득한다.
③ 임차인의 계약갱신요구권은 최초의 임대차기간을 포함한 전체 임대차기간이 10년을 초과하지 않는 범위 내에서만 행사할 수 있다.
④ 차임 또는 보증금의 증액청구는 청구 당시의 차임 또는 보증금의 100분의 5의 금액을 초과하지 못한다.
⑤ 임차인이 3기의 차임액에 달하도록 차임을 연체한 경우, 임대인은 임대차계약을 해지할 수 있다.

해설
① 임대차기간을 1년 미만으로 정한 특약이 있는 경우, 임차인은 그 기간의 유효함을 주장할 수 있다.
② 환산보증금액이 일정액을 초과하는 경우에도 대항력 규정은 적용된다.
③ 임차인의 계약갱신요구권은 10년의 제한을 받는다.
④ 차임 또는 보증금의 증액 시 5% 제한을 받는다.
⑤ 임차인이 3기 차임 연체 시 임대인은 임대차계약을 해지할 수 있다.

정답 ①

필살키 090　상가임대차(2)

상가건물임대차에 관한 설명으로 옳지 않은 것은? (다툼이 있으면 판례에 따름)

① 임대인이 임대차기간 만료 전 6개월부터 1개월까지 사이에 임차인에 대하여 갱신거절의 통지 또는 조건의 변경에 대한 통지를 하지 아니한 경우에는 그 기간이 만료된 때에 전 임대차와 동일한 조건으로 다시 임대차한 것으로 본다.
② 묵시의 갱신이 된 경우에는 임차인은 언제든지 임대인에 대하여 계약해지의 통고를 할 수 있고 임대인이 그 통고를 받은 날부터 3개월이 경과하면 그 효력이 발생한다.
③ 소액임차인은 보증금 중 일정액을 다른 담보물권자보다 우선하여 변제받을 권리가 있으나, 이 경우 임차인의 보증금 중 일정액이 임대건물 가액의 2분의 1을 초과하는 경우에는 임대건물 가액의 2분의 1에 해당하는 금액에 한하여 우선변제권이 있다.
④ 임대인은 임대차기간이 끝나기 6개월 전부터 임대차 종료 시까지 임차인이 신규임차인으로부터 권리금을 지급받는 것을 방해해서는 아니된다.
⑤ 권리금 회수의 방해로 인한 임차인의 임대인에 대한 손해배상청구권은 그 방해가 있는 날부터 3년 이내에 행사하지 않으면 시효의 완성으로 소멸한다.

해설
① 묵시의 갱신에 관한 설명이다.
② 묵시의 갱신이 된 경우 존속기간은 1년으로 본다. 임차인은 언제든지 해지의 통고를 할 수 있고 임대인이 그 통고를 받은 날부터 3개월이 경과하면 그 효력이 발생한다. 즉 해지된다.
③ 소액임차인의 최우선변제권은 임대건물 가액의 2분의 1 제한을 받는다.
④ 임대차기간이 끝나기 6개월 전부터 임대차 종료 시까지 임차인의 권리금회수를 임대인이 방해하는 것이 금지된다.
⑤ 방해가 있는 날부터가 아니라 임대차가 종료한 날부터 3년 이내에 행사하지 않으면 시효의 완성으로 소멸한다.

정답 ⑤

필살키 091 상가임대차(3)

甲은 서울특별시 소재의 상가건물을 보증금 5억원과 월차임 500만원, 존속기간 2년으로 乙에게 임대했다. 다음 중 임차인 乙에게 적용되지 않는 규정은?

- 대항력규정
- 우선변제권규정
- 계약갱신요구권규정
- 권리금 회수기회 보호규정
- 임차권등기명령규정

① 1개　② 2개
③ 3개　④ 4개
⑤ 5개

해설

「상가건물임대차보호법」은 환산보증금액이 일정액 이하인 경우에 적용된다. 즉 초과한 경우에는 적용되지 않는 것이 원칙이다. 다만 예외적으로 초과한 경우에도 제10조의2(보증금, 차임증감청구권, 다만 5% 제한은 없음), 제10조의6(표준권리금계약서) 및 제19조(표준계약서의 작성), 제3조(대항력), 제10조 제1항(계약갱신요구권), 제2항(최초 임대차 기간을 포함해서 10년), 제3항 본문(갱신의 효과는 전 임대차와 동일한 조건), 제10조의3~제10조의7(권리금보호), 제10조의8(3기 차임연체 시 해지), 제11조의2(집합 제한 또는 금지 3개월, 폐업, 해지) 규정은 적용된다.
※ **암기팁:** 차인표가 대계가게를 권리금 3천에 인수했다

정답 ②

필살키 092 가등기담보 등에 관한 법률(1)

「가등기담보 등에 관한 법률」에 대한 설명으로 옳지 <u>않은</u> 것은? (다툼이 있으면 판례에 따름)

① 청산절차에 관한 규정은 강행규정에 해당한다.
② 채권자가 나름대로 평가한 청산금액이 객관적인 청산금평가액에 미달한 경우, 담보권실행통지로서 효력은 없다.
③ 채무자는 채권자가 통지한 청산금액을 다투고 정당하게 평가된 청산금을 지급받을 때까지 부동산의 소유권이전등기 및 인도채무의 이행을 거절할 수 있다.
④ 공사대금채권을 담보할 목적으로 가등기가 경료된 경우에는 「가등기담보법」이 적용되지 않는다.
⑤ 가등기담보권자는 일정한 요건아래 소유권취득 또는 경매청구를 할 수 있다.

해설

① 청산절차에 관한 규정은 강행규정이다.
② 채권자가 평가한 청산금액이 객관적인 청산금평가액에 미달하더라도 담보권실행통지로서 <u>효력이 있다</u>.
③ 채무자는 청산금을 다툴 수 있다.
④ 「가등기담보법」은 차용금채무를 담보하는 경우에 적용된다. 따라서 공사대금채권을 담보할 목적으로 가등기가 경료된 경우에는 적용되지 않는다.
⑤ 가등기담보권자의 담보권실행 방법은 귀속청산과 경매 중 하나를 선택할 수 있다.

정답 ②

필살키 093 가등기담보 등에 관한 법률(2)

「가등기담보 등에 관한 법률」에 대한 설명으로 옳은 것은? (다툼이 있으면 판례에 따름)

① 동법 소정의 청산절차를 거치지 아니하고 가등기담보권자가 경료한 소유권이전등기는 원칙적으로 유효이다.
② 채권자가 담보권실행을 통지하고 2개월의 청산기간이 지난 경우에는 청산금의 지급이 없더라도 채무자는 대여금을 변제하고 가등기말소를 청구할 수는 없다.
③ 채권자는 통지된 청산금액에 대해서 다툴 수 있다.
④ 가등기담보권의 실행으로 청산절차가 종료된 후 담보목적물에 대한 과실수취권 등을 포함한 사용·수익권은 채권자에게 귀속된다.
⑤ 담보목적물에 대한 사용·수익권은 채무자에게 지급되어야 할 청산금이 있더라도 그 지급 없이 청산기간이 지나면 채권자에게 귀속된다.

해설
① 청산절차를 거치지 않고 본등기를 한 경우에는 강행규정 위반으로 <u>무효</u>이다.
② 채무자는 청산기간 2개월이 지난 경우에도 청산금을 받을 때까지 변제하고 가등기의 말소를 <u>청구할 수 있다</u>.
③ 채권자는 통지된 청산금액에 대해서 <u>다툴 수 없다</u>.
④ 과실수취권은 채무자에게 있다. 다만 청산절차가 종료된 후에는 과실수취권 등을 포함한 사용·수익권은 채권자에게 귀속된다.
⑤ 청산절차가 종료해야 채권자가 사용·수익권을 가진다. 따라서 청산금을 지급하지 않았다면 <u>여전히 채무자가 사용·수익권을 가진다</u>.

정답 ④

필살키 094 가등기담보 등에 관한 법률(3)

「가등기담보 등에 관한 법률」에 대한 설명으로 옳은 것을 모두 고른 것은? (다툼이 있으면 판례에 따름)

㉠ 가등기담보 부동산에 대한 예약 당시의 시가가 그 피담보채무액에 미치지 못하는 경우, 청산금평가액의 통지 및 청산금 지급 등의 절차를 이행할 여지가 없다.
㉡ 채권자의 청산금평가액 자체에 이의가 있는 후순위권리자는 청산기간 내에 자기 채권의 변제기가 도래한 경우에 한하여 독자적으로 경매를 청구할 수 있다.
㉢ 담보가등기를 마친 부동산에 대하여 강제경매 등이 행하여진 경우, 담보가등기권리는 그 부동산의 매각에 의하여 소멸하지 않는다.

① ㉠
② ㉡
③ ㉢
④ ㉡, ㉢
⑤ ㉠, ㉡, ㉢

해설
㉠ 대물변제 예약 당시 목적물의 가액이 그 피담보채무액에 미치지 못하는 경우에는 폭리행위에 해당하지 않기 때문에 「가등기담보법」 자체가 적용되지 않는다. 따라서 채권자는 청산절차를 이행할 필요가 없다.
㉡ 후순위권리자는 청산기간 범위 내에서 <u>변제기가 도래하기 전이라도</u> 경매를 청구할 수 있다.
㉢ 담보가등기는 저당권으로 취급되어 매각 시 <u>소멸한다</u>.

정답 ①

필살키 095 집합건물의 소유 및 관리에 관한 법률(1)

「집합건물의 소유 및 관리에 관한 법률」에 관한 설명으로 옳은 것은? (다툼이 있으면 판례에 따름)

① 건물의 노후화 억제 또는 기능 향상 등을 위한 것으로 구분소유권 및 대지사용권의 범위나 내용에 변동을 일으키는 공용부분의 변경에 관한 사항은 관리단집회에서 구분소유자의 5분의 4 이상 및 의결권의 5분의 4 이상의 결의로써 결정한다.
② 분양 전환된 임대아파트의 경우, 하자담보책임 기간은 분양전환 시부터 기산한다.
③ 공유자는 그가 가지는 전유부분과 분리하여 공용부분에 대한 지분을 처분할 수 있음을 규약으로 정할 수 있다.
④ 건물에 대하여 구분소유관계가 성립되면 구분소유자는 전원으로써 건물 및 그 대지와 부속시설의 관리에 관한 사업의 시행을 목적으로 하는 관리단을 구성할 수 있다.
⑤ 공용부분의 변경에 관한 사항은 구분소유자 및 의결권의 각 4분의 3 이상의 다수에 의한 집회결의로써 결정한다.

해설
① 권리변동을 가져오는 공용부분의 변경에 관한 사항은 구분소유자의 5분의 4 이상 및 의결권의 5분의 4 이상의 결의로써 결정한다.
② 분양 전환된 임대아파트의 경우, 하자담보책임 기간은 분양전환 시가 아니라 최초 임차인들에게 인도된 때부터 10년이다.
③ 규약을 통해서도 전유부분(주)과 분리하여 공용부분(종)에 대한 지분을 처분할 수 없다(절대적 일체성).
④ 관리단을 구성해야 한다(의무사항, 필수기관).
⑤ 공용부분의 변경에 관한 사항은 구분소유자 및 의결권의 각 3분의 2 이상의 다수에 의한 집회결의로써 결정한다.

정답 ①

필살키 096 집합건물의 소유 및 관리에 관한 법률(2)

「집합건물의 소유 및 관리에 관한 법률」에 관한 설명으로 옳지 않은 것은? (다툼이 있으면 판례에 따름)

① 규약의 설정·변경 및 폐지는 관리단집회에서 구분소유자 및 의결권의 각 3분의 2 이상의 찬성을 얻어 행한다.
② 관리단집회는 구분소유자 전원의 동의가 있는 때에는 소집절차를 거치지 아니하고 소집할 수 있다.
③ 구분소유자 전원의 동의로 소집된 관리단집회는 소집절차에서 통지되지 않은 사항에 대해서도 결의할 수 있다.
④ 관리단집회에서의 의결권은 대리인에 의하여 행사할 수 있다.
⑤ 전유부분이 양도된 경우, 하자담보책임을 물을 수 있는 자는 특별한 약정이 없는 한 현재의 소유자이다.

해설
① 규약의 설정·변경 및 폐지는 관리단집회에서 구분소유자 및 의결권의 각 4분의 3 이상의 찬성을 얻어 행한다.
② 구분소유자 전원의 동의가 있으면 소집절차를 생략할 수 있다.
③ 구분소유자 전원의 동의가 있으면 통지되지 않은 사항에 대해서도 결의할 수 있다.
④ 관리단집회에서의 의결권은 서면, 전자적 방법, 대리인을 통해서 행사할 수 있다.
⑤ 전유부분이 양도된 경우 하자담보책임을 물을 수 있는 자는 특별한 약정이 없는 한 최초의 수분양자가 아니라 현재의 소유자이다.

정답 ①

필살키 097 집합건물의 소유 및 관리에 관한 법률(3)

필살키 pp.72~75   합격서 pp.142~147

「집합건물의 소유 및 관리에 관한 법률」에 관한 설명으로 옳지 <u>않은</u> 것은? (다툼이 있으면 판례에 따름)

① 구분소유자가 10인 이상일 때에는 관리단을 대표하고 관리단의 사무를 집행할 관리인을 선임하여야 한다.
② 임차인도 관리인이 될 수 있다.
③ 전(前) 구분소유자의 특별승계인은 체납된 공용부분 관리비는 물론 그에 대한 연체료도 승계한다.
④ 재건축 비용의 분담에 관한 사항을 정하지 아니한 재건축 결의는 특별한 사정이 없는 한 무효이다.
⑤ 규약에 다른 정함이 없으면 관리위원회의 위원은 구분소유자 중에서 관리단집회의 결의에 의하여 선출한다.

해설
① 구분소유자가 10인 이상일 때에는 관리인을 선임하여야 한다.
② 관리인은 구분소유자임을 요하지 않는다. 따라서 임차인도 관리인이 될 수 있다.
③ 전(前) 구분소유자의 특별승계인은 체납된 공용부분 관리비만 승계한다. 연체료는 승계하지 않는다.
④ 재건축 비용의 분담에 관한 사항은 재건축 결의에서 가장 중요한 사항이므로 이를 정하지 아니한 재건축 결의는 특별한 사정이 없는 한 무효이다.
⑤ 관리위원회의 위원은 구분소유자임을 요한다.

정답 ③

필살키 098 부동산 실권리자명의 등기에 관한 법률(1)

필살키 pp.76~77   합격서 pp.148~152

「부동산 실권리자명의 등기에 관한 법률」의 적용대상이 되는 '명의신탁약정'에 해당하는 것은?

> ㉠ 부부 일방이 부동산을 구입하면서 조세포탈 목적으로 배우자 명의로 등기하는 경우
> ㉡ 부동산의 위치와 면적을 특정하여 2인이 구분소유하기로 하는 약정을 하고 그 2인의 공유로 등기하는 경우
> ㉢ 채무의 변제를 담보하기 위해 채권자가 채무자소유의 부동산에 대해 가등기를 받는 경우

① ㉠   ② ㉡
③ ㉢   ④ ㉡, ㉢
⑤ ㉠, ㉡, ㉢

해설

> 「부동산실명법」의 적용 제외(제2조)
> 1. 양도담보와 가등기담보
> 2. 상호명의신탁(구분소유적 공유관계)
> 3. 「신탁법」상의 신탁

위에 대해서는 「부동산실명법」 자체가 적용되지 않는다. 그러나 배우자 간의 명의신탁에 「부동산실명법」은 적용되지만, 조세포탈, 강제집행의 면탈(免脫) 또는 법령상 제한의 회피를 목적으로 하지 아니하는 경우에 한하여 예외적으로 「부동산실명법」이 적용되지 않는다.

정답 ①

필살키 099 부동산 실권리자명의 등기에 관한 법률(2)

2025. 5. 25. 甲은 친구 乙과 명의신탁약정을 하였다. 그 후 甲은 丙 소유의 X토지를 매수하면서 丙에게 부탁하여 乙명의로 소유권이전등기를 하였고, X토지는 현재 甲이 점유하고 있다. 다음 설명 중 옳은 것은? (다툼이 있으면 판례에 의함)

① 乙은 甲에게 X토지의 반환을 청구할 수 있다.
② 甲은 丙에게 X토지의 소유권이전을 청구할 수 없다.
③ 甲은 명의신탁해지를 원인으로 乙에게 소유권이전등기를 청구할 수 있다.
④ 甲은 乙에게 부당이득반환을 원인으로 소유권이전등기를 청구할 수 없다.
⑤ 甲은 乙에게 부당이득반환청구권을 피담보채권으로 하여 유치권을 주장할 수 있다.

해설

① 명의신탁은 무효이기 때문에 명의수탁자의 등기도 무효이다. 따라서 명의수탁자 乙은 소유자가 아니므로 甲에게 X토지의 반환을 청구할 수 없다.
② 甲과 丙 사이 매매는 유효이다. 따라서 甲은 丙에게 X토지의 소유권이전을 청구할 수 있다.
③ 명의신탁은 무효이므로 甲은 명의신탁해지를 원인으로 乙에게 소유권이전등기를 청구할 수 없다.
④ 명의신탁은 무효이고 乙명의 등기도 무효이기 때문에 乙은 얻은 이득이 없다. 따라서 甲은 乙에게 부당이득반환을 원인으로 소유권이전등기를 청구할 수 없고 丙의 말소등기청구권이나 이전등기청구권을 대위할 수 있다.
⑤ 甲은 乙에게 부당이득반환채권이 없기 때문에 유치권을 주장할 수 없다.

정답 ④

필살키 100 부동산 실권리자명의 등기에 관한 법률(3)

2025. 6. 16. 甲은 친구 乙과 계약명의신탁을 약정하였다. 그 사실을 알고 있는 丙은 명의수탁자 乙과의 매매계약에 따라 乙명의로 X토지의 소유권을 이전해 주었다. 다음 설명 중 옳은 것은? (다툼이 있으면 판례에 의함)

① 乙은 X토지에 대한 소유권을 취득한다.
② 甲은 丙에 대하여 X토지에 대한 소유권이전등기를 청구할 수 있다.
③ 乙이 X토지의 소유권이전등기를 말소하지 않더라도 丙은 乙의 매매대금반환청구를 거절할 수 없다.
④ 乙이 X토지를 악의의 丁에게 매도하여 소유권이전등기를 해준 경우, 丁은 X토지의 소유권을 취득하지 못한다.
⑤ 乙이 X토지를 선의의 丁에게 매도하여 소유권이전등기를 해준 경우, 乙의 행위는 丙의 소유권에 대한 침해행위에 해당한다.

해설

① 매도인 丙이 악의이므로 丙과 乙 사이의 매매계약은 무효이므로 명의수탁자 乙은 X토지에 대한 소유권을 취득하지 못한다.
② 명의신탁자 甲은 丙과 매매계약을 체결하지 않았으므로 丙에 대하여 X토지에 대한 소유권이전등기를 청구할 수 없다.
③ 매매는 무효이므로 서로 부당이득반환의무가 있고 동시이행관계에 있기 때문에 매수인 乙이 X토지의 소유권이전등기를 말소하지 않고 있다면 매도인 丙은 乙의 매매대금반환청구를 거절할 수 있다.
④ 명의수탁자로부터 취득한 제3자는 선의, 악의를 불문하고 보호받는다. 따라서 명의수탁자 乙이 X토지를 제3자 丁에게 매도하여 소유권이전등기를 해준 경우, 제3자 丁은 X토지의 소유권을 취득한다.
⑤ 乙이 X토지를 선의의 丁에게 매도하여 소유권이전등기를 해준 경우, 丙은 소유권을 상실하기 때문에 乙의 행위는 丙의 소유권에 대한 침해행위에 해당한다.

정답 ⑤

삶의 순간순간이
아름다운 마무리이며
새로운 시작이어야 한다.

– 법정 스님

MEMO

여러분의 작은 소리
에듀윌은 크게 듣겠습니다.

본 교재에 대한 여러분의 목소리를 들려주세요.
공부하시면서 어려웠던 점, 궁금한 점,
칭찬하고 싶은 점, 개선할 점, 어떤 것이라도 좋습니다.

에듀윌은 여러분께서 나누어 주신 의견을
통해 끊임없이 발전하고 있습니다.

에듀윌 도서몰 book.eduwill.net
- 부가학습자료 및 정오표: 에듀윌 도서몰 → 도서자료실
- 교재 문의: 에듀윌 도서몰 → 문의하기 → 교재(내용, 출간) / 주문 및 배송

2025 에듀윌 공인중개사 신대운 필살키

발 행 일	2025년 8월 18일 초판
편 저 자	신대운
펴 낸 이	양형남
펴 낸 곳	㈜에듀윌
I S B N	979-11-360-3818-0
등록번호	제25100-2002-000052호
주 소	08378 서울특별시 구로구 디지털로34길 55 코오롱싸이언스밸리 2차 3층

* 이 책의 무단 인용·전재·복제를 금합니다.

www.eduwill.net
대표전화 1600-6700

에듀윌 직영학원에서 합격을 수강하세요

언제나 전문 학습 매니저와 상담이 가능한 안내데스크

고품질 영상 및 음향 장비를 갖춘 최고의 강의실

재충전을 위한 카페 분위기의 아늑한 휴게실

에듀윌의 상징 노란색의 환한 학원 입구

에듀윌 직영학원 대표전화

공인중개사 학원	02)815-0600	공무원 학원	02)6328-0600
편입 학원	02)6419-0600		
주택관리사 학원	02)815-3388	소방 학원	02)6337-0600
부동산아카데미	02)6736-0600		
전기기사 학원	02)6268-1400		

공인중개사학원 바로가기

합격하고 꼭 해야 할 것 1

에듀윌 공인중개사
동문회 특권

1. 에듀윌 공인중개사 합격자 모임

2. 성공 DREAM 지원금 가입 자격 부여

3. 동문회 인맥북

업계 최대 네트워크

4. 개업 축하 선물

5. 온라인 커뮤니티

부동산 정보 실시간 공유

6. 오프라인 커뮤니티

지부/기수 정기모임

7. 공인중개사 취업박람회

8. 동문회 주최 실무 특강

9. 프리미엄 복지혜택
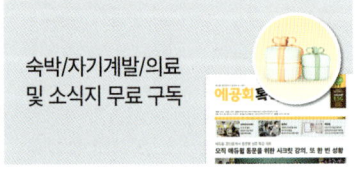
숙박/자기계발/의료 및 소식지 무료 구독

10. 마이오피스

동문 사무소 등록/조회

11. 동문회와 함께하는 사회공헌활동

※ 성공 DREAM 지원금 신청은 에듀윌 공인중개사 VVIP 프리미엄 성공패스 수강 후 2027년까지 공인중개사 최종 합격자에 한해 가능합니다. (상세 내용 홈페이지 유의사항 확인 필수)
※ 본 특권은 회원별로 상이하며, 예고 없이 변경될 수 있습니다.

에듀윌 공인중개사 동문회 | dongmun.eduwill.net
문의 | 1600-6700

합격하고 꼭 해야 할 것 2

에듀윌 부동산 아카데미 강의 듣기

성공 창업의 필수 코스
부동산 창업 CEO 과정

1 튼튼 창업 기초
- 창업 입지 컨설팅
- 중개사무 문서작성
- 성공 개업 실무TIP

2 중개업 필수 실무
- 온라인 마케팅
- 세금 실무
- 토지/상가 실무
- 재개발/재건축

3 실전 Level-Up
- 계약서작성 실습
- 중개영업 실무
- 사고방지 민법실무
- 빌딩 중개 실무
- 부동산경매

4 부동산 투자
- 시장 분석
- 투자 정책

부동산으로 성공하는
컨설팅 전문가 3대 특별 과정

마케팅 마스터
- 데이터 분석
- 블로그 마케팅
- 유튜브 마케팅
- 실습 샘플 파일 제공

디벨로퍼 마스터
- 부동산 개발 사업
- 유형별 절차와 특징
- 토지 확보 및 환경 분석
- 사업성 검토

빅데이터 마스터
- QGIS 프로그램 이해
- 공공데이터 분석 및 활용
- 컨설팅 리포트 작성
- 토지 상권 분석

경매의 神과 함께 '중개'에서 '경매'로 수수료 업그레이드

- 공인중개사를 위한 경매 실무
- 투자 및 중개업 분야 확장
- 고수들만 아는 돈 되는 특수 물권
- 이론(기본) - 이론(심화) - 임장 3단계 과정
- 경매 정보 사이트 무료 이용

실전 경매의 神
안성선
이주왕
장석태

에듀윌 부동산 아카데미 | uland.eduwill.net
문의 | 온라인 강의 1600-6700, 학원 강의 02)6736-0600

꿈을 현실로 만드는
에듀윌

DREAM

공무원 교육
- 선호도 1위, 신뢰도 1위! 브랜드만족도 1위!
- 합격자 수 2,100% 폭등시킨 독한 커리큘럼

자격증 교육
- 9년간 아무도 깨지 못한 기록 합격자 수 1위
- 가장 많은 합격자를 배출한 최고의 합격 시스템

직영학원
- 검증된 합격 프로그램과 강의
- 1:1 밀착 관리 및 컨설팅
- 호텔 수준의 학습 환경

종합출판
- 온라인서점 베스트셀러 1위!
- 출제위원급 전문 교수진이 직접 집필한 합격 교재

어학 교육
- 토익 베스트셀러 1위
- 토익 동영상 강의 무료 제공

콘텐츠 제휴 · B2B 교육
- 고객 맞춤형 위탁 교육 서비스 제공
- 기업, 기관, 대학 등 각 단체에 최적화된 고객 맞춤형 교육 및 제휴 서비스

부동산 아카데미
- 부동산 실무 교육 1위!
- 상위 1% 고소득 창업/취업 비법
- 부동산 실전 재테크 성공 비법

학점은행제
- 99%의 과목이수율
- 17년 연속 교육부 평가 인정 기관 선정

대학 편입
- 편입 교육 1위!
- 최대 200% 환급 상품 서비스

국비무료 교육
- '5년우수훈련기관' 선정
- K-디지털, 산대특 등 특화 훈련과정
- 원격국비교육원 오픈

에듀윌 교육서비스 **공무원 교육** 9급공무원/소방공무원/계리직공무원 **자격증 교육** 공인중개사/주택관리사/손해평가사/감정평가사/노무사/전기기사/경비지도사/검정고시/소방설비기사/소방시설관리사/사회복지사1급/대기환경기사/수질환경기사/건축기사/토목기사/직업상담사/전기기능사/산업안전기사/건설안전기사/위험물산업기사/위험물기능사/유통관리사/물류관리사/행정사/한국사능력검정/한경TESAT/매경TEST/KBS한국어능력시험·실용글쓰기/IT자격증/국제무역사/무역영어 **어학 교육** 토익 교재/토익 동영상 강의 **세무/회계** 전산세무회계/ERP정보관리사/재경관리사 **대학 편입** 편입 영어·수학/연고대/의약대/경찰대/논술/면접 **직영학원** 공무원학원/소방학원/공인중개사 학원/주택관리사 학원/전기기사 학원/편입학원 **종합출판** 공무원·자격증 수험교재 및 단행본 **학점은행제** 교육부 평가인정기관 원격평생교육원(사회복지사2급/경영학/CPA) **콘텐츠 제휴·B2B 교육** 콘텐츠 제휴/기업 맞춤 자격증 교육/대학취업역량 강화 교육 **부동산 아카데미** 부동산 창업CEO/부동산 경매 마스터/부동산 컨설팅 **주택취업센터** 실무 특강/실무 아카데미 **국비무료 교육(국비교육원)** 전기기능사/전기(산업)기사/소방설비(산업)기사/IT(빅데이터/자바프로그램/파이썬/게임그래픽/3D프린터/실내건축디자인/웹퍼블리셔/그래픽디자인/영상편집(유튜브) 디자인/온라인 쇼핑몰광고 및 제작(쿠팡, 스마트스토어)/전산세무회계/컴퓨터활용능력/ITQ/GTQ/직업상담사

교육문의 1600-6700 www.eduwill.net

· 2022 소비자가 선택한 최고의 브랜드 공무원·자격증 교육 1위 (조선일보) · 2023 대한민국 브랜드만족도 공무원·자격증·취업·학원·편입·부동산 실무 교육 1위 (한경비즈니스)
· 2017/2022 에듀윌 공무원 과정 최종 환급자 수 기준 · 2023년 성인 자격증, 공무원 직영학원 기준 · YES24 공인중개사 부문, 2025 에듀윌 공인중개사 1차 기출응용 예상문제집 민법 및 민사특별법 (2025년 6월 월별 베스트) · 교보문고 취업/수험서 부문, 2020 에듀윌 농협은행 6급 NCS 직무능력평가+실전모의고사 4회 (2020년 1월 27일~2월 5일, 인터넷 주간 베스트) 그 외 다수
· YES24 컴퓨터활용능력 부문, 2024 컴퓨터활용능력 1급 필기 초단기끝장(2023년 10월 3-4주 주별 베스트) 그 외 다수 · YES24 신규 자격증 부문, 2024 에듀윌 데이터분석 준전문가 ADsP 2주끝장 (2024년 4월 2주, 9월 5주 주별 베스트) · 인터파크 자격서/수험서 부문, 에듀윌 한국사능력검정시험 2주끝장 심화 (1, 2, 3급) (2020년 6-8월 월간 베스트) 그 외 다수 · YES24 국어 외국어 사전 영어 토익/TOEIC 기출문제/모의고사 분야 베스트셀러 1위 (에듀윌 토익 READING RC 4주끝장 종합서, 2022년 9월 4주 주별 베스트) · 에듀윌 토익 교재 입문~실전 인강 무료 제공 (2022년 최신 강좌 기준/109강) · 2024년 종강반 중 모든 평가항목 정상 참여자 기준, 99% (평생교육원 기준) · 2008년~2024년까지 234만 누적수강학점으로 과목 운영 (평생교육원 기준)
· 에듀윌 국비교육원 구로센터 고용노동부 지정 '5년우수훈련기관' 선정 (2023~2027) · KRI 한국기록원 2016, 2017, 2019년 공인중개사 최다 합격자 배출 공식 인증 (2025년 현재까지 업계 최고 기록)